부동산의 탄생

The Birth of a Building

디벨로퍼 관점에서 쓴 부동산 개발 프로젝트 이야기

The Birth of a Building: From Conception to Delivery

Copyright © 2019 by Ben Stevens

Korean Translation Copyright © 2024 by CharmingCity

Korean edition is published by arrangement with Ben Stevens through Duran Kim Agency.

이 책의 한국어판 저작권은 듀란킴 에이전시를 통한 Ben Stevens와의 독점 계약으로 차밍시티에 있습니다.
저작권법에 의해 한국 내에서 보호를 받는 저작물이므로 무단 전재와 복제를 금합니다.

부동산의 탄생

The Birth of a Building

디벨로퍼 관점에서 쓴 부동산 개발 프로젝트 이야기

벤 스티븐스 지음
김민정 옮김

차밍시티

탁월한 도시계획가, 노먼 라이트Norman Wright에게 이 책을 바칩니다.

서론

아들은 남들에 비해 시작이 늦은 편이었다. 아내의 출산 예정일이 11일이나 늦어지자 우리는 더 이상 기다릴 수 없었다. 우리에게 그 몇 일은 몇 년처럼 느껴졌고, '뭔가 잘못된 것이 아닐까'라는 걱정이 들기 시작했다. 그래서 어떻게 해야 할지 알아보기 위해 병원으로 향했다.

그 당시 베를린에 살고 있었는데 병원 관계자들의 의견은 두 가지로 나뉘었다. 분만 담당 간호사들은 아직 늦지 않았으니 기다려보자고 했다. 반면에 의사들은 출산이 늦어질수록 문제가 발생할 확률이 높아지니 분만을 진행하자고 했다. 우리는 의사들의 의견을 따르기로 했다. 유도 분만을 시작했는데 독일에서 진행되는 만큼 시간이 꽤 많이 걸렸다. 다음날 자정 무렵, 아기는 아내의 산도birth canal에 걸렸고, 특수 장치로 아기를 꺼내야 했다. 이 과정은 여러분의 예상처럼 나를 불안하게 만들었다. 마침내 아기가 세상 밖으로 나왔지만 의사들은 아기가 감염되었다는 것을 알았다. 그래서 아기를 곧바로 신생아 병동으로 데려갔다. 다행히도 아기는 그곳에서 안정을 취할 수 있었고, 자신의 생애 첫 며칠은 바이에른Bavarian 산파의 보살핌을 받으면서 보냈다.

그 시간은 긴 출산 과정 중 가장 힘든 순간이었고, 그 후 우리 세 가족이 모두 회복하는 데는 몇 주가 걸렸다. 하지만 여러분이 지금까지 잘 자라난 나의 아들을 만난다면 분명 나의 시련이 충분히 값어치가 있었다고 생각할 것이다. 그리고 여기에는 부동산 책을 쓰는데 탄생에 관한 이야기로 시작하는 이유도 있다.

비유

무엇보다 중요한 인간의 탄생을 부동산의 '탄생'에 비유하는 것이 적절하지 않을 수 있다. 그럼에도 불구하고 인간의 탄생과 부동산의 탄생에서 공통적으로 경험하는 특징에 놀라움을 금하지 않을 수 없다.

1. 어느 경우든 모든 사람은 탄생에 대해 구상하는 것을 좋아한다.
2. 구상한 것을 공유하는 것은 흥분되는 일이다. 왜냐하면 무언가의 탄생은 많은 사람에게 영향을 미치기 때문이다.
3. 어떤 의료 기기나 건설 소프트웨어도 탄생 과정이 얼마나 걸릴지 정확하게 예측할 수 없다. 예정된 일정에서 벗어날 경우 심각한 결과를 초래하기도 한다.
4. 일이 순조롭게 진행되더라도 비용이 매우 비쌀 수 있는데, 복잡한 문제가 생기면 비용이 치명적으로 많아질 수 있다.
5. 완료 시점이 되면 다양한 분야의 전문가들이 투입된다. 이들은 종종 결정하기 힘든 선택지를 제안하고, 당신은 어떤 결정을 내려야 할지 모를 수 있다.
6. 결과가 어떻든 간에, 그 과정의 일부가 되는 것은 아마도 당신의 인생에서 가장 중요한 사건 중 하나일 것이다.

이것이 내가 이 책에서 사용하고 싶은 비유이다. 이 책을 두 파트로 나누어 설명할 것이다. 파트 1에서는 부동산의 '탄생'이 왜 시작되는지를 알아본다. 파트 2에서는 개별 부동산이 경험하는 '임신'과 '분만' 과정을 8단계로 나누어 구체적으로 이야기한다.

정의

대중에게 '부동산'이라는 단어를 언급할 때 한 가지 이미지가 떠오르는데, 바로 '단독주택을 판매하는 것'이다. 하지만 이 이미지에는 많은 것이 간과되어 있다. 첫째, 오피스, 쇼핑 센터, 호텔, 아파트, 창고, 셀프 스토리지 등 다른 유형의 건물을 고려하지 않는다. 둘째, 과정을 간과한다. 이미 다 지어져 있는 건물을 팔 수만 있다고 생각하며, 또 일반적으로 새로운 건물을 개발하는 것이 기존 건물을 파는 것보다 훨씬 더 오랜 시간이 걸린다고 생각한다. 마지막으로, 부동산을 주로 판매할 대상으로 본다. 그러나 상당수의 부동산의 보유 및 활용 목적은 매달 창출되는 임대 수익에 있다. 그래서 이 책은 단독주택 산업의 중요성을 폄하하지 않으면서도 임대 수익을 창출하는 유형에 속하는 건물을 개발하는 데 필수적인 과정에 초점을 맞춘다.

관점

할아버지는 집을 지을 때 썼던 목재와 헛간을 제분하셨다. 그는 본인 소유의 건물들을 마음대로 할 수 있었다. 하지만 이것은 아주 예외적인 경우이다. 당신이 자주 가는 공간 중 한 곳을 상상해 보자. 그 공간은 대부분 건축가가 설계했고, 대주와 투자자가 자금을 조달했으며, 시 공무원들이 인허가를 검토했고, 건설업자들이 시공하였다. 그리고 그들은 수천, 수만 시간을 들였다.

그들의 모든 수고에도 불구하고, 프로젝트는 그들로부터 시작되지 않는다. 부동산 디벨로퍼라고 불리는 누군가가 프로젝트를 시작하고, 그런 다음에서야 그들이 참여한다. 디벨로퍼는 건물에 대한 아이디어를 처음 구상하는 개인이나 기업이다. 디벨로퍼는 어떤 종류의 건물이 수요가 있는지 결정하고, 적절한 부지를 선정하며, 해당 프로젝트에 사업 타당성이 있는지 판단한다. 디벨로퍼는 사업을 진행하기 위해 개인 자산을 해당 사업의 담보로 설정하는데 자칫 사업이 잘못되면 파산할 수도 있다. 마지막으로, 디벨로퍼는 부동산 개발 과정 전반에 걸쳐 관련된 모든 사람들을 고용하고 관리해야 한다.

이 두 그룹, 즉 프로젝트를 구상하는 그룹과 비전을 실현하는 그룹 간의 관계는 우리의 꿈을 실현하는 데 있어 문제를 복잡하게 만든다. 누구의 견해가 가장 중요할까? 건물에 대한 아이디어는 디벨로퍼의 머릿속에서 시작되기 때문에 파트 1에서는 디벨로퍼의 생각을 알아볼 것이다. 이를 통해, 우리는 부동산 개발에 대해 일반적으로 알려져 있는 역사적, 금융 지식을 배울 수 있다. 이어, 파트 2에서는 건축가, 엔지니어, 도시 계획가, 시공사, 변호사, 은행가, 투자자, 브로커, 자산 관리자 같은 사람들의 통찰력을 통해 특정 프로젝트가 어떻게 구체화되는지 알아볼 것이다.

범위

부동산의 탄생에 관련된 모든 분야를 다룰 것이지만 그중 어떤 분야도 개별적으로 자세히 소개하지는 않을 것이다. 예를 들어 상업용 부동산 관련 서적처럼 임대차 구조를 깊숙이 다루지는 않을 것이다. 또한 건축에 대하여 이야기할 때 클래식 또는 현대적 디자인을 통한 인간의 심리에 대해서도 설명하지 않을 것이다. 그리고 도시계획의 역사와 이론을 일부 다루겠지만 이 책을 도시계획 입문서라고 할 수는 없다. 이와 같이 이야기 초점을 제한하는 이유가 무엇인가?

부동산 개발의 광범위함 때문에 부동산의 탄생과 관련된 당사자들은 특정 분야에 전문화된다. 디벨로퍼, 건축가, 도시 계획자, 엔지니어, 시공자 등으로 나뉘고, 그들은 각자 분야에 대한 전문 지식을 가지고 있다. 전문화에는 분명 장점이 있다. 그러나 전체 과정을 이해하고 있다면 그것이 당신의 전문 분야에 더욱 유용하게 작용할 것이고, 다른 분야의 관계자와 원활한 소통을 할 수 있을 것이다. 이 책의 내용을 제한함으로써 그것이 가능하면 좋겠다.

자격 요건

나는 수년간 베테랑 디벨로퍼들 및 이들과 협업하는 건축 관련 전문가들과 많은 대화를 나누었다. 그들과의 대화는 나에게 주요 자격증과 같다. 부동산 개발 관련 일을 하면서 여러 프로젝트를 접할 기회가 많았다. 개발을 수행하기 위해서는 많은 분야에 대해 알아야 한다. 이런 관점에서,

이 세상에 부동산 개발을 정확하게 설명할 수 있는 자격을 갖춘 사람이 몇이나 있을지 모르겠다. 나는 이 책을 통해 개발에 대한 나의 이해도를 한 단계 더 높이고자 한다.

앞서 언급한 부분에 문제점이 있다고 생각하거나 책의 제한된 내용으로 인해 이 책을 읽지 않기로 결정하더라도 나는 충분히 이해할 것이다. 하지만 소중한 시간을 들여서 이 책을 읽은 분들에게 이 책이 좋은 결실로 이어질 것을 확신한다.

기획자의 말

　우리가 매일 오가는 길 위에는 수많은 건축물이 존재합니다. 주거 공간인 주택과 아파트는 물론, 우리가 일하는 사무실, 가족들과 시간을 보내는 쇼핑몰, 여행할 때 머무는 호텔, 상품을 연계하는 물류센터, 디지털 시대의 인프라인 데이터센터, 그리고 의료 서비스를 제공하는 헬스케어 시설에 이르기까지 건축물은 도시 사람들의 일상을 위한 근간이 됩니다. 그러나 정작 우리는 이러한 건축물들이 누가 어떤 목적을 가지고 기획했는지, 어떠한 과정을 통해 설계되고 지어졌는지, 어떤 방식으로 운영되는지에 대해서 깊이 생각하지 않습니다. 일상적으로 매일 접하지만 의식적으로 인식하지 못하고 있습니다. 인식할 수 있을 때 관찰할 수 있습니다. 관찰할 수 있을 때 도시의 문제를 발견하고 개선할 수 있으며 우리가 사는 도시에 애정을 가질 수 있습니다.

　벤 스티븐스의 「부동산의 탄생(The Birth of a Building)」은 이러한 궁금증에 대한 훌륭한 길잡이가 되어 줍니다. 이 책은 부동산 디벨로퍼의 시각에서 건물이 태어나기까지의 전 과정을 풀어냅니다. 기획 단계에서 사람들의 수요를 파악하고, 적절한 부지를 찾고, 자본 구조를 설계하고, 각종 인허가 절차를 거쳐 마침내 완공에 이르기까지의 여정을 하나의 '탄생'으로 비유하며 생생하게 그려냅니다.

특히 흥미로운 점은 이 책이 건축물 자체만을 설명하는 것이 아니라, 그 안에서 이루어지는 사회적, 경제적 상호작용까지 함께 조명한다는 것입니다. 건축가는 공간의 아름다움과 기능을 고민하고, 엔지니어는 구조적 안전을 확보하며, 투자자와 금융기관은 자본을 뒷받침합니다. 디벨로퍼와 자산운용사는 사업의 전체를 주관하고 자산관리회사와 임차인은 건물의 가치를 극대화합니다. 이러한 다양한 이해관계자들의 협력이 모여야만 우리가 당연하게 누리는 일상의 부동산이 비로소 탄생하게 됩니다. 이 책을 통해 독자는 단순히 '건물 하나'가 세워지는 과정을 넘어, 도시와 도시를 살아가는 사람들의 관계망을 보다 깊이 이해하게 됩니다.

이 책은 전문가 뿐만 아니라 일반 독자에게도 가치를 줍니다. 도시 공간을 단순한 배경으로 보는 것이 아니라, 누군가의 의도와 가치, 리스크와 협력, 그리고 수많은 의사결정이 축적된 결과물로 바라볼 수 있는 새로운 시각을 열어줍니다. 이는 우리가 사는 도시를 보다 풍부하게 이해하고, 앞으로의 도시와 부동산을 바라보는 안목을 넓히는 계기가 될 것입니다.

「부동산의 탄생」은 차밍시티 출판사가 기획한 부동산 디벨로퍼 시리즈의 세 번째 책입니다. 첫 번째 책「부동산 디벨로퍼의 사고법」은 디벨로퍼가 어떤 일을 하는 사람이며 어떠한 가치를 공급해야 하는지를 설명합니다. 두 번째 책「부동산 디벨로퍼와 투자자로 사는 법」은 미국의 성공적인 부동산 디벨로퍼 회사가 전하는 자전적 이야기를 담았습니다. 세 번째 책인「부동산의 탄생」은 부동산이 실제로 어떻게 공급되는지를 현장 실무자의 관점에서 실용적으로 풀어냈습니다. 책의 사례들은 미국을 배경으로 하지만 구조적인 방법론은 국내의 그것과 다르지 않습니다. 한국의 독자들에게 실제적이고 유용한 통찰을 제공합니다.

도시는 곧 사람입니다. 부동산을 이해한다는 것은 곧 그 속에 머무는 사람들의 삶을 이해하는 일과 다르지 않습니다. 이 책이 우리에게 건축물과 도시, 그리고 사람을 연결하는 인식의 지평을 넓혀 주는 소중한 안내서가 되길 바랍니다.

2024년 7월, 기획자 조철민 올림

목차

서론 · 005

기획자의 말 · 011

파트 1
부동산 개발 과정의 이해 · 017

이익 · 019

사이클 · 023

자본금 · 027

투자에 대한 압박 · 032

수입 · 038

순영업이익 · 042

수익 가중치 · 046

이익 발생 시점 기다리기 · 054

현재 현금 가치 · 058

파트 1 결론 · 064

파트 2
부동산 개발 프로젝트 8단계 · 067

파트 2 서론 · 069

1단계 예측 · 075

당신이 확신하기 전에 · 077

새로운 상품 · 084

재무모델 1 · 091

재무모델 2 · 096

나선형 · 108

2단계 토지 · 111

매입 · 113

기본 원칙 · 117

한눈에 보이는 계약서 · 123

본 계약서 · 126

더 자세히 보기 · 132

3단계 설계 · 137

당신이 느끼는 감정 · 139
창의력 · 143
모든 것을 말하기 · 149
대량의 서류 · 156
구조 지탱하기 · 162

4단계 인허가 · 169

문제 해결 · 171
하나의 가족 · 178
결정을 내리는 능력 · 187
혁신 정신 · 194

5단계 법인 설립 · 199

수천 주의 주식 · 201
리허설 · 205

6단계 자금조달 · 209

확신 · 211
전문용어 · 218
심화될 때 · 225
우리가 희망하는 것 · 231
플랜 B · 238

7단계 공사 · 247

새로운 언어 · 249
새로 인한 스케줄 지연 · 255
일어날 수 있는 상황 · 265
스스로의 힘으로 · 272

8단계 오프닝 · 277

이제 겨우 시작 · 279

에필로그 · 283

마치는 글 · 285
감사의 글 · 288

부록 · 291

부록 A 위원장의 사임 · 293
부록 B 기회의 구조 · 296
부록 C 배당 워터폴 계산 · 303
부록 D 밀도 · 314
부록 E 마스터 플래닝 · 319
참고 문헌 · 326

찾아보기 · 329

파트 1
부동산 개발 과정의 이해

이익

나는 사업가 출신이 아니다. 아버지는 토양학자이고, 나의 첫 직업은 신학자였다. 사업이 무엇인지, 즉 부동산 사업이 무엇인지 명확하게 이해하는 데 도움을 준 예가 하나 있었다.

당신이 나에게 1달러를 줄 때마다 내가 당신에게 1달러 12센트를 준다면 당신은 얼마나 많이 거래를 하겠는가? 아마도 당신의 대답은 '가능한 여러 번'일 것이다. 그 이유는 거래를 할 때마다 원금 1달러를 돌려받는(자본 환급) 동시에, 12센트를 추가로 받기(자본에 대한 이익) 때문이다.

당신이 거래할 수 있는 자금이 천 달러라고 가정해 보자. 그럼 당신은 120달러의 이익을 가져갈 수 있다. 하지만 왜 겨우 거기서 거래를 멈추겠는가? 만약 나와의 거래에서 1달러당 1달러 12센트를 돌려받는 것이 확실하다면 당신은 동일한 거래를 이어가기 위해 어디선가 자금을 빌리는 것이 타당할 것이다. 만약 자금을 차입하는 과정에서 거래 비용이 발생하면 어떨까? 모든 비용을 지불한 후에도 1달러 이상이 남는 한, 당신은 여전히 이익을 얻을 것이

다.[1]

　어린이용 레모네이드 판매에서부터 상업용 항공사에 이르기까지 모든 사업이 동일한 개념을 기반으로 운영된다. 이 개념은 다양한 용어로 불리지만 대부분 '가치 창출'로 불린다. 당신은 단순히 거래에 참여함으로써 기존 1달러를 가지고 있을 때는 존재하지 않았던 가치를 창출하게 된다. 사람들은 여러분이 만든 제품이나 여러분이 제공한 서비스에 대해 제품 생산이나 서비스 제공에 들어간 비용보다 더 많은 돈을 기꺼이 지불하기 때문이다.[2] 새로운 건물을 구상하고 만드는 것도 이런 개념에서 출발해야 한다. 왜 새로운 건물을 구상하는가? 그 이유는 건물은 가치를 창조하기 때문이다. 사람들은 우리가 건물을 짓는 데 소요되는 원가보다 그것을 사용하기 위해 기꺼이 더 많은 돈을 지불한다.

　건물을 짓는 데 거부감이 있는데, 그것은 아래 내용 때문이다.

> 당신은 아마도 돈을 벌기 위해 건물을 지을 것이다. 하지만 당신의 사업 분야에서 덕망 있는 사람들은 사회를 개선하고, 소외된 사람들을 도우며, 아름다움을 창조하는 등 다른 목표들을 추구한다.

　건축이나 도시계획을 공부한 사람이라면 이러한 반응을 예상할 수

---

[1] 현실 세계에서 모든 선택지를 고려해야 한다. 다른 사업을 통해 더 높은 이익을 창출할 수도 있을 것이다. 또는 훨씬 적은 노력이나 위험이 수반되는 프로젝트에서 동일한 수익을 만들 수도 있다.
[2] 이것은 많은 규칙의 핵심적인 현상이다. 철학과 과학에서, 그것은 '발생emergence'으로 알려져 있는데, 어떤 요소들이 합쳐졌을 때 그것들의 단순한 합계 이상의 가치가 창출되는 것이다.

있다. 누군가 가치 창출을 하지 않아도 되는 상황에서 어떤 프로젝트를 추진하는 상황을 가정해 보자.

> 당신은 사회를 개선하고, 소외 계층을 돕고, 지역 뉴스의 귀감이 되는 건물을 계획했다. 그리고 매년 그 사업은 당신의 비용과 담보 대출의 75%를 충당하는 정도의 수익을 창출한다. 다시 말해, 당신은 매년 당신 스스로 또는 투자자들에게 돈을 지급하기 전, 대주에게 담보 대출과 관련된 금융 비용을 먼저 지급해야 한다. 여기서 부족한 금액은 수천, 수십만 달러가 될 것이다. 그리고 건물 자체로 충분한 수익을 창출하지 못할 경우 당신의 돈으로 나머지 부족한 금액을 채워야 한다.

한 사람이 이런 건물을 몇 개나 개발할 수 있을까? 그리고 어떤 대주와 투자자들이 그런 디벨로퍼에게 돈을 맡기겠는가? 어떤 이유이든 아무도 매달 손해 보는 건물을 짓는 일에 개입하지 않을 것이다. 개인이라면 자신의 재산을 이용해 그렇게 할 수도 있다. 하지만 이것은 결국 비극적인 결말을 맞이할 것이다. 그리고 그런 개인들이 파산하면 돈을 빌려준 은행은 가치를 창출할 수 있는 누군가에게 그 건물을 매각할 것이다.

그렇다고 디벨로퍼들이 다른 목적은 모두 포기하고 프로젝트의 수익만을 추구해야 할까? 물론 그렇지는 않다. 하지만 가치를 창출하지 못한다면 건물을 짓고 유지하는 것은 불가능하다. 이런 관점에서 부동산 개발은 예술과도 같다. 바로 창조에 제약을 받는 것이다. 우리는 개발을 통해 금전적 가치를 창출하는 것 외 그 이상을 만들어낼 수 있다. 하지만 먼저 금전적 가치를 창출해야 한다. 이것을 위해 몇 가지 방법이 있다.

- 새로운 건물을 직접 개발하여 적극적으로 가치를 창출할 수 있다.
- 자금을 디벨로퍼가 진행하는 사업에 투자하여 가치를 창출할 수 있다.
- 분양 사업(단독주택, 콘도 등)을 통해 가치를 창출할 수 있다.
- 월 임대료 수익과 더불어 매각 차익을 얻을 수 있는 프로젝트를 개발할 수 있다.
- 직접 개발하거나 투자하지 않더라도, 중간 과정에 참여함으로써 가치를 만들어낼 수 있다. 예를 들어 건축가는 설계비를 받는다. 변호사는 법률 검토 시간을 기준으로 수수료를 청구한다. 대주는 대출금에 대한 이자를 받는다. 시공사는 공사비를 기준으로 일부 수수료를 가져간다. 그리고 시는 재산세를 걷는다. 이들 이해 관계자는 모두 1달러에서 1달러 12센트 사이의 스프레드에서 이익을 취한다.

부동산 개발 프로젝트에서 가치를 창출하는 것은 단순한 수학이 아니다. 그것은 역사의 특정 순간에 특정 장소를 찾고, 그 위에 특정 종류의 건물을 짓는 것이다. 또한 이것을 실현하기 위해서는 일부 사람들과 협력하고, 다른 사람들과 경쟁해야 한다. 그래서 좋은 프로젝트를 개발하는 것은 방정식을 푸는 것, 혹은 추리소설을 추리하는 것과 같다.

사이클

아버지는 자신의 발명품에 대한 특허권을 가지고 있다. 그는 나에게 본인의 새로운 아이디어 대부분은 둘 중 하나의 이유로 실현되지 않는다고 했다. 첫 번째는 그것이 실용적이지 않기 때문에 아무도 그 아이디어를 인정하지 않는다는 것이었고, 두 번째는 이미 누군가 그 아이디어를 세상에 먼저 내놓았다는 것이었다. 여기서 주요 딜레마는 당신이 다른 사람보다 먼저 그 좋은 아이디어를 생각해야 한다는 것이다. 이 주제는 역사적으로 자주 다뤄졌다. 전구, 연소 엔진, 라디오와 같은 많은 발명품들이 출시되기까지, 많은 사람들이 동시에 연구를 진행했다. 일부는 누가 특허청까지 먼저 도착하는지 경주를 벌이기도 했다.[3]

새로운 건축 프로젝트가 라디오만큼 혁신적이지는 않을 것이다. 그러나 건물들은 놀라울 정도로 발명 사례와 그 과정이 유사하며, 그런 과정이 반복되면서 만들어진다. 이 연속성은 부동산 분야에서 사이클로 불리며, 사이클은 다음과 같이 이루어진다.

당신은 재계 지인들과 점심을 먹고 있었다. 그들은 최근 핫hot한

---

3) 알렉산더 그레이엄 벨Alexander Graham Bell이 전화기에 대한 특허를 출시하는 몇 시간 동안, 엘리샤 그레이Elisha Gray는 특허 신청서를 작성하고 있었다.

지역에서 적당한 오피스 공간을 찾지 못하는 것을 불평하기 시작한다. "오피스 공급이 없고, 이미 누군가 사용 중인 오피스 공간조차 그렇게 크지 않기 때문에 가격이 치솟고 있습니다." 당신은 방금 훌륭한 정보를 알아냈다. 수요는 있지만 공급이 없다. 그래서 당신은 이 힙hip한 지역에 새로운 오피스 공간을 개발하기로 한다.

합리적인 가격의 토지를 찾는 데는 보통 6개월이 걸린다. 건축가가 설계하고, 은행에서 자금을 조달하고, 시가 승인하기까지는 그로부터 다시 9개월이 더 걸린다. 마침내 착공을 위해 부지 주변에 울타리를 설치할 때 다른 몇몇 곳에도 울타리가 설치되고 있는 것을 알게 된다. 그중 일부에는 건물의 조감도와 곧 커다란 오피스 건물이 들어설 것이라는 사인물도 있다. 그 사이에 무슨 일이 있었던 걸까?

당신이 준비하고 있는 동안 다른 사람들도 똑같이 계획하고 있었던 것이다. 그리고 시간이 지나면 오피스 공간의 부족은 공급 과잉으로 바뀔 수 있다. 너무 많은 공급량이 시장에 풀리면 공급자 입장에서 가격 전쟁이 시작되고, 수익률은 떨어질 것이다. 그 결과, 사람들은 하루빨리 그들의 건물을 준공하려고 하고, 온라인을 통한 홍보 경쟁이 벌어질 것이다. 다른 건물들이 임차인들을 모두 선점한다면 당신 건물의 공실이 많아질 것이다. 그럼 공과금조차 내지 못할 수도 있다.

디벨로퍼에게는 언제나 주변 경쟁자들이 있다. 그들은 시장에 어떤 공간이 부족한지 늘 귀를 쫑긋 세우고 있다. 하지만 그들의 건물을 시장에 내놓기까지는 오랜 시간이 걸린다. 그리고 디벨로퍼는 가능한 이 과정을 비밀리에 진행하려고 한다. 그 결과, 부동산 시장은 호황과 불황의 사이클이 쉽게 발생한다. 동일한 필지 안에 있는 같은 건물이라도, 타이밍에 따라 금광이 될 수도 있고 밑 빠진 독이 될 수도 있다.

사이클은 여러 산업을 아우른다. 예를 들어 부동산 침체기에는 시공사들이 신규 프로젝트 발굴에 필사적이다. 이것은 그들이 당신에게 좋은 공사 가격을 제안할 것이라는 것을 의미한다. 원자재 가격 역시 내려간다. 그 결과, 낮은 건설 비용으로 동일한 임대 수익을 얻으므로 앞에서 가정한 1달러와 1달러 12센트 간의 스프레드가 커진다. 하지만 다른 디벨로퍼들이 동일한 기회를 발견하면 시공사들은 바빠지기 시작할 것이다. 그리고 시공사와 자재에 대한 수요가 증가하면서 결국 건설 비용도 상승할 것이다. 그렇게 되면 당신이 창출할 수 있는 수익은 줄어든다.

사실상 전국에는 여러 부동산 사이클이 동시에 일어난다. 경제 호황기에는 대도시가 작은 도시보다 개발이 더 일찍 시작된다. 즉, 대도시는 보통 '사이클의 후반부later in the cycle'에 위치한다. 시카고에는 아파트 수가 많지만 스프링필드에는 부족할 수 있다. 여기서 더 중요한 점은 부동산 종류마다 사이클이 다르다는 것이다. 로스앤젤레스에는 클래스 A(고급) 오피스 공간이 많지만 클래스 B(중급) 오피스 공간은 충분하지 않을 수 있다. 한 리서치 회사는 각 도시가 시장 사이클의 어느 단계에 있는지에 따라 시계에 각 도시를 표시하기 시작했다.

사이클을 통해 무엇을 배울 수 있는가? 사용자가 필요로 하는 공간이 무엇인지 예측할 수 있고, 남들보다 먼저 실행할 수 있다면 공간을 더 저렴하게 만들 수 있다. 또한 임차인들의 임차 공간에 대한 선택권이 줄면 좀 더 유리한 임대료를 받을 수 있다. 여기서 이 두 가지 요인 모두 수익률을 높여준다. 반면, 미래를 예측하지 못하고 잘못 예측했다면 건물은 텅 빌 수 있다. 아마도 어떤 지역에 그런 공간이 없는 데는 타당한 이유가 있을 것이다. 어느 쪽이든, 계획을 실현하기 위해 투자자와 대주를 설득해서 그들을 프로젝트에 동참시켜야 한다. 여기서부터 문제가 까다로워지기 시작한다.

새로운 건물을 지으려면 상당한 자본이 필요하기 때문에 디벨로퍼에게는 투자자가 필요하다. 디벨로퍼는 먼저 부동산에 투자하도록 투자자들을 설득해야 한다. 그런 다음에 특정 건물 프로젝트에 투자하도록 설득해야 한다. 투자자들에 대해 알아보자.

자본금

지난 몇 년 동안, 나의 위험 회피적 성격은 친구들과 가족들 사이에서 농담거리가 되었다. 내가 실제로 위험을 더 싫어하게 된 건지, 아니면 그들이 단순히 농담을 더 잘하게 된 건지 모르겠다. 어느 쪽이든, 우리의 대화는 이제 예상 가능할 정도가 되었다. 그들은 어떤 일이 잘못될 가능성은 희박하다고 한다. 하지만 나는 위험 가능성이 낮다 하더라도, 그 일은 결코 매력적이지 않다고 반박한다. 더 나은 결과를 얻을 수 없는데, 왜 굳이 스스로를 위험에 노출시키겠는가? 당신이 상상하듯, 나는 그들 사이에서 활력소가 되었다.

부동산 프로젝트에 투자하는 사람들에게 위험과 보상의 관계는 상당하다. 앞서 논의한 사이클을 다른 관점에서 봤을 때, 투자자들은 역설적으로 다른 역할들을 수행한다. 프로젝트 초반, 그들은 나처럼 최상의 거래에도 투자하기를 꺼리는 보험 조정사 같은 역할을 한다. 하지만 결국 그들은 그런 위험을 비웃기나 하듯, 가장 위험한 프로젝트에도 기꺼이 투자하며, 내 친구 같은 역할을 한다. 이 시점에서부터 그들의 역할이 확대된다. 이것을 이해하기 위해서는 투자자들이 수 세기 동안 위험을 관리하기 위해 학습해 온 방법을 이야기할 필요가 있다. 일단 그 개념을 기반으로 접근한다면 투자자들의 사이클을 이해할 수 있다.

투자 대상

투자자가 되려면 우선 투자할 무엇인가를 가지고 있어야 한다. 흔히 이것을 자본금이라고 부른다. 사용 목적상, 자본금은 비용 처리하지 않아도 되는 돈이라고 생각하면 된다. 그러므로 부동산 개발 같은 사업에 투자되는 자본금은 별도의 비용이 수반되지 않는다. 사람들은 자신들의 자본금을 잃지 않기 위해 투자에 대한 위험과 보상의 관계를 발전시켜 왔다. 여기서 중요한 점은 자본금이 어떻게 다루어지는가이다.

투자자가 일정한 고정 수익을 원한다면 대출형으로 구조화할 수 있다. 사업이 얼마나 성공적인지와 상관없이 대출형 투자자들은 정기적인 이자를 받고, 마지막에는 최초 투자금을 돌려받는다. 자본금을 수령한 사람이 파산하지 않는 한, 대출형 투자는 예측 가능하고 스트레스를 덜 받는 방법이다. 채권자는 스트레스가 적은 투자를 하기 때문에 많은 수익을 요구하지 않는다. 대신, 채무자는 이자라고 불리는 고정 수익을 채권자에게 지불한다. 여기서 최소 수익과 최대 수익은 동일하다.

투자자가 대출보다 더 높은 수익을 원하면 자기자본 equity 투자 형태로 구조화할 수 있다. 자기자본 투자의 경우 투자자에게 사업의 부분 소유권을 부여한다. 이것은 그들의 미래가 채권을 투자했을 때보다 더 심하게 등락할 수 있다는 것을 의미한다. 사업이 잘 되면 자기자본 투자자는 프로젝트를 설립한 주체와 수익을 나눠 갖는다. 하지만 잘 풀리지 않으면 설립 주체와 같이 투자금을 잃을 수 있다. 이 모든 것은 투자 구조에 따라 달라진다.

그렇다면, 건축 프로젝트에 투자할 때 대출형 투자와 자기자본 투자

중 어느 방법을 선택하는 것이 더 유리할까? 부동산 프로젝트 진행에 수천만 달러에서 수억 달러까지 필요할 수 있다. 디벨로퍼들은 모든 자금이 한 프로젝트에 묶이는 것을 원하지 않기 때문에 두 가지 방법 모두를 활용한다. 흔히 프로젝트 스폰서라고 불리는 디벨로퍼는 보통 자신의 자금을 계약금의 일부로 넣는다. 디벨로퍼는 프로젝트에 위험성이 있음에도 불구하고 가장 먼저 투자한다. 그런 다음, 자기자본 투자자들이 계약금의 나머지를 넣는다. 마지막으로, 투자금의 가장 많은 비율(보통 50~80%)을 차지하는 것은 대출이다. 그러나 은행들은 자신들의 위험을 최대한 낮추기 위해 자기자본이 모두 투입된 후에 본인들의 자금을 넣는다.

이렇게 만들어진 것을 캐피탈(자본금) 스택capital stack이라고 한다. 여러 관계자들이 각기 다른 방식으로 투자하고, 각기 다른 시기에 투자하며, 위험과 보상에 대하여 다른 기대 수준을 갖는다. 이런 협력이 없다면 자본금이 한정적인 디벨로퍼들은 절대 건물을 지을 수 없다.

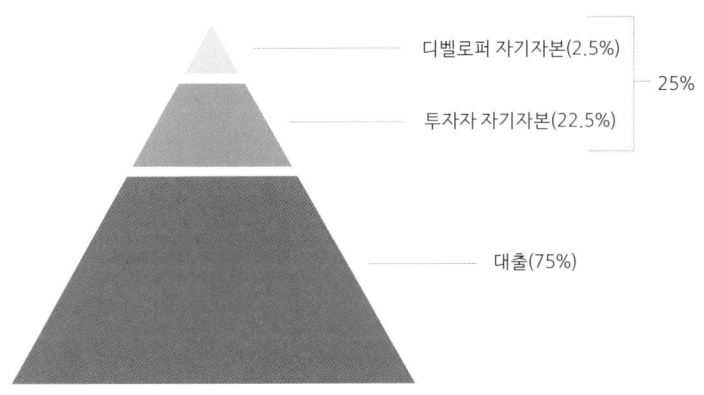

파트 1 부동산 개발 과정의 이해

경쟁 옵션

지금까지 부동산 프로젝트마다 투자자들이 줄지어 서 있는 것처럼 이야기했다. 하지만 실제로는 자본금을 확보하려면 경쟁을 해야 한다. 투자자들은 포트폴리오를 대출(정부 또는 기업에 대한 채권 투자)과 주식(기업들에 대한 자본 투자)으로 구성한다. 대출과 주식시장이 모두 호황이면 부동산 개발 자본금을 확보하기 어려울 수 있다. 주식으로 연 10%의 수익을 얻을 수 있는데 굳이 연 5%의 수익을 내는 부동산에 투자하겠는가?

자본금이 있는 사람들은 가끔 부동산에서 주식으로 옮겨간다. 이런 경우 자본이 한 곳에서 다른 곳으로 "유동화"된다고 한다. 자본시장에서 일하는 사람들은 많은 시간을 들여 이러한 거시적 경향을 연구한다. 그러나 일반적으로 투자자들은 자신들의 포트폴리오에 여러 가지 투자 상품을 보유하는 것을 선호하며, 이를 통해 위험과 보상의 선택지를 다양화한다. 사람들에게 부동산 투자를 설득할 때 보통 몇 가지 주요 포인트들이 있는데, 부동산 투자 특유의 장점에 대해 알아보자.

- 채권이나 주식과 달리, 캐피탈 스택과 같이 다른 사람의 자금을 빌려 부동산에 투자할 수 있다. 차입금으로 투자할 경우 자본금만으로 얻을 수 있는 수익보다 더 많은 가치와 높은 수익률을 얻을 수 있다. 이것을 레버리지leverage라고 한다.
- 부동산은 인플레이션 헤지inflation hedge 효과가 있다. 인플레이션이 올라가면 보통 임대료도 함께 오른다. 이것은 다른 투자에서는 할 수 없는 방법으로 투자금을 보호한다.

- 정부는 건물의 노후화로 발생하는 가치 하락을 고려하여 매년 과세소득에서 상당 금액을 공제해 준다. 이것을 감가상각이라고 한다. 때로는 조세법의 이러한 허점으로 인해 수익성이 올라가는데, 이것이 사람들이 부동산에 투자하는 주된 이유이기도 하다.[1]
- 부동산은 유형자산이다. 그 앞에 서서 사진을 찍을 수 있다. 또한, 루프탑 바에 올라가서 즐길 수도 있다. 그곳에서 즐겨 보길 바란다.

반면 부동산 투자 특유의 단점도 있다.

- 건물은 물리적인 사물이다. 채권에서는 일어날 수 없는 끔찍한 일들이 그 물리적 사물에서 일어날 수 있다.
- 수백만 주의 주식과 채권은 매일 거래되지만, 건물을 거래하는 일은 쉽지 않다. 여기에는 상당한 판매 비용이 든다. 그리고 적당한 매매가격을 원한다면 조금 기다려야 할 수도 있다.
- 새로운 부동산 프로젝트는 거의 항상 개인 보증을 필요로 한다. 즉, 자금조달이 실패할 경우 대주는 디벨로퍼의 개인 자산을 압류해서 모자란 자금을 메울 수 있다는 뜻이다. 이것은 개발을 고위험, 고수익 게임으로 만든다. 이와 관련된 이야기는 뒤에서 하기로 하자.

고수익 게임 얘기가 나와서 말인데, 투자자들의 역할에 대해 이야기하고 싶었다. 여기서부터 깜짝 놀랄 일이 시작된다.

---

1) 이것은 신디케이션syndication이라 불리는 기간 동안 발생했으며, 1989년에 끝났다.

투자에 대한 압박

몇 년 동안 비영리 분야에서 일했다. 비영리 단체들에는 의욕적인 자원 봉사자들이 많이 참여하고, 재능 있는 직원들이 열심히 일을 하지만 지속적인 운영에 있어 어려움을 겪는다. 대부분의 어려움은 자금 부족에서 비롯된다. 직업을 바꾼 후, 이와는 정반대의 문제에 직면한 사람들을 만났을 때 놀라지 않을 수 없었다. 그들은 그들이 감당할 수 있는 것보다 더 많은 돈을 가지고 있었는데, 이것은 부러워할 만한 고민은 아니었다. 나는 이 상황을 이해하는 데 꽤 오랜 시간이 걸렸다. 하나의 예를 들어보자.

캘리포니아 캘퍼스CalPERS[1]는 캘리포니아 공무원들의 퇴직금을 투자한다. 그리고 조합원의 퇴직금을 지급하기 위해 투자 수익금을 사용한다. 현재, 캘퍼스는 3,500억 달러 이상의 자산을 관리한다. 이 펀드는 주식과 채권 외, 자산의 300억 달러를 부동산에 투자한다. 그렇다면 왜 이것이 캘퍼스 투자 위원회를 어려운 상황에 놓이게 할까?

첫째, 분명히 300억 달러는 큰 돈이다. 그렇기 때문에 캘퍼스는 작은 건물에 투자할 수 없다. 수천 개의 부동산을 관리하지 않으려면 적어도 한 건물에 1억 달러는 투자해야 한다. 큰 규모의 투자를 해야 하기 때문에

---

1) 역주. 캘리포니아 주정부 공무원과 교육 공무원, 지방 공공기관 공무원에게 은퇴연금과 의료보장 혜택을 제공하는 미국 최대 연기금이다.

투자 대상을 큰 부동산으로 제한한다. 그리고 그런 물건을 찾는 동안 많은 경쟁을 해야 한다. 1조 달러 이상의 자산을 운용하는 노르웨이의 정부 연기금을 생각해 보자. 다른 입찰자들이 가격을 올렸다. 이때 건물에 너무 많은 돈을 투자하면 좋은 수익을 내기 어렵다.

투자 펀드는 낯선 기관처럼 들릴 수도 있고, 투자에 대한 압박은 흔치 않은 딜레마처럼 들릴 수도 있다. 그러나 사실상 모든 은행이 동일한 문제에 직면한다. 겉으로 보기에 은행은 사람들에게 예금계좌를 제공하려고 존재하는 것처럼 보인다. 그러나 은행은 사람들에게 예금계좌를 제공하여 그들의 주요 사업에 필요한 자본을 얻는다. 이것이 바로 대출이다. 은행은 차입금 형태의 투자인 대출에서 발생하는 수수료와 이자를 통하여 수익을 얻는다. 따라서 은행은 더 많은 대출을 내줄수록 더 많은 수익을 얻는다.

소규모 은행은 소액으로 지역 대출을 할 수 있을 정도의 예금자만 확보한다. 그러나 은행의 규모가 커질수록 연기금과 같이 "투자 압박"에 직면하기 시작한다. 그들은 수십억 달러의 자본을 투자할 만한 좋은 투자처를 어떻게 찾을 수 있을까? 세상에 얼마나 많은 좋은 프로젝트들이 그들을 기다리고 있을까? 이것은 우리를 다시 사이클 주제로 돌아가게 한다.

사이클을 기억하는가?

디벨로퍼는 부동산 사이클에 따라 부동산의 수요를 알게 되고, 그에 따라 새로운 건물을 계획할 수 있다. 이러한 부동산 개발의 모멘텀이 구축되면 다음과 같은 상황들이 발생한다.

- 다른 디벨로퍼들이 새로운 건물을 개발함에 따라 부동산 공급량이 증가한다.
- 임차인들이 충분한 필요 면적을 확보하고 나면 공간에 대한 수요는 점차 줄어들기 시작한다.
- 디벨로퍼들은 경쟁이 치열한 환경에서 임차인을 확보하기 위해 임대료 할인 혜택을 제공하기도 한다. 본인들의 이윤을 낮춰서라도 임차인을 확보하려고 한다.
- 그와 동시에, 토지 가격, 인건비, 자재비 등 모든 가격이 미친듯이 오른다.

지금은 시장에서 잠시 물러나 있어도 좋은 시기처럼 보일지도 모른다. 그러나 디벨로퍼들은 계속 개발한다. 그게 그들의 일이다. 그들의 이름처럼 말이다. 정기적으로 급여를 주어야 하는 직원이 생기면 더욱 그렇다. 디벨로퍼들은 이런 힘든 여건 속에서 새로운 기회를 찾아 나선다. 그들 중 일부는 새로운 수요를 찾기 위해 오래된 부동산에서 반전을 찾아 혁신을 도모한다. 그러나 대부분의 디벨로퍼들은 다른 이들과 같은 방식으로 시도한다.

투자자는 이런 어려운 시기에 디벨로퍼를 만난다. 그리고 그 두 그룹은 일종의 협력체를 형성한다. 투자자 역시 딜이 잘 진행되지 않더라도 새로운 투자를 계속 해야 한다는 압박감을 느낀다. 그들의 사업은 투자에 달려있기 때문이다. 그래서 그들은 종종 디벨로퍼를 통해 안 좋은 딜에도 투자한다. 이것은 크레딧 익스팬션credit expansion으로 이어진다. 크레딧 익스팬션이 어떻게 부동산 붕괴를 발생시키는지 살펴보자.

완벽한 가격 산정

당신이 살고 있는 집이나 아파트에 대해 생각해 보자. 디벨로퍼가 그 집을 짓는 데 사용된 비용이 얼마인지 알고 있는가? 아마 모를 것이다. 매입 비용이나 임차 비용 정도만 알고 있을 것이다. 그리고 그곳에 살기 위해 지불하는 비용은 아마도 디벨로퍼의 개발비용과는 상관이 없을 것이다. 그러나 이 부분을 생각해 보아야 한다. 디벨로퍼가 건물을 짓는 데 많은 자금을 투자하면 수익은 줄어든다.

점점 줄어드는 수익				
구분	시나리오 1	시나리오 2	시나리오 3	시나리오 4
건물에서 발생한 수입	$100,000	$100,000	$100,000	$100,000
디벨로퍼의 담보대출	− 80,000	− 90,000	− 98,000	− 105,000
이익	= 20,000	= 10,000	= 2,000	= − 5,000

이것이 처음에는 예상보다 이익이 적다는 것을 의미한다. 그러나 사이클이 거듭될수록 손익분기점에 가까워진다. 미래에 발생할 수입을 과대평가하거나 건설비용을 과소평가함으로써, 그들 스스로와 다른 관계자들

---

2) 집을 매입려고 한다고 가정해 보자. 거래 은행이 입찰에서 낙찰 받지 못할 것처럼 보이자, 기존 제안 가격에서 3만 달러를 올릴 것을 제안한다. 하지만 경쟁 입찰자의 은행도 마찬가지이다. 그들은 3만 5천 달러를 올린다. 그 결과는 어떻게 될까? 대출 기관으로 인해, 이 집의 가치는 수만 달러 증가한다. 그러나 집 자체나 시장은 달라진 것이 없다. 그게 바로 크레딧 익스팬션이다.

에게 해당 개발 사업을 정당화하려고 한다. 이런 시나리오에서는 모든 것이 완벽하게 흘러가야만 이익이 발생하기 때문에 이것을 '완벽한 가격 산정'이라고 부른다.

일부 디벨로퍼들은 투자자와 협력하여 개발 사업을 진행하는데, 이 사업은 결국 적자가 발생한다. 즉, 매월 수입보다 더 많은 비용이 발생한다. 예상 지표상에는 이익이 발생할 것으로 보여졌지만 현실은 그렇지 않다. 많은 사람들이 동시에 이런 방식으로 사업을 진행하고 모두 채무불이행을 한다면 부동산 붕괴가 일어날 것이다. 동시에 신축 공사도 멈출 것이다. 공급이 수요를 초과하거나 철거될 건물을 인수하는 것이 건물을 새로 짓는 것보다 훨씬 저렴하기 때문이다.

책임

과도한 부동산 사이클의 책임은 누구에게 있을까? 아마 디벨로퍼들의 책임일 수 있다. 그들은 미래에 대한 비합리적인 가정에 기초한 딜deal을 은행에 가져온다. 아니면 은행의 책임일 수도 있다. 은행은 매년 일정 규모의 대출을 계획하고, 재무적으로 인센티브를 주어 대출을 실행하도록 한다. 나는 내 직장에서는 상상도 할 수 없었던 한 통의 전화를 받았다. "당신의 사업에 1,000만 달러나 1,500만 달러가 필요한가요?" 디벨로퍼들은 대부분 대출을 거절하지 않는다. 누구의 책임이든, 결과적으로 말도

---

3) 때때로, 좋은 건물에 들어간 높은 공사비로 인해 디벨로퍼는 임대료를 비싸게 받는다. 하지만 임차인들은 임대료가 저렴한 다른 옵션들을 선택할 수 있다. 그럴 경우 그 비싼 건물은 오랫동안 비어 있을 수 있다. 디벨로퍼가 기대했던 임대수입이 발생하지 않는다면 담보대출을 상환할 방법이 없다.
4) 후자는 부동산 사모펀드 사업 모델의 핵심이다.

안되는 딜들이 이루어진다. 그러면 그것들은 대부분 채무불이행 상태가 된다. 사업을 무리해서 진행하면 건물들은 결국 망가진다. 그리고 이것은 몇 가지 중요한 질문들을 던진다.

수학적으로, 어떻게 하면 안 좋은 딜인지 확인할 수 있을까? 사전에 부동산 프로젝트의 성공 여부를 어떻게 예측할 수 있을까? 이 주제에 대하여 논의할 것이다.

수입

존 로크John Locke가 집필한 인간의 이해에 관한 에세이는 지식이 어떻게 작용하는가를 설명하는 유명한 책이다. 그 책에서 로크는 우리가 "태생적으로" 알고 있는 것과 "자명한 것"을 구별한다. 태어날 때부터 우리가 실제로 알지 못하는 개념(예를 들어 2+2의 합)은 많다. 하지만 한 번 듣는 순간, 바로 "자명한" 존재가 된다. 그것은 너무 명백해서 우리가 태어날 때부터 항상 알고 있던 것으로 혼동한다.

태생적으로 아는 것은 아니지만 지금쯤 자명할 것이라 예상되는 부동산 개념에 대한 당신의 이해를 시험해 보고자 한다.

완전히 같은 두 채의 건물이 매물로 나와 있다고 상상해 보자. 두 건물은 같은 해에 지어졌으며, 같은 길에 있고, 같은 건설사가 시공했으며, 디자인도 동일하다. 또한 같은 자재로 지어졌고, 심지어 전망도 동일하다. 그럼에도 불구하고, 유능한 감정평가사는 한 건물이 다른 건물보다 더 가치가 있다고 말한다. 당신의 부동산 금융 친구들 역시 이 의견에 동의한다. 어떻게 그것이 가능할까? 어떻게 동일한 두 건물이 다르게 평가될 수 있었을까?

감정평가사는 정답이 임대조건에 있다고 말한다. 물리적으로 동일하지만 A 건물은 1제곱피트당 20달러로 임대됐고, B 건물은 1제곱피트당 25달러에 임대됐다. 그 결과 A건물의 30만 제곱피트는 연간 600만 달러를, B건물의 30만 제곱피트는 750만 달러의 수입을 만들어 낸다. 이것은 매년 동일하게 발생한다. 당신이라면 어떤 건물을 갖고 싶겠는가?

앞의 상황은 반직관적인 아이디어를 강조한다. 최종 분석에서는 건물 자체가 아니라 거기서 창출되는 수입이 그 가치를 결정한다. 부동산 금융을 공부하기 전이었다면 건물의 가치와 건축비를 합쳐서 생각했을 것이다. 그리고 아름다운 건물이 못생긴 건물보다 더 가치가 있다고 생각했을 것이다. 그러나 투자자들은 매년 2백만 달러를 벌어들이는 못생긴 건물이 1백만 달러를 벌어들이는 아름다운 건물보다 더 가치 있다고 생각할 것이다. 여기서 그들이 틀렸다고 할 수 있을까?

당신은 그들이 틀렸다고 할 수 있다. 그리고 다른 관점에서, 다른 분야의 친구들과 상충될 수 있다. 그들은 "잘 지어지고 아름다운 건물은 보통 못생긴 건물보다 더 많은 가치를 창출한다"고 반박할 것이다. 그들의 말에 동의한다. 다만 아래의 상관관계를 설명할 수 있다면 말이다.

건물을 미끼로 수익을 내는 것이 중요하다.

임차인들은 더 아름답고 잘 지어진 건물을 선호한다. 그리고 그런 건물의 수가 점차 증가함에 따라, 임차인들 역시 더 많은 임대료를 지불한다. 하지만 항상 그런 것은 아니다. 우리는 이것을 경험을 통해 알 수 있다. 당신이 원하는 완벽한 공간을 찾았다면 당신은 아마 5~10% 정도의 임대료를 더 지불할 의향이 있을 것이다. 하지만 현재 임대료의 두 배를 지불할 수는 없다. 당신의 예산으로는 그것을 감당할 수 없을 것이다. 이것은 건물내 모든 임차인에게 적용된다. 그들의 취향은 금전적인 여유를 통해 정해진다.

디벨로퍼들은 종종 건물을 사람들이 기꺼이 지불할 수 있는 정도까지 비싸게 지으라는 권유를 받는다. 이 결정은 타당할 수 있다. 그러나 비용과 수입은 서로 조화를 이루어야 한다. 디벨로퍼가 시장가치 내에서 임대료를 충분히 올리고 난 후, 추가적인 비용은 마진을 축소시킬 뿐이다. 그리고 우리가 계획한 바와 같이, 마진을 너무 줄이면 그 프로젝트는 실패한다. 그렇다면 임대료와 비용의 밸런스가 적절한지 어떻게 판단할 수 있을까?

기대수익

내가 당신에게 연간 100만 달러의 수입이 발생하는 건물을 개발했다고 말한다면 당신이 가장 먼저 떠올리는 질문이 무엇일까? '1년에 100만 달러를 버는 데 얼마가 들었는가'일 것이다. 건물을 짓는 데 100만 달러가 들었다면 연간 수익률은 100%이고, 이것은 매해 발생한다. 이것은 엄청난 수치이다. 하지만 그 건물을 짓는 데 1억 달러가 사용되었고 연간 100만 달러의 수입이 발생된다고 한다면, 그것은 어리석은 투자일 것이다. 1년 동안 투자금의 회수율이 1%에 불과하기 때문이다. 차라리 다른 분야에 투자했다면 더 많은 수익을 낼 수 있었을 것이다.

건물에서 발생하는 수입과 건물을 매입하거나 개발하는 데 드는 비용을 비교해 봐야 그 프로젝트에 투자할 가치가 있는지 알 수 있다. 수입이 많은 것처럼 보이거나 혹은 비용이 낮은 것처럼 보이더라도, 둘 중 한가지 정보만 있다면 그 투자가 타당한지 여부를 알기에 결코 충분하지 않다.

앞의 몇 페이지의 내용은 당신에게 두 가지 질문을 제기했을 것이다. 첫째, 수입이란 무엇을 의미하는가? 둘째, 우리의 기대수익이 얼마인지 어떻게 알 수 있는가?

순영업이익

첫 월급을 받던 날, 깜짝 놀랐던 기억이 있다. 연봉 협상이 잘 끝났고, 모든 것이 괜찮아 보였다. 그러나 놀랍게도 예상했던 월급의 70% 밖에 받지 못했다. 나머지는 내가 모르는, 전혀 들어본 적 없는 기관들에게 갔다. 이것은 총수입과 순수입의 차이를 보여준다.

앞에서 설명한 것처럼, 수입을 얻기 위해 건물을 개발한다. 여기서 수입은 무엇을 의미할까? 건물이 모두 임대되었다는 가정 아래, 비용을 제외하기 전 전체 수입을 말하는 것일까? 아니면 경비, 공실로 인한 손실, 담보대출금, 투자금, 소득세 등을 제한 후의 수입을 말하는 것일까? 잘못된 숫자를 사용할 경우 문제가 생길 수 있다.

두 가지 카테고리가 있다. 첫 번째 카테고리는 건물을 누가 소유하고 있는지, 개발에 얼마를 사용했는지는 상관이 없다. 여기에는 수입, 공실로 인한 손실, 운영비용이 포함된다. 이 숫자들은 건물의 소유자가 다르다고 해서 바뀌지 않는다.

두 번째 카테고리는 건물 소유주가 건물을 취득하기 위해 사용한 비용, 즉 대출과 자기자본, 그리고 각 당사자의 세금에 따라 달라진다. 이 항목들은 온전히 각 소유주에 따라 결정된다.

재무제표 요약
총 수입(건물의 임대율이 100%일 경우)
– 공실로 인한 손실(임대되지 않은 면적이 있을 경우)
– 운영비용(예: 세금, 보험, 유지보수 비용 등)
= 순영업이익(공실 및 비용 차감 후 수입)
– 대출 서비스(월별 대출 관련 비용)
– 투자자 배당금
= 디벨로퍼의 세전 수익

이 두 카테고리 사이에는 구분선 역할을 하는 숫자가 있다. 그것은 공실과 비용을 차감한 후 발생하는 수입이다. 우리는 이것을 순영업이익 Net Operating Income: NOI이라고 부른다. 이것은 또한 '선'the line이라고도 불린다. 사람들은 종종 숫자를 기준으로 '선 위' 또는 '선 아래'라고 말한다. 선 위의 숫자들은 모든 소유주가 같다. 하지만 선 아래에 있는 숫자들은 소유주마다 다를 수 있는데, 이것은 그들의 건물 매입가격, 대출조건, 그리고 투자자 계약조건이 다르기 때문이다.

기존 건물을 매입하든 새 건물을 짓든, '선'에 해당하는 숫자를 파악하는 것은 거래를 평가하는 중요한 열쇠 중 하나다. 왜냐하면 그 금액은 공통 비용을 차감한 후의 금액이기 때문이다. 당신은 딜에서 이익이 발생하도록 만들어야 한다. 대출 투자자, 자기자본 투자자, 당신 자신에게도 이익을 나눠주어야 한다. 순영업이익을 예측한 다음에 무엇을 해야 할까?

매매 vs 개발

　기존 건물을 매각하려고 할 때 순영업이익은 건물의 가격을 결정하는 공식에서 절반의 역할을 한다. 나머지 절반은 매수인이 매년 순영업이익에서 기대하는 수익률이다. 이러한 기대수익률을 자본환원율Capitalization Rate 또는 캡 레이트Cap Rate라고 한다. 자본환원율은 매각금액을 계산하는 데 어떻게 적용될까? 매수인이 투자에서 연 6%의 수익을 기대하고 있고, 건물의 순영업이익은 50만 달러라고 가정해 보자. 최대 매매가격을 산출하려면 50만달러가 정확히 6%가 되는 숫자를 찾기만 하면 된다. 수학적으로 매우 간단하다. 순영업이익을 자본환원율로 나누기만 하면 된다.

최고 매매가격		
순영업이익	÷ 연간 최소 수익률	= 최고 가격
$500,000	÷ 6%	= $8,333,333

　왜 이게 최고 매매가격일까? 더 높은 매매가격에서, 50만 달러는 매매금액의 6% 미만일 것이고, 그들이 예상한 것보다 더 적은 수익을 얻을 것이기 때문이다. 위 설명이 맞는지 확인하기 위해, 이 공식을 반대로 생각해 보자. 동일한 건물이 833만 달러에 팔릴 예정이고, 매수인은 매년 6%의 순영업이익을 요구한다고 가정해 보자. 얼마의 순영업이익이 필요할까?

최소 순영업이익		
매매가격	× 연간 최소 수익률	= 최소 순영업이익
$8,333,333	× 6%	= $500,000

간단해 보이지 않는가? 이것은 건물을 평가하는 수익환원법Direct Cap이라고 불리며, 기존 건물을 매매하는 사람들 사이에서 흔하게 사용된다. 그렇다면 이 방법은 새로운 개발 프로젝트의 예산을 수립하는 데 왜 적합하지 않을까? 왜냐하면 이 방법은 다른 사람들의 기대수익률을 보여주기 때문이다. 일부 사람들이 연 6%의 수익을 낼 수 있다고 해서 당신의 투자자와 대주를 포함하여 당신도 그 정도의 수익률을 가져갈 수 있다는 것은 아니다.

건물에서 발생되는 수입을 평가하는 방법에 대해 알아보았다. 이제 투자에 참여한 대주와 투자자에게 얼마큼의 이익을 돌려주어야 하는지 결정해야 한다. 여기에는 또 다른 공식이 적용된다.

수익 가중치

영어를 못했다면 부동산업을 하지 못했을 것이다. 경영대학원 입학시험(GMAT)은 수학보다 영어에 더 무게가 실리기 때문이다. 심지어 수학은 자신 있는 과목이 아니었다. 학기 신청 마감일 약 10주 전에 경영대학원에 지원하기로 결정했고 공부할 수 있는 시간은 얼마 없었다. 시험 날짜를 최대한 늦은 날로 잡았다. 10주 동안 열심히 공부했지만 수학 점수는 100점 만점에 겨우 55점이었다. 하루하루가 긴장의 연속이었다. 나는 좋은 영어 점수를 받았고, 그 결과 원하는 곳에 갈 수 있었다.

이것을 언급한 데는 두가지 이유가 있다. 첫째, 당신의 긴장을 풀어주기 위해서다. 다양한 부동산 재무 분석을 해 본 결과, 부동산 관련 수학은 그리 어렵지 않다. 둘째, GMAT 사례처럼 이번 장에서 논의할 수학은 '가중'이라는 개념을 중심으로 한다. 가중치는 매달 얼마큼의 현금흐름이 필요할지를 이해해야 하기 때문에 중요한 역할을 한다. 뒤에서 몇 가지 새로운 용어와 약간의 수학에 대해 알아볼 것이다. 주제가 점차 심화되며, 왜 어떤 프로젝트들은 재무적으로 타당성이 있다고 하고, 다른 것들은 그렇지 않은지에 대해 이해할 수 있을 것이다.

수수료 및 현금흐름

앞에서 순영업이익이 프로젝트를 평가하는 데 핵심 역할을 하는 숫자라는 것을 확인했다. 그것은 소유주가 담보대출을 해준 대주, 계약금을 납부한 자기자본 투자자 및 소유주 자신에게 매달 지급하기 위해 남겨둔 금액이다. 새로 지어진 모든 건물은 개발비 1달러당 일정 수준의 순영업이익을 만들어 낸다. 이 비율을 투자금 대비 수익률Yield on Cost=Return on Cost이라고 한다. 이것을 계산하려면, 단순히 순영업이익을 건물을 개발하기 위해 투입한 총 비용(즉, 토지, 하드 비용 및 소프트 비용)으로 나누면 된다.

투자금 대비 수익률		
순영업이익	÷ 총 비용	= 투자금 대비 수익률
$650,000	÷ $10,000,000	= 6.5%

디벨로퍼들은 상대적 객관성 때문에 투자금 대비 수익률 계산 방법을 좋아한다. 이 방법은 통제할 수 없는 거시경제적 힘에 기초하여, 먼 미래에 일어날 수도 있고 일어나지 않을 수도 있다는 가정에 의존하지 않는다. 재무 분석에서 실질적인 임대료나 건설 비용과 같은 합리적인 가정을 사용한다면 투자금 대비 수익률은 건물의 경제적 상황을 좀 더 정확히 말해 줄 것이다. 참고로, 2019년 중반, 도심 속 대규모 아파트 사업은 연간 약 6.5%의 투자금 대비 수익률을 보여주었다. 이는 디벨로퍼가 1천만 달러 규모의 빌딩을 건설할 경우 연간 65만 달러의 순영업이익을 창출다는 것을 의미한다.

여기서 한 가지 의문이 생길 것이다. 투자금 대비 수익률이 투자한 금액 대비 얼마의 수익을 창출하는지를 보여준다면 그 투자금 대비 비용은 얼마일까? 여기서 기억해야 할 것은, 건물을 개발하기 위해 대주와 투자자들로부터 자금을 빌렸고 매년 그들에게 빚을 지고 있는 상황이다. 매년 창출하는 수익보다 매년 갚아야 하는 금액이 크다면 그 사업은 엉망이 될 수 있다.

우리가 계산해야 할 숫자는 가중평균자본비용(WACC)이라고 불린다. 이것은 "가중치"이다. 그 이유는 우리는 연간 기대 수익률이 다른 투자자들에게 각기 다른 자금을 빌렸기 때문이다. 그리고 이것은 "평균치"이다. 왜냐하면 우리가 그 금액들을 하나로 합산하기 때문이다. 예를 들어 대주가 전체 금액의 75%를 투자한다고 가정해 보자. 이 경우 25%의 계약금이 남는다. 자기자본 투자자들은 계약금의 90%를 지급한다. 그러면 보증인으로서 당신은 계약금 중 나머지 10%를 넣게 되는데, 이것은 전체 금액의 2.5%에 해당한다. 각자 투자한 금액이 다르기 때문에 각각 투자한 비율에 그들이 기대하는 연간 수익률을 곱한다. 이 숫자들을 모두 더하면 가중평균자본비용이 된다.

다음 상황의 가중평균자본비용은 5.78%이다. 즉, 매년 투자자들에게 프로젝트 투자금의 5.78%를 지급해야 한다. 앞서 언급했듯, 현재 대형 도시 아파트 사업에서는 6.5% 정도의 투자금 대비 수익률이 발생하고 있다. 그것은 자본비용보다 더 많은 금액이다. 다시 말해, 임차인들은 그 공간을 사용하기 위해 디벨로퍼들이 그 건물을 짓는 데 투입한 비용보다 더 많은 금액을 기꺼이 지불한다는 것이다. 단순하지 않은가? 여기서 우리가 놓친 것이 무엇이 있을까?

---

1) 자금조달에 대해서는 파트 2에서 더 자세히 다룰 것이다. 장기대출은 공사가 끝나고 건물이 모두 임대되면 가능할 것이다.

가중평균자본비용			
구분	자본비율	최소 연간 수익률	연간 지급해야 하는 금액의 비율
대주	75%	× 5%	= 3.75%
투자자	22.5%	× 9%	= 2.03%
디벨로퍼	2.5%	미포함	= 0.0%
합계	100%		5.78%

누락된 중요 항목

가장 순수한 경제적 의미에서, 아파트 사업은 가치를 창출한다. 가중평균자본비용보다 투자금 대비 수익률이 더 높다. 그러나 여기에서 몇 가지 중요한 사실을 빠뜨렸다. 먼저 표를 자세히 살펴보면 우리에게 지속적인 이익이 발생하지 않는다는 것을 알 수 있다. 공정하게 말하면 디벨로퍼는 초기 개발 수수료와 계속 발생되는 자산 관리 수수료를 예산에 넣는다. 그 수수료는 많을 수 있고, 상황에 따라 줄어들 수도 있다. 하지만 그 수수료의 일부는 사실 건물을 개발하는 직원들의 급여를 지급하는 데 필요하기 때문에 허투루 측정된 금액이 아니다. 또 한 가지 중요한 사실은 성장성이다. 임대료 수입이 비용보다 높고 대출이 그대로 유지된다면 그 사업은 매년 우리에게 높은 이익을 안겨줄 것이다. 맞는 말이긴 하지만, 그런 일이 일어나려면 적어도 몇 년이 걸릴 것이다. 매년 우리의 자금으로 최소한의 이익을 얻고 싶다면 그렇게 되도록 만들어야 한다.

여기서 더 중요한 점은 앞서 가중평균자본비용을 계산할 때 대출에 대해 원금상환 없이 이자만 지급한다고 가정했다. 일부 초대형 프로젝트들은 장기대출을 하는데, 이 대출의 원금은 운영기간 내내 동일하게 유지된다. 그러나 전반적인 부동산 프로젝트 사례들을 봤을 때 그것은 흔치 않다. 대부분의 대출은 결국 원금을 갚아 나가야 한다.[2] 원금을 상환하려면 추가적인 순영업이익이 필요하다.

다음 페이지의 표를 참고하길 바란다. 그 표에 매년 대주에게 지급해야 하는 이자에 원금을 더했다. 그리고 우리에게 지급해야 하는 금액도 추가했다. 마지막으로, 시간이 지남에 따라 프로젝트가 나아지기 때문에 초기 수익에 대한 가정 값이 과장되지 않게 하기 위해 우리와 투자자들의 초기 수익률을 일부 낮춰 두었다. 원금 지급금과 우리의 이익은 기술적으로 원가비용이 아니기 때문에 이런 항목들은 더 이상 자본비용이 아니다.[3] 나는 이 숫자를 최소 가중평균현금흐름Weighted Cashflow Obligation라고 부른다. 이것은 매년 순영업이익으로 벌어들여야 하는 총 예산의 비율을 나타내며, 대주와 투자자에게 그들의 기대치만큼 지급해야 한다. 이 계산식에 내포된 의미를 생각해 보자.

앞서 우리는 아파트를 짓는 데 달러당 연 6.5%의 수익률이 발생한다고 언급했다. 이것은 천만 달러 건물에서 65만 달러의 순영업이익이 발생하는 것을 의미한다. 기본 자본비용은 5.78%에 불과하므로, 578,000달러의 원가비용에서 매년 72,000달러의 이익이 발생한다.

하지만 최소 연간 6.75% 또는 675,000달러의 현금흐름이 필요하다.

---

2) 대주들은 계약금을 요구하는 것과 같이 원금상환을 요구한다. 바로 위험 완화를 위해서다. 매년 대출금을 상환함에 따라, 그들의 대출금과 손실 간의 쿠션이 증가한다. 쿠션이 증가할수록 빌딩의 가치가 떨어졌을 때 그들이 입는 피해는 줄어들 것이다.

3) 건물을 개발 비용 이상으로 매각하면 원금은 돌려받을 수 있다.

따라서 연간 현금흐름은 실제로 최소 기준치에 비해 25,000달러가 부족하다. 이 문제를 해결하기 위해 우리의 이익을 줄이거나, 투자자들에게 약속한 최소 이익을 지급하지 않을 수 있다. 하지만 어느 쪽을 선택하든 문제를 피할 수 없다.

최소 가중평균현금흐름			
구분	투자금 비율	최소 연간 수익률	연간 지급해야 하는 금액의 비율
대주	75%	× 7% (원금 포함)	= 5.25%
투자자	22.5%	× 6%	= 1.35%
디벨로퍼	2.5%	× 6%	= 0.15%
합계	100%		6.75%

마법

기본 현금흐름 기대치를 얼마나 공격적으로 할지는 당신만이 결정할 수 있다. 나보다 똑똑한 사람들이 오히려 수익률이 낮은 프로젝트를 진행해 왔다. 하지만 어떤 상황에서 어떤 방법을 사용하든, 이 숫자들은 엄청난 결과를 만들어 낸다. 예를 들어 예상 값을 적용해서 전체 개발 예산을

---

4) 대출이자와 원금을 모두 포함하는 이 숫자를 담보대출상수라고 한다. 자금조달에 대해서는 파트 2에서 논의할 예정이다. 하지만 일단 계산해 보고 싶다면, 계산기나 엑셀에서 PMT 함수를 사용하기 바란다. 이자율, 대출기간, 상환기간을 입력한다. 그런 다음 대출금 1달러당 지급액을 계산한다. 센트 단위의 결제 금액을 백분율로 사용할 수 있으며, 이는 1달러당 갚아야 할 원리금을 나타낸다. 이 경우 나는 이자율 5%와 상환기간 300개월을 가정했다.

산정할 수 있다. 먼저 일정한 수익률을 정하고 나면 개발에 사용될 금액을 계산할 수 있다.

당신이 사용할 수 있는 금액		
순영업이익	÷ 최소 현금흐름	= 최대 프로젝트 예산
$650,000	÷ 6.75%	= $9,629,629

대부분의 디벨로퍼들은 개발비 기준 6.5%의 수익률을 예상하는데, 이 정도의 순영업이익이 발생하는 건물을 짓는 데 약 1천만 달러가 필요하다. 하지만 최소 현금흐름은 그것보다 더 높다. 그 계산에 따르면, 순영업이익과 최소 현금흐름이 동일할 경우 같은 건물을 약 40만 달러 더 낮은 금액으로 지어야 한다.

어쩌면 이것은 불가능할 수 있다. 당신은 이미 천만 달러 이하의 예산으로 건물을 짓는 것은 불가능하다는 것을 알고 있을 것이다. 따라서 이것을 상쇄시키기 위해서는 임대수익이 증가해야 한다. 그렇다면 어느 정도로 증가해야 할까? 아래 표를 보면, 동일한 수준의 건물을 짓기 위해서는 다른 디벨로퍼보다 25,000달러의 순영업이익을 더 창출해야 한다는 것을 알 수 있다. 65만 달러의 순영업이익으로는 최소 현금흐름을 충족시킬 수 없다.

당신이 필요한 수입		
프로젝트 예산	× 최소 현금흐름	= 최소 순영업이익
$10,000,000	× 6.75%	= $675,000

정리

어떻게 하면 건물을 더 저렴하게 지을 수 있을지, 그리고 더 많은 임대료를 받을 수 있을지를 고민하는 동안, 시장환경은 바뀔 수 있다. 금리가 내려가면 최소 현금흐름도 낮아질 것이다. 이 경우 같은 순영업이익을 확보하면서 더 많은 비용을 쓸 수 있거나, 같은 수준의 비용을 쓰고도 더 많은 이익을 얻을 수 있다. 반면 금리와 투자자들의 요구 수익률이 높아진다면 비용을 줄이고 동일한 순영업이익을 얻을 수 있는 방법을 찾아야 할 것이다. 결국, 개발 사업을 위해 제공할 수 있는 최대 금액이 실제 사업에 필요한 최소 금액보다 작아지면, 그 사업은 진행할 수 없게 된다.

당신이 사용할 수 있는 금액		
순영업이익	÷ 최소 현금흐름	= 최대 프로젝트 예산
$650,000	÷ 5.5%	= $11,818,182
$650,000	÷ 6%	= $10,833,333
$650,000	÷ 7%	= $9,285,714
$650,000	÷ 8%	= $8,125,000

사이클이 진행되고, 금리와 투자자의 요구수익률이 상승하면, 자본비용과 최소 현금흐름은 증가한다. 그럼 당신의 월별 현금흐름은 줄어든다. 이 경우 디벨로퍼들은 현실에 굴복하기 보다 월별 현금흐름에서 매각차익으로 초점을 전환하는 경우가 많다.

이익 발생 시점 기다리기

90년대 후반, 10대였을 때 할아버지는 나에게 몇 백 달러짜리 수표를 주셨다. 수표의 메모 칸에는 "성장주 투자"라고 쓰여 있었다. 나는 그 수표로 최신 기술 기업 주식을 샀는데 얼마 지나지 않아 주가가 기하급수적으로 올랐다. 문제는 거기서 발생한 그 어떤 이익도 사용할 수 없었다는 것이었다. 그 가치는 주식에 묶여 있었다. 나는 가끔 아주 적은 배당금을 받았는데, 수천 주를 소유하고 있었다면 그 지급액이 충분했는지도 모른다. 나는 주식을 매각해야만 진정한 수익을 손에 쥘 수 있었다.[1]

디벨로퍼도 같은 딜레마에 직면하는 경우가 많다. 건물들이 창출하는 일부 가치는 그것들을 매각해야만 얻을 수 있다. 이런 현상이 발생하는 데에는 두 가지 이유가 있다.

· 건물이 준공되어 운영되기 시작하면 담보대출을 상환하기 시작한다. 이렇게 대출을 상환하면 건물에 대한 소유권은 커지고, 건물을 매각하면 지불한 원금 전액을 돌려받게 된다.
· 건물의 가치도 높게 평가될 수 있다. 매년 그 건물에서 발생되는 수입이

---

[1] 닷컴 붕괴 직전에 주식을 매각해서 기타 장비를 샀다.

비용보다 더 빠르게 증가한다면 건물 가치에 중요한 영향을 미치는 순영업이익이 마지막에 가서 훨씬 더 상승할 수 있다.

이런 요소들은 건물을 매각할 때 가치를 만들어 내지만 그렇다고 해서 건물을 즉시 매각할 필요는 없다. 해당 프로젝트가 매달 높은 현금흐름을 창출하고 동일한 수준의 프로젝트를 찾기 어렵다면 그 프로제트를 보유하는 것이 좋다. 이 경우 그 상승분은 추후 건물을 매각할 때 보너스가 될 것이다. 하지만 건물의 현금흐름이 그리 좋지 않다면 어떻게 해야 할까? 비싼 토지를 사들이거나, 건물 자체를 세계적인 수준으로 만들기 위해 사용한 개발비용은 매달 아주 조금의 이익만을 남겨줄지도 모른다. 그 건물을 매각하고 이익을 얻을 수 있는 방법이 있을까?

개발 프로젝트를 진행하는 동안 많은 문제가 발생할 수 있는데, 아무도 그런 위험을 원하지 않는다. 하지만 새로 멋지게 지어진 건물이 모두 임대되면 상황은 매우 다르게 보인다. 앞서 언급했던 투자자들은 '투자에 대한 압박감'을 느끼는 한편, 그들의 기대 수익률은 당신보다 낮을 수 있다. 이 경우 그들은 새로운 자산을 소유하며 얻게 되는 안전성과 기회에 대한 대가로 당신의 새로운 건물에 많은 돈을 지불할 용의가 있을 것이다. 상업용 부동산 디벨로퍼들은 이것을 그들의 주요 비즈니스 모델로 삼는다. 그들은 소위 트로피 자산trophy asset을 원하는 사람들이 있다는 것을 알고 있기 때문에 탁월한 빌딩을 개발하여 최고가를 제안한 입찰자에게 빨리 매각하기를 원한다.

하나로 정리하면

수십 년 동안 건물을 보유하든, 가치를 창출한 뒤 바로 매각하든, 그 거래는 프로젝트에 추가 수익을 가져다줄 것이다. 그리고 이것이 우리가 고려하던 가치 창출 이야기의 마지막 부분이다. 디벨로퍼는 건물이 제공하는 운영 현금흐름과 매각 시 얻게 될 이익을 통해 프로젝트의 재무적 타당성을 계산한다. 다음은 25%의 자기자본이 포함된 1,000만 달러짜리 투자 자산이 준공되고 몇 년 뒤 매각된 경우이다.

프로젝트 이익 평가				
수입 카테고리	0년	1년	2년	3년
최초 자기자본	-$2,500,000			
+ 연간 이익 (순영업이익-대출)		$225,000	$231,750	$238,703
+ 투자금 상환				$2,500,000
+ 매각차익				$591,948
총 현금흐름	-$2,500,000	$225,000	$231,750	$3,330,651

건물 매각 시, 담보대출balloon payment[2]을 상환한다. 그런 다음 모든 사람의 투자금을 상환하고 남은 이익(매각차익)을 디벨로퍼와 투자자에게 분배한다. 현재까지 프로젝트 수익에 대한 가공되지 않은 수치를 모두 가지고 있지만 얼마나 좋은 투자를 할 수 있는지는 아직 확신할 수 없다.

---

2) 역주: balloon payment는 만기일시상환 형식으로 최종회에 일괄 지불하는 것이다.

프로젝트에 대한 결론을 내리고, 재무적 타당성을 완료하기 위해서, 마지막으로 한가지 수학적 과제를 고려할 필요가 있다. 그것은 시간이다.

현재 현금 가치

1974년, 아버지는 4,000달러를 주고 첫 차를 구매하셨다. 돌이켜보면 그때가 좋은 시절이었다. 물가가 비싸지 않았으니 말이다. 하지만 정말 그랬을까? 이를 수학적으로 접근해 보자. 1974년 이후, 인플레이션은 매년 평균 약 3.8%씩 증가했다.[1] 앞서 언급했듯, 그는 44년 전에 그 차를 샀다. 아래는 그 금액이 오늘날 현금으로 얼마인지 환산해 놓은 표이다.

시간의 흐름에 따른 돈의 가치 변화				
	1974	1975	1976	1977…
최초 가치	$4,000	$4,152	$4,310	$4,474
인플레이션	× 1.038	× 1.038	× 1.038	× 1.038
최종 가치	= $4,152	= $4,310	= $4,474	= $4,644

금액은 매해 증가하는 것처럼 보인다. 이것을 길게 풀어쓰기보다는 짧은 공식으로 정리해 보자.

$$과거\ 가격\ \$4{,}000 \times 1.038^{44} = 현재\ 가치\ \$20{,}641$$

---

[1] 1974년의 1달러는 2019년에 5.14달러의 가치가 있다.

미래의 현금 가치는 상승률에 기간을 제곱하여 구할 수 있다. 44를 제곱한다는 것은 우리가 $4,000를 곱하기 전에 1.038을 44번 곱한다는 것을 의미한다. 그렇게 했을 때, 구매 가격인 4,000달러를 현재의 현금 가치로 환산하면 20,641달러가 된다. 우리가 예상한 것만큼 그리 저렴한 금액은 아니다.

방금 설명한 것과 같이, 미래에 발생하게 될 현금을 현재 가치로 환산하면 그것보다 적을 것이다. 대부분 시간이 지나면 현금 가치가 상승하는 개념인 복리에 대해 들어봤을 것이다. 우리가 익숙하지 않은 것은 그 반대의 현상이다. 즉, 미래의 현금을 현재 가치로 환산할 경우 그 가치는 줄어든다. 이것을 할인이라고 한다. 부동산 개발을 할 경우 대부분의 임대료와 매각차익은 수년 동안 받아보지 못할 것이기 때문에 할인이 중요하다. 우리는 좋은 결정을 내리기 위해 "현재 현금 가치"로 수입 흐름을 생각할 수 있어야 한다.

할인에 대한 한 가지 예를 살펴보자. 작은 건물을 소유하고 있다고 가정해 보자. 그 건물을 100년 후에 100만 달러에 팔 수 있다. 100만 달러라는 가치에 대해 얼마나 만족하는가? 아마 이 질문에 대답하기 어려울 것이다. 이것을 수학적으로 계산하는 것은 어렵지 않다. 현재의 가치를 미래의 가치로 환산했듯, 미래의 가치도 현재의 가치로 환산하면 된다. 앞에서 상승률에 기간을 제곱한 값을 곱하여 미래의 현금 가치를 계산했다. 그럼 할인 값을 구하기 위해 같은 방식으로 나누면 된다. 만약 동일한 인플레이션율을 가정한다면 계산식은 다음과 같다.

$$\text{미래 가격 } \$1,000,000 \div 1.038^{100} = \text{현재 가치 } \$24,000$$

즉, 100년 후 100만 달러짜리 빌딩의 가치는 1974년 당시 우리 아버지의 4천 달러짜리 자동차와 비슷하다. 이 둘의 현재 가치는 약 2만 달러이다. 시간이 지남에 따라 돈의 가치가 어떻게 변하는지 알아보았으니, 이제 그 기술을 부동산 개발 프로젝트에 적용해 보자. 독자 여러분은 파트 1의 핵심 내용에 다가가고 있다.

최종 숫자

건물이 창출한 가치는 오랜 시간에 걸쳐 돌아온다. 그렇기 때문에 단순한 '투자수익률'(즉, 10년간 총수익을 투자금으로 나누는 것)만으로 경제적인 모든 것을 설명할 수 없다. 당신은 이 프로젝트 말고도 언제든 다른 곳에 투자할 수 있다. 따라서 건물의 소유기간을 고려하여 그 건물이 얼마큼의 수익을 낼 수 있는지 알고 싶을 것이다. 그것을 어떻게 알 수 있을까? 아래 표는 앞에서 이미 보여준 적이 있다.

사업 수익 평가				
수익 카테고리	0년	1년	2년	3년
최초 투자금	-$2,500,000			
+ 연간 이익 (순영업이익-대출)		$225,000	$231,750	$238,703
+ 투자금 상환				$2,500,000
+ 매각차익				$591,948
총 현금흐름	-$2,500,000	$225,000	$231,750	$3,330,651

각 금액을 현재 가치로 평가하기 위한 두 가지 방법이 있다. 첫 번째 방법은 할인율(보통 자본비용)을 설정하는 것이다. 그런 다음 해당 시점의 금액을 현재에서 해당 시점까지 연 단위로 할인한다. 8%의 할인율을 적용할 경우 아래와 같이 계산된다.

현금을 할인하는 방법					
구분	0년	1년	2년	3년	합계
현금	−2,500,000	225,000	231,750	3,330,651	
÷ 할인율	÷ 1.0	÷ 1.08^1	÷ 1.08^2	÷ 1.08^3	
= 현재 가치	−2,500,000	208,333	198,688	2,643,978	551,000

할인율을 적용한 값은 우리에게 각 금액의 현재 가치를 알려준다. 투자한 원금을 차감하면 순현재가치Net Present Value가 나온다. 이 접근 방식의 장점은 실질적인 수익을 알 수 있다는 것이다. 이 경우 그 금액은 551,000달러이다. 하지만 백분율과 같은 비율이 아닌 실제 금액으로는 다른 프로젝트와 비교하기 어렵다. 예를 들어 부동산에 250만 달러를 투자하는 것이 100만 달러보다 더 많은 이익이 발생할 것이다. 그렇다면 어떻게 투자금액과 연계하여 다른 프로젝트와 비교할 수 있을까?

내부수익률

투자자들은 어느 한 투자에서 얻은 수익을 다른 투자와 비교하고 싶어하기 때문에, 순현재가치 계산 방법이 항상 도움이 되는 것은 아니다. 대신, 디벨로퍼들은 보통 할인율 자체를 계산하는 것을 선호한다. 그들은 먼저 예산과 미래의 현금흐름을 현금으로 추정한다. 그런 다음 스프레드시트를 이용해 초기 투자와 동일한 현금흐름을 만드는 할인율을 계산한다. 이것은 해당 수익을 내는 데 소요되는 시간이 반영된 투자 성장률이다. 이 계산 방법을 내부수익률Internal Rate of Return: IRR이라고 부른다.

다음은 특정 프로젝트에서만 사용할 수 있는 방법이다. 당신의 팀은 프로젝트에 천만 달러가 필요할 것으로 예상한다. 당신과 당신의 투자자들은 총 사업비의 25%인 250만 달러를 투자하기로 한다. 그리고 매년 예상되는 현금흐름과 매각했을 때 발생될 것으로 예상되는 이익을 계산한다. 이제 엑셀을 이용하여 최초 투자금에서 각 숫자들이 나올 수 있는 할인율을 계산한다. 이것을 아래 표와 같이 나타낼 수 있다.

구분	0년	1년	2년	3년	합계
최초 투자금액	−2,500,000				
총지급액 (현금흐름+매각)		225,000	231,750	3,330,651	
할인율		÷ 1.??^{1}	÷ 1.??^{2}	÷ 1.??^{3}	
= 합계		193,966	172,228	2,133,807	2,500,000

할인율 계산 방법

스프레드시트를 통해 이 표의 물음표에 들어갈 숫자를 계산해 보면 "16%"가 나온다. 즉, 이 건물을 소유하면 세금 항목을 제외하고 매년 투자금의 16%에 해당하는 수익을 얻을 수 있다. 그렇다고 해서 매년 동일한 수익이 발생한다는 것은 아니다. 수익의 상당 부분은 매각했을 때 발생할 수 있다. 하지만 수익이 발생하는 시점이 다르다는 점을 고려하더라도, 매년 발생하는 수익은 투자금액의 16%이다. 내부수익률은 하나의 숫자로 간단하게 정리되고, 투자자에게도 그 내용을 공유하기도 쉬워서 많은 사람들이 사용하는 수익률 계산 방법이다. 여러 위험들을 고려했을 때 건물은 내부수익률이 높을 경우, 즉 충분한 수익이 발생될 경우에만 지어질 것이다.

파트 1 결론

올해 초, 아내와 나는 한 운동 경기의 오프닝에서 독특한 국가 공연을 보았다. 화가는 반쯤 완성되었지만 알아볼 수 없는 형태의 그림으로 공연을 시작했다. 그는 국가를 부르면서 계속해서 캔버스에 디테일을 더해 갔다. 노래의 긴장감이 점차 사라지고, 우리는 여전히 그의 그림을 당황스럽게 쳐다보고 있었다. 그 순간, 그는 캔버스를 180도 회전시켰다. 그러자 그의 그림이 전쟁 속 군인들이 깃발을 게양하고 있는 유명한 장면임을 단숨에 알아챌 수 있었다. 노래의 클라이맥스에서 그는 깃발에 색채를 더하며 마무리했다. 이 퍼포먼스는 드라마틱한 "아하 순간"을 만들어냈다.

나는 많은 사람들이 부동산 개발 과정을 이해하기 어려워할 것이라고 생각한다. 왜냐하면 그들은 개발을 잘못된 방향으로 바라보기 때문이다. 앞서 언급한 공연자는 극적인 효과를 만들어 내기 위해 공연이 끝날 때까지 캔버스를 거꾸로 돌려놓고 있었다. 이 책의 파트 1은 먼저 캔버스를 돌려보려는 시도였다. 애초에 건물이 왜 개발되는지 이해한다면, 그 다음 어떤 결정이 내려지는지 이해하기가 훨씬 쉬워질 것이다.

기본 개념을 이해했다고 생각하고, 이제 부동산 개발 프로젝트에 대해 좀 더 구체적으로 알아볼 것이다. 나는 개인적으로 파트 2의 주제들을 너무나도 좋아하는데, 아마 읽기가 쉬울 것이다. 혹시 1부의 내용을 제대로 이해하지 못했다면 돌아가서 다시 읽어 보길 바란다. 그런 다음, 당신의 결정이 프로젝트의 사업타당성에 어떤 영향을 줄지 생각한다면, 매 순간 쉽게 결정을 내릴 수 있을 것이다. 마지막으로, 지금까지 우리가 알아보고자 한 것을 정리하자면 아래와 같다.

우리는 투자에서 수익을 얻기 위해 부동산을 개발한다. 건물을 짓는 데 얼마의 비용이 드는지 상관없이 하나의 건물이 창출하는 수입은 보통 변함이 없다. 그러나 건설비가 상승함에 따라 수익률(수입÷비용)은 낮아진다. 이 요율이 너무 떨어지면, 그 건축 프로젝트를 진행할 수 없다. 그 이유는 비용보다 수입이 더 많아야 하기 때문이다. 만약 비용이 수입보다 많다면 그 건물은 절대 지어지지 않거나, 지어지더라도 곧 압류되고 말 것이다.

파트 2
부동산 개발 프로젝트 8단계

파트 2 서론

아내 임신 중에 임신과 관련된 사람들은 점차 늘어났다. 아내가 다녔던 산부인과에는 분만 전문 간호사, 의사, 마취과 전문의가 있었다. 그 외에도 출산 후 아내의 회복을 도운 신생아집중치료 Neonatal Intensive Care Unit: NICU 팀에는 영양 전문가와 물리 치료사가 있었다. 우리는 그 당시 독일에 있었기 때문에 전문 산파도 있었는데, 그녀는 출산 직후 몇 주 동안 정기적으로 우리집에 방문했다. 여기 언급하진 않았지만, 분명 우리에게 도움을 준 다른 사람들이 더 있었을 것이다. 그들은 모두 다년간의 경험이 있는 전문가였다.

아이를 갖고 싶어 했던 레베카와 나는 우리의 힘으로 그 일들을 해냈을 수도 있었다. 그녀는 마취과 의사가 되기 위한 교육을 받고, 나는 간호사가 될 수 있었다. 혹은 그녀가 물리치료사가 되고, 내가 분만을 담당하는 의사가 될 수도 있었다. 하지만 어떤 선택이든, 우리가 이 모든 것을 자체적으로 해내는 것은 불가능했을 것이다. 그 과정은 복잡하고 다양한 방법으로 전개될 수 있었기 때문에 다른 사람의 전문 지식에 의존하지 않을 수 없었다. 물론 누군가와 이야기를 할 수 있는 정도로 배울 수는 있다. 하지만 그게 다일 것이다. 당신은 각 분야의 전문가들이 그들의 일을 하도록 두어야 한다. 우리는 그 관점에서 파트 2의 주제들을 알아볼 것이다.

지금까지의 내용을 이해했다면 부동산 개발에 필요한 각기 다른 분야를 배울 수 있을 것이다. 당신은 변호사, 구조 엔지니어, 도시계획가 또는 건설관리자가 될 수 있다. 여기서 문제는 이 모든 분야의 전문 지식을 배울 시간이 없다는 것이다. 새로운 건물을 세상에 내놓기 위해서는 각 분야에서 수년간의 교육과 경험이 필요하다. 따라서 프로젝트 전체를 아우르며 당신의 역할을 수행하기 위해서는 필요한 주제들을 완전히 마스터 하는 것이 아니라 주어진 상황에 따라 필요한 기술들을 배워야 한다.

과거에 무엇을 했든, 당신의 전문 분야에서 벗어나는 주제는 늘 있다. 이것이 어떤 의미일까? 모든 분야의 전문가가 될 수는 없지만 대화에 참여할 수 있을 만큼은 알고 있어야 한다. 프로젝트를 진행하는 동안 고려조차 해 보지 않은 "알 수 없는 미지의 것"이 없기 위해서는 무엇이든 한 번씩은 접해 보아야 한다. 이것이 왜 중요할까? 첫째, 위험 요소를 파악하지 못한 채 프로젝트를 진행하는 것은 위험하다. 둘째, 당신이 그 일에 대해 잘 알지 못한다면 프로젝트 관계자들에게 능력이 있는지 판단하기 어려울 것이다. 그들이 유능하지 않다는 판단이 서면 골치 아픈 일을 피하고 더 나은 프로젝트를 찾을 수 있다.

이러한 상황에서 성공의 공통분모는 접해 보는 것이다. 파트 2의 목표는 어느 한 가지 주제에 숙달하는 것이 아니라 모든 분야를 접하는 것이다. 파트 2의 주제들을 통해 시장 분석, 재무모델링, 토지 취득, 건물 설계, 인허가, 프로젝트 법인 설립, 자금조달, 건설 관리, 임대의 기본을 배우게 될 것이다. 일부 주제는 다른 주제보다 더 흥미로울 수 있다. 여기서 중요한 점은 각 주제를 전체의 일부로 생각하는 것이며, 이와 관련해서 고려할 사항들을 여기서 설명한다.

논리

MBA과정을 마치고, 설립된 지 얼마 안 된 개발 회사에 취직했다. 그 회사가 매일 겪었던 큰 고민거리 중 하나는 정보의 부재였다. 우리는 매번 우리에게 필요한 자료를 찾을 수 없었다. 미팅하러 가는 도중에 적절한 매수 조건이나 건축 입면 등을 찾지 못해 늘 당황스러운 상황을 맞닥뜨렸고 우리는 많은 스트레스를 받았다. 여기서 더 중요한 점은, 매 순간 정보도 없이 결정을 내려야 했다는 것이다.

그 문제는 이 책에서 "전달"에 대한 측면을 연구할 수 있는 훌륭한 계기가 되었다. 다양한 분야의 사람들이 납득할 수 있는 방법으로 정보를 정리하는 데는 오랜 시간이 걸렸다. 결국 모두가 정보를 공유할 수 있게 만드는 열쇠는 논리적 구조를 사용하는 것이었다. 그것은 어떤 특정 분야가 아닌 모든 분야의 관계자들이 이해할 수 있도록 만들어졌다.

가장 먼저 프로젝트의 일정, 비용, 수익률을 예측한다. 그 다음, 토지를 매입하고, 건물을 설계하고, 시의 인허가 절차를 거친다. 프로젝트에서 발생할 수 있는 손실로부터 스스로를 보호하기 위해 새로운 법인을 설립한다. 그리고 대출과 자기자본 투자자들로부터 자금을 모집한다. 마지막으로, 착공에 들어가고 건물 오프닝을 준비한다.

우리는 각 프로젝트의 폴더를 다음과 같이 정리했다.

1단계. 예측
2단계. 토지
3단계. 설계
4단계. 인허가
5단계. 법인 설립
6단계. 자금조달
7단계. 공사
8단계. 오프닝[1]

수십 개의 프로젝트에서 위와 같은 폴더 시스템을 사용했다. 이 시스템을 개발하는 데 많은 시간을 투자했고, 그것은 결국 내가 각 개발 사업을 정리하는 하나의 방식이 되었다. 이 카테고리를 기준으로 파트 2의 각 장을 설명하려고 한다.

몇 가지 주의사항

우리가 논의할 주제들의 순서를 정하는 것은 어려운 일이었다. 왜냐하면 프로젝트마다 각기 다른 순서로 진행되기 때문이다. 예를 들어 당신

---

1) 여기에는 브랜딩, 마케팅, 임대 및 자산운용사와의 초기 운영 단계가 포함되어 있다. 건물 관리는 전혀 다른 주제이기 때문에 우리는 그 파일들을 다른 폴더에 저장했다. 이 책의 마지막 부분에서 그것들을 간단히 설명할 예정이다.

은 어떤 프로젝트가 잘 될 것이라고 직감할 수 있다. 이 경우 당신은 어떤 숫자를 목표로 해야 하는지 알기 위해 재무모델을 먼저 작성한다. 그런 다음, 모델에 맞는 토지 및 공사 단가를 찾는다. 또는, 반대로 토지 매입에서부터 시작해서 어떻게 하면 수익이 발생할지 찾아볼 수도 있다. 그 밖에, 세 번째 방법을 선택할 수도 있다. 그것은 누군가가 당신에게 자금을 맡기고, 당신은 그것을 활용하는 방법이다.

이런 다양성을 고려할 때, 완벽하거나 확실한 방법은 없다. 내가 그런 방법들을 선택하는 이유는 개발 중 발생할 수 있는 위험을 줄여 주기 때문이다. 당신은 가장 먼저 재무 및 시장조사를 통해 전반적인 아이디어가 비현실적인 가정에 근거한 것이 아닌지 확인할 수 있다. 그리고 부지를 찾아 소유권을 취득하기 전에 당신의 가정을 검증해 봄으로써, 해당 프로젝트를 올바른 경제적 관점에서 시작할 수 있다.

마지막으로, 내가 이 모든 내용을 설명하는 것은 쉽지 않은 일이었다. 나는 건축가도, 도시계획가도 아니기 때문에 그들처럼 설명할 수는 없다. 그리고 당신은 디벨로퍼가 아닐 수 있다. 당신이 디벨로퍼라면 '당신에게' '당신이 무엇을 할지'를 말하지 않는 게 좋을 것 같다. 제3자의 관점에서 파트 2를 작성하려고 하다 보니 독자 여러분에게 이 책이 지루하게 느껴질 수도 있다. 사람마다 생각이 다를 수 있지만, 나는 프로젝트 전체를 아우르는 디벨로퍼의 관점에서 이야기를 풀어나갈 것이다. 이 접근법에는 단점이 있을 수 있다. 그러나 나는 이 책에 우리가 논의할 주제에 대해 전문가들의 정보와 견해를 반영했기 때문에 다른 접근 방법보다 나을 것이라고 생각한다. 비록 내 관점에서 작성하긴 했지만, 이 책이 그들의 통찰력과 업계의 관점을 충분히 담아냈길 바란다.

초고층 빌딩에 대한 청사진을 그리기 전에, 디벨로퍼는 매우 실질적인 것들을 고려해야 한다. 그것은 바로 "그들은 그 프로젝트를 시작할 수 있는 충분한 자금을 가지고 있는가?"이다.

1단계
예측

당신이 확신하기 전에

최근 몇 년 만에 한 친구를 만났다. 그는 내 일에 대해 물었다. 나는 계획 중이던 개발 프로젝트에 대해 설명했다. 내 얘기가 끝나자, 그는 사업타당성에 대해 이야기하기 시작했다.

친구: 그 아이디어 정말 좋다. 그 프로젝트 진행할 거야?

나: 그러고 싶어. 하지만 난 자금이 없어.

친구: 그건 걱정하지 마. 분명 은행과 투자자들을 찾을 수 있을 거야.

나: 맞아, 건축, 엔지니어링 계획, 토양 보고서, 도시 인허가 같은 것들이 모두 해결되면 시작할 수 있을 것 같아. 하지만 아직 그것들이 해결되지 않았어. 그리고 대주와 투자자들을 모집하기 위해서는 그것들이 먼저 완료되어야 해.

친구: 그것들을 모두 처리하려면 얼마가 필요할까?

나: 작은 프로젝트라면 아마 10만 달러정도가 필요할 거야.

친구: 흠… 그럼 그걸 빌려줄 사람들은 없을까?

나: 아마도 있을 수 있겠지. 너가 빌려줄 수 있겠어?

친구: 어떤 이유로 문제가 발생해서 프로젝트가 진행되지 않으면 어떻게 되는데?

나: 우린 돈을 잃게 되는 거지.

친구: 오랜만에 만나서 즐거웠어. 너의 프로젝트에 행운을 빌게!

나의 친구는 방금, 개발 전 준비 단계에 대해 들었다. 이 단계에서는 거래의 위험과 보상 전망을 충분히 검토하기 위해 필요한 시간과 비용도 확인해야 한다. 만약 당신에게 "준비된" 딜이 있다면 투자자와 대주에게 그것을 제안할 수 있다. 그렇게 하면, 그들은 실제로 그 건물을 짓기 위해 자금을 제공해 줄 수 있다. 하지만 당신은 그전까지 전액 손실 위험을 무릅쓰고 당신의 돈으로 필요 자금을 조달해야 한다. 이번 장에서는 준비 단계에 포함된 항목에 대해 살펴볼 것이다. 또 각각의 비용이 언제 발생하고, 그 비용의 지급을 연기하거나 다른 사람과 분담할 수 있는 방법으로 어떤 것들이 있는지 함께 알아볼 것이다.

체크리스트

내 친구들과 달리, 토지주나 시 관계자 같은 사람들은 새로운 아이디어에 대해 이야기하고 싶어하지 않는다. 누구에게나 아이디어는 있다. 하지만 대부분의 사람들은 그것을 실행하지 않는다. 그들은 당장 진행될 수 있는 프로젝트에 대해서만 생각한다. 그럼 여기서 무엇이 필요할까? 각 주제에 대해 간략히 정리해 보자.

예측: 프로젝트가 진행할 만한 가치가 있는지 확인하기 위해서는 기본 수익률을 알아야 한다. 직접 계산할 수 있다면 별도 비용이

들지 않을 것이다.

토지: 부동산을 실제로 개발할 수 있으려면 토지 소유권을 확보해야 한다. 이를 위해서는 매매 계약서를 작성하고 계약금을 지불해야 한다. 계약서에는 정해진 날짜에 정해진 가격으로 토지를 구매한다는 옵션이 들어가며, 이것이 의무 조항은 아니다. 이러한 소유권이 없다면 프로젝트는 순전히 가설에 불과하다. 소유권 외에도 비교적 광범위한 법적, 환경적, 지질학적 실사를 진행해야 한다. 그 비용은 금세 누적되어 늘어나며, 현금으로 지불해야 한다.

설계: 다음으로 설계가 필요하다. 설계가 중요한 이유는 두 가지다. 첫째, 설계가 없으면 건설사는 공사비를 산출할 수 없고, 당신이 재무모델을 작성하기 위해서는 건설사의 견적이 필요하다. 둘째, 시의 인허가를 받기 위해 설계가 필요하다. 설계사가 당신의 사업 가능성을 믿고 당신의 능력을 신뢰한다면 대출을 받을 때까지 일부 설계수수료 청구를 늦춰줄 수 있다. 하지만 당신의 회사가 입증되지 않은 곳이라면 설계사는 가급적 빨리 지급받기 원할 수 있고, 그 금액 또한 높아질 수 있다.

인허가: 인허가 과정의 일부로 상당한 계획 검토 수수료, 허가 신청 수수료, 영향 평가 수수료가 발생할 수 있다. 이 수수료들은 보통 건설 자금 대출을 받기 전에 납부해야 한다. 나는 일전에 공

원관리과에 "공원 영향 평가 수수료" 명목으로 60만 달러를 납부한 적도 있었다. 따라서 인허가 비용을 과소평가하면 안 된다.

법인 설립: 프로젝트 종결 전에 법적 기구를 만들어 프로젝트와 관련된 책임으로부터 당신 스스로를 보호해야 한다. 이 절차는 그렇게 비싸지 않고, 보통 프로젝트가 좀 더 확실해졌을 때 진행해도 된다.

자금조달: 설계가 승인었되거나 곧 승인될 예정이라면 자금을 어떻게 조달할지 알아볼 것이다. 이때, 대주는 제3자를 통한 자산평가와 시장조사를 요구할 것이다. 그들은 그것을 통해 당신의 아이디어에 투자 가치가 있는지 확인할 것이다. 자기자본 투자와 관련하여, 당신은 그들의 투자금을 어떻게 구조화할지에 대한 법률검토서를 준비해야 할 것이다. 이때 많은 비용이 들 수 있다.

공사: 다행히도, 공사 비용은 대출이 "승인"된 후, 즉 프로젝트에 사용할 대출과 자기자본이 공식적으로 투입되는 시점에 발생한다.

오프닝: 마케팅 및 임대 관련 비용도 대출 승인 후에 발생한다.

프로젝트가 인허가를 받지 못하거나 재무적 타당성이 없는 경우 개발 전 준비 단계에서 사용된 비용은 돌려받지 못할 것이다. 따라서 부동산 개발의 핵심은 개발 전 준비 단계 비용을 최소화하는 것이다. 내가 스스로 해결하기 위해 배우는 대부분의 기술은 이런 준비 단계와 관련이 있다. 초기에 비용을 들이지 않고 더 많은 과정을 수행할수록 더 많은 프로젝트를 검토할 수 있다. 이렇게 하면 성공 기회가 높아진다.

옵션

대부분의 기업들은 이런 초기 비용을 처리할 수 있는 충분한 자금이 있지만, 거의 모든 신생 기업들은 그렇지 않다. 자체 개발에 관심이 있는 사람들을 위해, 몇 가지 옵션을 이야기해 볼 것이다. 첫 번째 개발 사업에 필요한 자금을 모으는 데 가장 일반적인 방법은 부유한 가정에서 태어나는 것이다. 부모님으로부터 수십만 달러를 빌릴 수 있다면 거의 모든 것이 가능하다. 나는 젊고 유능한 디벨로퍼에 대해 들을 때마다 수십만 달러의 초기 자금이 어디서 났는지 물어본다. 또한 건설 자금 대출을 보증할 만큼의 순자산을 어떻게 확보했는지 묻는다. 그들 중 일부는 자수성가이다. 하지만 대다수는 부유한 가정에서 태어났다. 물론 여기에는 아무런 문제가 없다. 단지 우리 대부분은 그렇지 않다는 것이다. 그 외에 어떤 옵션이 있을까?

단기로 자금을 확보할 수 있을 경우 분양용 부동산을 짓는 것이다. 단독주택 같은 상품을 만들어 바로 팔면 모든 수익을 선불로 받을 수 있다. 물론, 임대료 수입을 받는 것도 좋은 방법이다. 하지만 이것의 수익은 크

---

1) 부동산 스타트업과 시장 진출 가능성에 대한 몇 가지 참고 사항도 "부록 B 기회의 구조"에 정리해 두었다.

지 않다. 당신에게 자금이 없다면 한번에 큰 수익을 내는 것이 더 나을 수 있다. 이 경우 투자자들에게 그들의 투자금을 빨리 돌려주고, 당신의 자산을 늘려갈 수 있다. 이것이 대형 디벨로퍼들이 주택건설업을 해왔던 이유이다. 아, 그리고 이것 역시 여전히 개발 전 준비 단계 비용이 든다.

또 다른 일반적인 전략은 이미 지어진 부동산을 매입하고, 수년에 걸쳐 포트폴리오를 구축하는 것이다. 그런 다음, 그 건물의 자본금을 활용하여 새로운 부동산 개발 사업을 시작하는 것이다. 나는 이 전략을 택한 몇몇 사람을 알고 있다. 이 방법은 개발 전 준비 단계에서 발생할 수 있는 위험을 낮출 수 있다. 부동산을 낮은 금액으로 매입하면 수익성을 높임과 동시에 개발과정에 수반되는 위험을 대부분 낮출 수 있다.

더 흥미로운 방법은 합작 투자joint venture 전략이다. 이 방법은 어떻게 작용할까? 당신은 최소한 좋은 부지를 확보할 수 있다. 보통, 기본 설계를 하고, 시공사와 공사비를 검토하고, 시와 초기 협의를 해야 한다. 그런 다음 기존 디벨로퍼에게 "거의 완성된 딜"을 제안한다. 그들은 프로젝트에 대한 소유권을 요구할 수 있다. 하지만 그들은 동시에 대부분의 개발 전 준비 단계 비용을 지원하고 당신에게 일부 소유권을 부여해 줄 것이다. 쉽지는 않지만, 이 방법은 스타트업에게 가장 괜찮은 접근 방식이다. 그리고 새로운 프로젝트가 필요한 디벨로퍼에게 좋은 기회가 될 수도 있다.

합작 투자 기회를 찾을 수 없다면 마지막 대안은 단순히 수수료를 받으며 프로젝트를 개발하는 것이다. 좋은 아이디어가 있다면 부동산에 투자하고 싶어하는 부유한 투자자들을 찾는다. 투자자들은 그들을 대신해서 부동산을 개발하는 당신에게 일정의 수수료나 임금을 지급한다. 이것은 당신이 개발을 시작하기에 좋은 방법이 될 수 있다. 반면, 아직 경험이 없다면 "개발을 시작"하기 위해 당신을 고용할 투자자를 찾기는 어려울 수 있다.

운이 좋거나 전략적으로 초기 개발 자금을 조달할 수 있는 수단을 확보한다면 당신은 최소한 옵션이 생긴 것이다. 이제 당신은 어떤 옵션을 선택할지 결정해야 한다. 여기에는 많은 연구가 필요하다.

새로운 상품

베를린에 있는 1년 동안 여러 카페를 옮겨가며 일을 했다. 가장 좋아했던 카페는 다운타운에서 금융업과 스타트업 회사들이 많은 지역에 있었다. 의도한 바는 아니었지만 가끔 투자자나 은행가를 만나고 있는 어떤 회사의 창업자 옆 테이블에 앉곤 했다. 그 당시 그들이 하는 이야기를 듣고 투자자들의 반응을 볼 수 있었는데, 그 장면은 늘 흥미로웠다.

나는 그때 투자자들이 스타트업에 투자할 때 우려하는 것이 무엇인지 알게 되었다. 우선 스타트업의 상품은 현금화하기 어려울 수 있고, 제작이 어려울 수 있다. 그리고 그 아이디어를 외부로부터 보호하는 것 역시 어려울 수 있다. 이런 이슈들은 문제를 초래할 수 있다. 그러나 그 상품이 소비자들에게 진정으로 가치 있게 받아들여진다면 그 문제들은 대부분 해결될 수 있다. 반면, 창업자들이 직면할 수 있는 가장 핵심적인 문제는 단순한 수요 부족이다. 사람들이 창업자의 상품을 알고는 있지만 구매를 원하지 않는다면 방법이 거의 없다. 몇몇 투자자들은 창업자들이 근본적으로 그들의 상품에 대한 수요를 과대평가한다는 우려를 제기한다.

여기서 왜 스타트업에 대해 이야기하는 것일까? 왜냐하면 모든 부동산 프로젝트는 일종의 스타트업이기 때문이다. 부동산은 시장에 나온 새로운 상품이다. 디벨로퍼가 각기 다른 상품을 성공적으로 출시했더라도 매번 같은 결과를 기대할 수는 없다. 그 새로운 상품은 실패할 수 있다. 이 때 상업용 건물은 매우 비싼 실패작이 된다. 부동산 프로젝트가 실패할 수 있는 몇 가지 상황에 대해 생각해 보자.

시나리오 1: 시장에 호텔 공급이 필요할 때 셀프 스토리지를 짓는다. 이것은 잘못된 상품이다.

시나리오 2: 새롭고 아주 멋진 호텔을 짓는다. 하지만 그 호텔을 찾는 여행객들에게 너무 비싸다면 이것은 잘못된 가격 설정이다. (따라서, 어떤 의미에서 그것은 잘못된 상품이라고 할 수 있다.)

시나리오 3: 호텔 수요가 증가할 것으로 예상하고 호텔을 건설한다. 하지만 그 시기는 당신이 생각했던 것보다 5년이 더 걸린다. 그 쯤이면 당신은 이미 그 호텔을 잃었을 것이다. 이것은 부적절한 타이밍이다.

시나리오 4: 북적거리는 도시에, 적절한 호텔을, 적절한 시기에 건설한다. 하지만 호텔의 위치가 별로라면 고객들은 그곳에 가지 않는다. 여기서는 위치 선정이 잘못되었다.

당신에게는 적절한 가격, 적절한 시기, 적절한 장소, 적절한 종류의 상품이 필요하다. 이 요소 중 하나라도 잘못되면 곤경에 빠질 수 있다. 먼저, 사람들이 만드는 부동산 상품의 종류와 그것의 수요를 조사하는 방법에 대해 이야기해 보자.

부동산 상품

부동산 디벨로퍼들이 만드는 건물을 "상품"이라고 한다. 그리고 보통 각기 다른 종류의 상품을 자산 클래스Asset Class라고 한다. 여기 가장 일반적인 자산 클래스들이 있다.

- 단독주택용지Single-family Lots[1]
- 단독주택Single-family Homes
- 콘도Condos
- 아파트(다세대 주택)
- 호텔
- 오피스
- 리테일
- 의료
- 산업
- 주차
- 셀프 스토리지
- 위의 몇 가지 용도가 합쳐진 복합시설

---

1) 빈 부지라도 도로와 전기, 오수처리시설, 배수시설, 수로과 같은 서비스 시설들이 확보되어 있어야 한다. 소규모 부동산 디벨로퍼들은 빈 부지에 이런 시설들을 설치한 뒤 개인이나 주택 건설업자들에게 판매한다.

각 카테고리에는 하위 그룹이 있다. 다세대 주택의 하위 그룹에는 노인 주거시설이 있다. 노인 주거시설은 인디펜던트 리빙independent living[2], 어시스티드 리빙assisted living[3], 메모리 케어memory care[4] 같은 하위 그룹으로 나뉠 수 있다. 다른 다세대 주택 카테고리로는 고급 아파트, 학생 아파트, 섹션 42 주택[5], 마이크로 유닛, 코리빙co-living 등이 있다.

자산 클래스를 서로 결합하여 혼합 상품을 만들 수도 있다. 이것은 하나의 건물 내에서도 가능하다. 아래층에 리테일이 있고, 그 위에 3층짜리 호텔, 10층짜리 오피스, 그리고 그 위에 5층짜리 콘도가 있는 고층 건물을 상상해 보자. 복합시설은 여러 건물로 구성될 수도 있다. 이 경우 이것을 마스터 플랜 개발master-planned development이라고 한다. 한 프로젝트에 여러 시설을 포함할 경우 모든 사용자에게 도움이 될 수 있지만 프로젝트 개발과 관리에 복잡성과 어려움이 가중된다.

지표

어떤 종류의 상품을 개발할지 결정했으면 이제 그 상품에 대한 수요를 알아보아야 한다. 이때 고려해야 할 사항은 아래와 같이 세 가지로 요약될 수 있다.

---

2) 역주. 인디펜던트 리빙은 건강한 노인들에게 가사, 식사 등과 같은 서비스, 레크리에이션 및 그들의 사회 생활 방식을 유지할 수 있는 서비스를 제공하는 주택 시설이다.
3) 역주. 어시스티드 리빙은 다양한 수준의 의료 및 개인 관리가 필요한 사람들을 위해 설계된 주택의 한 유형이다.
4) 역주. 메모리 케어는 알츠하이머와 다른 형태의 치매를 앓고 있는 사람들을 위한 일종의 관리 시설이다.
5) 역주. 섹션 42 주택의 경우 아파트 건설업자와 디벨로퍼들이 저렴한 주택을 짓도록 장려하기 위해 세금을 일부 공제해준다. 이러한 주택은 대부분 저소득 가정이 많은 지역에 있다.

- 현재 시장에 당신의 상품과 유사한 상품(예를 들어 총 호텔 객실 수, 총 임대 가능한 오피스 면적 등)은 무엇인가?
- 당신의 상품과 같은 시점에 시장에 출시될 현재 개발 중인 상품(예를 들어 건설 중인 신축 아파트, 앞으로 조성되는 단독주택의 수 등)은 무엇인가?
- 공급에 대한 시장의 반응은 어떠한가? 즉, 시장에 당신의 경쟁자는 얼마나 있는가? 그리고 상품이 시장에 출시되면 공실을 채우는 데 얼마큼의 시간이 걸리는가?

이런 정보를 어떻게 수집할 수 있을까? 나는 보통 3단계 전략을 사용한다. 우선, 모두에게 공개된 정보를 찾아본다. 당신의 경쟁자들은 그들의 상품을 판매하기 위한 마케팅을 할 것이므로 그들의 마케팅 정보를 통해 많은 데이터를 무료로 수집할 수 있다. 둘째, 수집한 자료의 정확성 여부를 확인하고 무료로 찾기 어려운 통계 자료(예를 들어 시장의 총 세대)를 얻기 위해 보고서를 구입한다. 이 보고서의 금액은 약 몇 백 달러 정도이고, 리서치 회사로부터 구입할 수 있다. 마지막으로, 지역 중개인이나 부동산 관리인에게 연락한다. 그들은 나에게 새로운 데이터를 주기도 하고, 그들이 분석한 정보를 주기도 한다. 그것은 내가 추후 그들을 고용할지 여부를 결정하는 데 도움이 된다.

---

6) 예를 들어 액시오메트릭스Axiometrics는 다세대 프로젝트 리서치 분야에 뛰어나다. 코스타Co-Star의 리서치는 오피스 및 리테일 분야에서 가장 인기가 많다. 그리고 STR의 "STAR 보고서"는 호텔 분야에서 가장 인기가 있다.

전문성

다양한 상품 옵션을 가지고 있는 것은 긍정적으로 작용할 수 있다. 예를 들어 호텔 시장이 하락세일 때 아파트 시장은 상승세일 수 있다. 이때 시장의 수요 변화에 따라 집중 분야를 변경할 수 있다. 하지만 문제는 다음 상품을 결정할 때 당신의 전문성으로 인해 그 선택의 폭이 제한될 수 있다는 것이다. 모든 상품 유형을 동시에 수행할 수 있을 만큼 경험이 풍부한 기업은 거의 없다. 다른 비즈니스와 마찬가지로 완전히 새로운 상품군을 개발하는 것은 위험할 수 있다. 기존에 수행한 이력을 보고 새로운 분야로 사업을 확장하는 것이 타당한지 결정해야 한다.

또한 시장에 지금껏 출시된 적 없는 새로운 상품을 통해 사업을 확장할 수 있다. 최근 한 예로, 셀프 스토리지self-storage를 들 수 있다. 이것은 기존 미국 역사에 존재하지 않던 상품이다. 하지만 1960년대 후반이 되자 사람들은 그 어느 때보다 많은 개인 물건을 가지고 있게 되었다. 텍사스의 부동산 디벨로퍼들은 셀프 스토리지를 출시했고, 이 상품은 현재 가장 신뢰할 수 있는 상품 중 하나로 자리매김했다. 시니어 주거도 비슷한 맥락이다. 사람들의 수명이 점차 늘어나자, 애리조나의 몇몇 부동산 디벨로퍼들은 은퇴자를 위한 "은퇴 커뮤니티"를 만들기로 했다. 지금은 매우 흔하지만, 셀프 스토리지와 은퇴 커뮤니티에 투자 요청을 처음 받은 사람들에게는 상당히 모험적인 시도였을 것이다.

지금 개발될 수 있거나 변화하는 삶의 방식에 맞추어 개발되어야 할 다른 혁신적인 상품들이 분명히 있을 것이다. 그것을 당신이 먼저 개발해서 성공한다면 엄청난 보상을 받을 것이다. 다만 그만큼의 위험을 감수할 의향이 있는지 결정해야 한다.

개발 전 준비 단계의 비용을 조달할 방법을 찾고, 부동산 상품을 결정했다면, 이제 본격적으로 부동산 개발에 대하여 이야기해 볼 것이다. 파트 1에서 금융의 기본 개념에 대해 알아보았다. 이제 특정 재무모델을 만드는 방법에 대해 간략히 살펴볼 것이다.

재무모델 1

직업을 바꾸려고 고민한 적이 있었는데, 몇 가지 선택권이 있었다. 건축을 할 뻔하기도 했다. 베를린에 있는 건축학교에 지원하던 중 부동산 개발이라는 분야가 눈에 띄었다. 나는 복잡한 심정으로 미국에서 MBA과정을 시작했다. 그러나 MBA 프로그램에서 다루지 않는 것들을 더 궁금해 했다. 그래서 건축과 건설 같은 주제를 공부하는 데 많은 시간을 보냈다.

내가 설계 자체를 좋아하기는 했지만 또 다른 이유로 설계에 집중하고 있는 자신을 발견했다. 정작 해야 할 일을 계속 미루고 있었다. 나는 MBA과정에서 재무모델을 만드는 방법을 배우고자 했다. 하지만 초반부터 재무모델을 만드는 것은 쉽지 않았는데, 그로 인해 나의 사기는 떨어졌다. 이런 경험을 한 사람은 나 뿐만이 아닐 것이다. 이번 절과 다음 절에서 내가 배운 것을 보여주고자 한다. 그렇다고 해서 이것 만으로 재무모델링을 완전히 터득하지는 못할 것이다. 하지만 어디선가 재무모델을 접했을 때 당황하지 않도록 몇 가지 기본적인 개념들을 알기에는 충분할 것이다. 이번 장의 주제가 흥미롭다면 다음 링크를 참고하기 바란다. https://www.theskylineforum.com.

열과 행

큰 스프레드시트의 탭을 넘기다 보면 데이터가 압도적으로 많아 보일 수 있다. 우선 상세한 내용은 모두 넘어가고, 각 탭이 어떤 결과를 만들어 내기 위해 존재하는지 알아보기로 하자. 사람마다 모델을 다르게 만들지만, 결론적으로 모델은 아래와 비슷한 표로 정리될 수 있다. 여기에는 두 가지 주목할 점이 있다.

수익 요약표				
연도	1	2	3	4
총 수입(임대율 100%일 경우)				
− 공실 손실				
− 운영 비용				
= 순영업이익				
− 대출 서비스				
− 자본적 지출[1]				
= 세금 전 현금흐름				
투자자 현금흐름				
스폰서 현금흐름				

먼저, 열에 대해 알아보자. 프로젝트를 소유하는 해를 기준으로 하나의 열이 만들어진다. 각 열에서는 해당 연도에 발생한 건물의 다양한 항목(예상 수입, 비용, 담보대출 관련 지출 등)을 더한다. 여기서는 몇 년의 기

---

1) 자본적 지출은 일상적으로 일어나지 않는 지붕 수리나 주차장 재포장 등의 지출이다. 이러한 이유로 이들은 순영업이익 항목 아래에 열거되어 있다.

간을 표시했지만 통상적으로 10년 이상을 기준으로 모델을 작성한다.

두 번째, 행에 대해 알아보자. 당신은 한동안 그 건물을 소유할 것이기 때문에 시간이 지남에 따라 각 항목이 어떻게 변할지에 대한 가정을 세워야 한다. 모든 항목 또는 각 항목의 변동률은 동일하지 않을 수 있다.

각 항목의 변화에 대한 주요 가정은 무엇일까? 우선, 건물 준공 후 처음 1~2년은 리스업lease-up 이라고 가정한다. 우리는 기간별로 건물의 목표 임대 비율을 정해야 한다. 그리고 임대가 완료되고 건물이 안정화stabilized 되면, 그 후 어떤 일이 일어날지 예측할 수 있어야 한다. 이때 우리는 다음 방법을 사용할 수 있다.

- 성장률 가정(시간이 지남에 따라 수입과 비용이 어떻게 증가하고, 둘 중 어떤 항목이 더 높을 것인가?)
- 가치평가 가정(건물을 매각할 때 어떤 자본환원율을 사용하여 가치평가를 할 것인가?)
- 금리 가정(이것과 관련한 내용은 나중에 설명)

이 복잡한 모델에서, 사실상 당신이 알고자 하는 것은 단지 두 가지뿐이다.

---

2) 역주. 임대를 채우는 기간이다.
3) 건물의 임대가 a)거의 완료됐거나, b)가까운 미래에 대부분 완료될 예정인 경우 그 건물은 안정화되었다고 말한다.

- 수입, 공실, 비용 및 담보대출 납부금[4]으로 인해 첫 1년이 어떻게 전개될 것인가?
- 수입, 공실, 비용 및 담보대출 납부금과 같은 항목들이 1년 후에는 어떻게 달라질 것인가?

지금까지 설명한 내용을 이해했는가? 그렇다면, 당신은 부동산 개발 프로젝트의 재무모델의 기본을 이해한 것이다.

제한 사항

지금까지 어려운 주제에 대해 논의했는데, 여기에는 몇 가지 짚고 넘어가야 할 중요한 사실들이 있다. 첫째, 잘 만들어진 부동산 개발 프로젝트의 재무모델은 미래를 예측하기 위해 수학을 사용한다. 그것은 미래를 보여주는 크리스탈 구슬과 같다. 그리고 그것을 다른 부동산 모델과 비교해 봤을 때 사실로 드러났다. 엠파이어 스테이트 빌딩Empire State Building을 매입하고자 한다면 1931년 이후부터 그 빌딩이 매년 얼마큼의 수익을 발생시켰는지에 대한 기록을 찾아볼 수 있다. 현재 임대 및 장기 트렌드를 이용하여 비교적 정확하게 수익률을 예측할 수 있다. 하지만 바로 길 건너편의 건물이라도 새 건물의 수익률을 예측하는 것은 불가능하다.

공사가 시작되는 순간부터 재무모델의 중요도는 줄어든다. 그 단계에서부터 회계사의 역할이 커진다. 기존 가정한 건설 비용이나 임대 계약 진

---

[4] 담보대출 납부금은 예산에 근거한다. 이와 같이 부동산 개발의 예산은 손익계산서에 영향을 미친다.

행률은 이제 더 이상 중요하지 않다. 회계장부에 기록된 것처럼 각 항목들이 실제로 어떻게 집행됐는지가 중요하다. 그렇다고 재무모델이 필요하지 않다는 것은 아니다. 그것은 단지 우리 모두가 원하는 완벽한 도구는 아니다.

마지막으로, 현실 세계에서 나를 가장 놀라게 한 것은 모델이 경고하는 신호들이 때로 사업의 어떤 목적 때문에 무시된다는 점이다. 당신의 회사는 아마도 새로운 시장에 진출하거나 굉장한 성장 잠재력이 있는 상품을 개발하고자 할 것이다. 하지만 당신은 재무모델을 통해 그 사업의 수익률이 그리 높지 않다는 것을 확인할 수 있을 것이다. 하지만 그것은 당신에게 문제가 되지 않을 수 있다. 더 큰 그림을 위해서 특정 프로젝트에 대한 낮은 수익률은 간과될 수 있다. 때때로 모델 상의 숫자들은 그리 중요하지 않을 수 있다.

재무모델의 구성 요소를 좀 더 상세히 살펴보기로 하자.

재무모델 2

나는 요리를 자주 하지 않는다. 결혼하기 전, 나는 살기 위해 요리를 했다. 하지만 결혼한 후, 아내의 요리 실력이 늘기 시작하자, 나는 더 이상 요리를 해야 할 이유가 사라졌다. 요리 방법과 관련하여 그녀와 나의 주요 차이점 중 하나는, 그녀는 접시 위에 음식들이 서로 보완 역할을 하도록 만든다는 것이다. 나는 이렇게 많은 재료를 써서 요리하지 않았다. 그 결과, 내가 결혼하기 전 만들어 먹었던 요리는 다양하지 않았고, 준비 과정도 훨씬 간소했다.

재무모델을 생각할 때, 여러 가지 요소로 구성된 식사와 비교하면 이해하기 쉽다. 각 구성 요소에는 준비 과정이 필요하다. 한 과정이 거의 끝남과 동시에 다른 것에 대한 준비 과정을 시작할 수 있다. 요리와 비교했을 때, 재무모델을 하나의 작업으로 생각하지 말고 여러 개의 관리 작업으로 생각하면 된다. 엑셀에서 나의 재무모델을 열면 화면 아래쪽에 다음과 같은 기본 탭이 표시된다.

1) 계획
2) 가정
3) 수입

4) 리스업

5) 비용

6) 예산

7) 자금조달

8) 수익

9) 요약

사람마다 모델을 만드는 방식은 다르지만 어떤 구성 기준을 사용하느냐에 따라 다른 사람들이 이해하기 쉬워지거나 어려워질 수 있다. 나는 손익계산서와 동일한 방식으로 탭을 정렬한다. 수입, 비용, 예산, 자금조달(대출 납부금을 결정하는 것) 등의 순서이다. 결국에는 그 방식으로 항목을 배열해야 하기 때문에 나는 모델을 작성할 때 그 순서를 지킨다. 이제 각 탭을 간략하게 살펴보기로 하자.

1) 계획 탭

검토 중인 건물에 대한 재무 수익 모델을 작성한다. 설계 초기 단계에서 설계사는 건물의 도면을 자주 업데이트할 것이다. 재무모델이 어느 버전의 설계에 해당하는지 알 수 있도록 도면 이미지를 모델에 저장해 두는 것이 좋다. 다시 요리 비유를 따르자면, 이것은 레시피에 첨부된 사진과도 같다. 당신이 만드는 것이 사진과 같은지 확인해야 한다.

2) 가정Assumptions 탭

모델의 시작 부분에, 모델에 중요한 영향을 줄 만한 가정 항목들을 나열한다. 각 셀에 가정 값을 입력하면 모델은 입력된 값을 기준으로 계산된다.[5] 그 외 다른 탭에도 입력과 가정 값이 있다. 메인 페이지에 들어가는 가정 값과 그 외 가정 값의 차이를 구분하는 것은 어려울 수 있다. 그러나 메인 페이지의 가정 값은 다른 탭에 있는 것들보다 더 포괄적인 것이라, 빈번한 변화에 영향을 덜 받는다. 가정 탭에 아래 내용을 그룹화하면 유용하다.

- 부동산을 짓는 데 소요되는 기간
- 건물을 소유하는 기간
- 어느 회계연도에 리파이낸스refinance를 받을 예정인가?
- 예상하는 수입 및 비용의 상승률
- 리파이낸스 또는 건물 매각 시, 건물의 가치 평가에 사용되는 자본환원율
- 다른 대출에 대한 대출 조건
- 이익을 나누기 위한 자기자본 조건

이들 숫자 중 어떤 게 틀렸거나 적절하지 않을 경우 바로 확인하고 싶

---

[5] 프로젝트 이름과 부지에 대한 구글 지도 링크 외, 모델이 계산에 사용하지 않는 항목은 이 페이지에 포함하지 않는다. 계산에 필요하지 않은 정성적 세부 정보를 넣다 보면 이러한 정보들이 누락되거나 빈 상태로 남아 있기도 한다. 그로 인해 계산에 필요하지 않은 요소가 있을 수 있다는 생각을 할 수도 있게 된다. 계산에 방해가 되지 않으므로 추가 메모는 모델 끝에 있는 요약 탭에 추가하기 바란다.

을 수 있으나 평가 작업에 시간을 너무 낭비하지 않기 바란다. 수치들은 잘 보이는 곳에 두어야 한다. 나는 가정 값이 변경되는 과정에서 중요한 내용이 있을 경우 간단한 메모로 기록해 둔다.

3) 수입Revenue 탭

예상 수입은 시간이 지남에 따라 바뀐다. 아파트 개발을 예로 들어보자. 어떤 건물의 총 임대가능면적(제곱 피트)에 시장가액(제곱 피트당 평균 임대료)을 곱하여 수입을 추정한다. 그런 다음 대략적인 계획을 세우면 원베드one-bed, 투베드two-bed 등으로 임대료를 산정할 수 있다. 마지막으로, 자산관리자property manager가 팀에 합류하면, 그들은 해당 위치와 뷰를 기반으로 모든 세대에 대한 임대료에 대해 조언할 것이다. 따라서 프로젝트가 점차 진행됨에 따라 수입 추정 값의 정확도는 올라간다. 나의 모델에는 이 세 가지 옵션을 입력할 수 있도록 되어 있다. 당신은 당신이 가지고 있는 정보를 기반으로 모델을 만들면 된다.

한 가지 중요하게 참고할 사항이 있다. 수입은 자산별로 다른 계산 방법이 적용된다. 호텔은 일일 객실 요금이 적용된다. 오피스와 리테일은 제곱 피트당 연간 임대료가 적용되고, 아파트는 아파트 세대당 월 임대료가 적용된다. 예상 수입을 산정할 때 자산별로 적절한 계산 방법을 사용해야 한다.

4) 리스업Lease-up 탭

리스업 탭은 단순히 임대면적이 채워질 것으로 예상되는 비율을 보여준다. 수학적으로, 이것은 모델에서 가장 쉬운 부분이다. 하지만 미래를 예측함에 있어 가장 어려운 항목 중 하나이다.

리스업 가정				
구분	준공 시	1개월	2개월	3개월
점유 세대 수	125	125	135	145
신규 임대 세대 수		10	10	15
총 점유 세대 수		135	145	160
총 세대 수	250	250	250	250
임대율(%)	50%	54%	58%	64%

5) 비용Expenses 탭

수입과 마찬가지로 비용도 점차 정확도가 증가한다. 아파트를 예로 들어보자. 아파트 운영비는 일반적으로 전체 수입의 35~40%를 차지한다. 또는 그 지역의 연간 평균 금액 데이터를 활용할 수도 있다. 당신은 그중 하나의 옵션을 선택하면 된다. 그러나 근거 없는 데이터를 통해 모델을 만들고 싶지 않을 것이다. 결국, 당신은 당신이 축적한 데이터 또는 자산관리자의 데이터를 사용해야 정확한 예측을 할 수 있다.

어떤 비용 항목들을 고려해야 할까? 여러 방법들이 있지만, 나는 IRS Form 8825 카테고리를 사용하는 것을 선호한다. 이것은 임대 부동산 수입 세금 신고 양식이다. 이 방법으로 모델을 구성하면 연말 회계 자료를 더 신속하게 작성할 수 있다. 나는 금액이 크고 성격이 비슷한 항목들을 먼저 배치하는 방식으로 재구성했다. 이러한 카테고리에는 대부분 하위 항목이 있다.

- 재산세
- 보험
- 제세공과금
- 급여(현장 근무자)
- 수수료(임대 및 관리 회사)
- 청소 및 유지보수(서비스 계약 포함)
- 수리
- 전문 비용(예: 법률, 회계)
- 광고
- 교통비
- 기타

6) 예산Budget 탭

수입만으로 특정 프로젝트를 평가할 수 없다. 해당 수입이 생기는 동안 얼마큼의 비용이 발생하는지 알아야 한다. 그렇기 때문에 프로젝트 예

---

6) 엘리베이터, 스프링클러, HVAC와 같은 시스템은 주기적인 관리가 필요하기 때문에 건물은 매년 점검 및 유지보수 계약을 체결한다.

산 탭이 필요하다. 건물이 운영되는 동안 앞에 나열한 비용은 매년 반복해서 발생한다. 이와는 대조적으로, 개발 예산은 개발하는 데 필요한 선불 형식의 비용 항목으로 구성된다. 나는 개인적으로 이것이 모델에서 가장 중요한 부분이라고 생각한다. 이 비용들은 모두 예상 값이며, 수십 명의 관계자들의 의견이 필요하다. 여기서 모든 항목을 알아볼 순 없지만, 다음은 내가 작성한 예산의 일부 내용이다.

토지 비용 카테고리	예시
토지 매입	-

소프트 비용 카테고리	예시
현장 실사	소유권 작업, 현장 측량, 토양 조사 보고서
디자인 컨설턴트	건축가, 엔지니어
비즈니스 컨설턴트	변호사, 회계사
인허가 비용	계획 검토, 인허가, 영향 평가, 공사 중 발생되는 세금
자금조달 비용	자산 평가, 검사, 발생 수수료 및 이자
개발 비용	디벨로퍼 본인에게 지급
수수료	임대 중개인 수수료
오프닝 관련 비용	광고, 임대 홍보용 영상
유보금	리스업 기간 중 공실을 대비한 유보금
준비금	소프트 비용 상승에 대한 준비금

하드 비용 카테고리	예시
부지 개선	토목 공사, 유틸리티 설치
공사	건축물 축조
비품, 가구 및 장비	로비 가구, 복도용 미술품
임차인 개선 공사	상업적 증축
준비금	하드 비용 상승에 대한 준비금

7) 자금조달 Financing 탭

　예산이 정해졌다면, 이런 모든 비용에 대한 자금을 어떻게 조달할지 정해야 한다. 이 과정은 자금조달 탭에서 확인할 수 있다. 뒤에 나오는 "6단계 자금조달"에서 이 내용을 상세히 다룰 예정이다. 주요 내용으로는 총 사업비에서 대출의 비율이 얼마나 될지 정한다. 그리고 대주가 지정한 대출 금리와 상환 기간을 기준으로 월별 대출 납부액을 계산한다. 사업 기간 중 여러 대출을 사용할 것이므로 대출 전환 시점도 정해야 한다.

---

7) 대부분의 사람들은 이것이 건물에 부착되어 있지 않기 때문에 소프트 비용이라고 말할 것이다. 하지만 소프트 비용은 정의상 보험이나 설계 수수료와 같은 무형의 것이기 때문에 그것 역시 적합하지 않다. 300파운드짜리 마호가니 책상은 보험 항목보다는 건축 항목에 더 가깝기 때문에 나는 이 항목을 하드 비용에 넣었다.

8) 건설 자금 대출을 받으면 대출금 전액을 선불로 받지 않을 것이다. 우선 미리 받을 필요가 없을 뿐만 아니라, 그럴 경우 이자 지급액이 급격히 증가할 것이다. 대신, 한 달치 공사가 완료되면 대출금의 일부를 인출하기 위해 대주에게 "인출 요청서"를 제출한다. 그렇게 해야 이자 납부액이 줄어든다. 대출을 실행하기 전에 건설 자금 대출 이자를 충분히 책정했는지 확인하기 위해 정확한 스케줄을 작성한다. 그 스케줄은 매번 얼마의 대출금을 인출해야 할지 알려줄 것이다. "7단계 공사"에서 이 주제를 자세히 논의한다.

8) 수익Returns 탭

지금까지 연간 수입, 연간 비용, 프로젝트 비용, 그리고 이들 비용의 조달 방법을 계산했다. 이제 이 항목들이 어떻게 작용하는지 알아볼 것이다. 수익 탭은 그 프로젝트를 소유하는 기간을 기준으로 하여 간단한 손익계산서로 시작된다. 우선 순영업이익을 계산한 후, 대주로부터 빌린 대출에 대한 납부금과 자본적 지출capex expenditures이라고 불리는 보수 비용을 차감한다. 이것이 세 전 현금흐름이다.

연도	1	2	3	4
수입				
- 공실 손실				
- 비용				
= 순영업이익				
- 대출 서비스				
- 자본적 지출				
= 세 전 현금흐름				

손익계산서 아래 부분에 투자자와 디벨로퍼의 계좌 잔액을 꾸준히 작성해 둔다. 이것은 각자가 그 거래에 얼마를 투자했고, 리파이낸싱 또는 매각할 경우 언제 그 잔액이 지급되어야 하는지 보여준다. 그 아래에, 그들이 요구하는 수준의 수익률을 계산해 둔다.

연도	1	2	3	4
투자자 초기 투자금				
자금조달 시 현금화				
투자자 계좌 잔액				
우선 수익까지의 금액				
성과 보수 1단계까지의 금액				
성과 보수 2단계까지의 금액				

마지막으로, 수익 탭의 맨 아래에는 배당 워터폴Distribution Waterfall이 있다. 그것은 수익을 나누기 위해 계좌의 잔액과 첫 번째 탭의 자본 가정을 사용한다. "6단계 자금조달"과 부록 C에서 자기자본 워터폴equity waterfall의 논리에 대해 더 자세히 다룰 것이다. 이것이 모두 완료되면 사업의 수익률을 이해하고 그 프로젝트가 수행할 가치가 있는지 여부를 판단할 수 있을 것이다.

9) 요약Summary 탭

나는 요약 탭을 특별히 좋아하지 않는다. 이것은 보통 모델 전체를 다시 보여준다. 이 탭을 꼭 사용해야 한다면 요약 탭을 확인할 사람에게 그가 원하는 형식을 종이에 그려 달라고 할 것이다. 그럼 당신은 그대로 만들면 된다. 요약 탭을 보는 사람들은 아마도 자금 출처와 예산 용도를 요

---

9) 역주: 배당 워터폴은 펀드의 기초 자산을 매각했을 때 다양한 투자자에게 자본을 분배하는 방법을 말한다. 본질적으로, 얻은 총 자본 이득은 순차적 계층으로 구성된 계단식 구조에 따라 분배되며, 따라서 폭포에 비유되어 사용된다.

약한 표를 요구할 것이다. 그들은 앞에서 논의한 여러 수익률 측정 기준을 확인하고 싶어할 것이다. 그들은 또한 기본, 최상, 최악의 시나리오 모두를 요청할 수도 있다.[10] 하지만 리뷰를 하는 사람들 중 누구도 같은 결과를 받고 싶어하지 않을 것이다.

내 요약 탭에는 이런 항목이 몇 개 있지만 다른 항목들도 있다. 먼저, 건물의 총 개발비를 건물이 안정화됐을 때의 평가금액과 비교한다. 준공된 건물의 평가금액이 개발비보다 낮다면 그 건물은 문제가 있다고 볼 수 있다. 둘째, 건물의 투자금 대비 배당률(연도별)을 최소 가중평균현금흐름과 비교한다(파트 1 참조). 나는 그래프를 통해 두 선이 몇 년도에 교차하는지, 즉 내가 최소한 우선 수익을 언제 지급할 수 있는지 알 수 있다. 마지막으로, 안정화된 순영업이익과 최소 현금흐름을 충족하는 순영업이익을 비교한다. 만약 그 금액이 부족하다면, 얼마나 부족한지 정확히 알 수 있다.

결론

재무모델링에 익숙하지 않다면 위에 언급한 탭을 활용하여 스프레드시트를 작성하는 것을 추천한다. 각 탭을 어떻게 디자인할지 상상해 보아라. 내 경험상, 모델을 직접 만드는 것은 다른 사람의 모델을 사용하는 것보다 더 보람 있고, 일을 하는 데 더 큰 자신감을 갖게 할 것이다. 모두 자신만의 모델링을 할 수 있다. 나 같은 인문계 출신도 한다는 것이 바로 그

---

10) 이것들은 소위 민감도 분석을 통해 만들어진다. 변수를 바꿔가며 가장 "민감한" 변수를 확인하고, 가장 정교한 방법으로 결과값을 변경한다.

증거다. 재무모델에 대해 더 알고 싶다면 www.theskylineforum.com을 참고하길 바란다.

개발 프로젝트가 진행되는 동안 모델은 계속 진화한다. 다음 절에서는 첫 번째 모델이 모든 관계자들의 받은 편지함에 도달한 후 어떤 일이 일어나는지 보여줌으로써 예측에 대한 내용을 마무리할 것이다.

나선형

 사람들이 당신에게 투자하고 싶게 만드는 것은 재무적으로 가장 수익성이 있는 기술이다. 우리 동네 도서관 입구 바로 안쪽에는 커다란 플라스틱 통이 하나 있다. 동전 투입구에 동전을 넣으면 그것은 나선형으로 돌기 시작하고, 중앙 구멍에 가까워질수록 더 빨라진다. 동전의 속도가 빨라질수록 아들은 점점 더 흥분하기 시작한다. 동전이 중앙에 있는 주머니에 떨어지는 순간 아들은 동전을 달라고 애원한다. 그래서 우리는 보통 25센트짜리 동전 대신 1센트짜리 동전을 사용한다.

 개발 프로젝트의 다음 단계에 대해 논의하기 전에 우리는 두 가지 이유에서 그 나선형을 기억해야 한다.

 첫째, 앞으로 논의할 개발 과정은 일직선으로 진행되지 않는다. 그것은 나선형처럼 후반부로 갈수록 빠르게 진행된다. 그리고 이것은 모든 사람에게 적용된다.

 둘째, 부동산 개발 과정에서, 그 나선형 안에서 도는 것은 디벨로퍼의 자금으로 추진된다. 그리고 대부분의 제3자는 알 수 없겠지만, 개발 프로세스의 지연은 디벨로퍼에게 막대한 비용을 초래할 수 있다. 각 단계에서 건물의 품질을 높이려고 하면 결국 공사비가 올라간다. 공사 면적이 줄면 수입 역시 감소한다. 요청된 변경 사항을 모델에 반영하면 프로젝트의 재무 상태가 어떻게 변화하는지 확인할 수 있다. 그리고 그런 변경 사항들은 종종 프로젝트를 망치기도 한다.

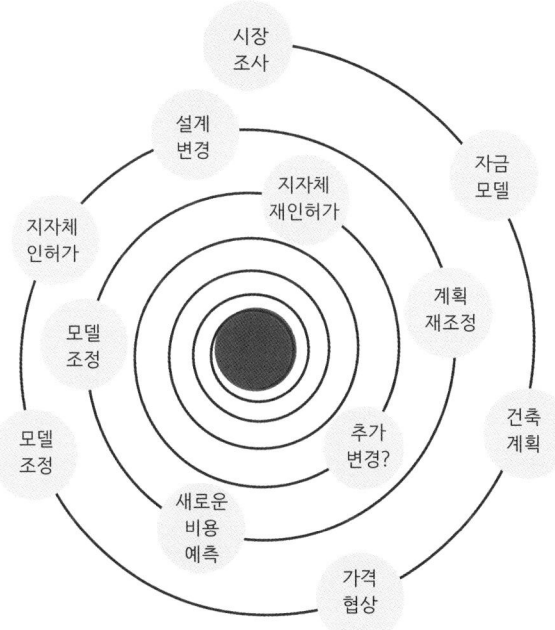

전체 과정을 더 많이 알수록 프로젝트가 성공할 가능성이 있을지 없을지 더 신속하게 구별할 수 있을 것이다. 이를 통해, 당신은 더 좋은 프로젝트를 찾을 수 있고, 안 좋은 프로젝트는 빨리 중단할 수 있다. 이에 대한 직관을 발전시키기 위해 토지 취득, 건물 설계, 관청의 인허가, 자금조달 및 건설에 대해 자세히 알아야 한다.

토지의 소유권을 취득하기 전까지는 프로젝트가 실제로 진행되지 못한다. 프로젝트를 진행하기 위해 토지를 확보해야 한다. 이어서, 2단계로 프로젝트에 필요한 토지에 대해 이야기할 것이다.

2단계
토지

매입

결혼 초반에는 아내가 가계부를 관리했다. 그 기간동안, 그녀는 나의 나쁜 습관을 알게 되었다. 그 당시 나는 나의 재정 상태는 고려하지 않고 내가 원하는 물건을 샀다. 나는 보통 주말 여행을 가거나 멋진 가구들을 구입하는 데 돈을 소비했다. 실제로 필요한 것들을 사기 위해서는 남은 예산을 긁어모아야 했다. 이때 그녀가 나에게 알려주려고 했던 원칙은 간단했다. 예산의 일정 부분은 유연하게 쓸 수 있게 남겨 두어야 한다는 것이었다. 왜냐하면 예산 항목 중 어떤 부분은 유연하지 않기 때문이다. 우리는 유연하지 않은 것들을 먼저 처리해야 한다. 그런 다음, 나머지를 해결해야 한다.

부동산 디벨로퍼들이 개발 프로젝트를 진행할 때 어떤 지출 항목들은 다른 것들보다 먼저 발생한다. 바로 토지비가 여기에 해당한다. 토지는 특정 가격으로 시장에 나온다. 혹은 당신은 "그 토지를 팔 계획이 없는" 토지주와 이야기를 해야 한다. 그러다 보면 그들은 어쨌든 토지 가격을 제시한다. 당신은 그것이 "좋은 가격"이라고 생각하고, "이제 나의 예산에 첫 번째로 넣을 수 있는 숫자가 나왔구나"라고 생각할 수 있다. 문제는, 여러 파산한 디벨로퍼들이 이야기하듯, 토시 가격은 예산에서 가장 오랫동안 유연하게 유지되어야 하는 항목이라는 점이다. 토지 가격이 너무 높을 경우 프로젝트는 망가질 수 있다. 왜 그런지 생각해 보자.

건물 공사비가 얼마나 드는지 건설 회사에 물어보면 건설 회사는 그 공사의 대부분의 일을 수행하는 하도급업체들에게 같은 질문을 할 것이다. 하도급업자들은 배관공, 전기 기술자, 석고보드 기술자 등과 같은 건설 종사자들을 말한다. 건설 회사들은 보통 입찰마다 동일한 하도급업체들을 참여시킨다. 다른 지역 회사로부터 입찰을 받으면 너무 높은 금액을 제시받을 수 있다. 하도급업체들은 대부분 같은 공급업체로부터 자재를 구매한다. 이것이 바로 각기 다른 건설 회사들이 입찰에서 비슷한 공사비를 제안하는 이유이다. 시장 경쟁이 있다고 가정할 때 인건비와 목재 가격의 차이는 놀라우리 만치 한계가 있다.[1]

개발 예산 카테고리 중에는 소프트 비용soft cost이 있다. 여기에는 건축가 설계비, 변호사 수임료, 인허가 비용, 공사 중 발생하는 이자, 그리고 기타 무수히 많은 다른 비용 항목들이 있다. 프로젝트를 현명하게 관리하면 소프트 비용을 낮출 수 있다. 하지만 건축가는 설계비를 받아야 한다. 변호사는 법률자문수수료를 청구할 것이다. 시 역시 각종 수수료를 청구할 것이다. 그리고 내부 자금으로 투자한 것이 아니라면 상당한 공사비 이자를 지불해야 한다. 소프트 비용은 외부 기업 및 정부기관이 참여함으로써 발생하므로 그 금액을 임의로 낮출 수 없다.

이것은 토지에 대해 다시 생각하게 만든다. 앞서 언급한 하드 비용과 소프트 비용에 비해, 토지 가격은 이론적으로 언제든 바뀔 수 있다. 해당

---

[1] 물론 건물의 디자인을 변경함으로써 공사비를 낮출 수 있다. 하지만 그것은 기존 설계안의 공사비를 줄여서가 아니라, 디자인 수준을 낮춤으로 인해 공사 입찰금액이 내려가는 것이다. 그리고 임차인들은 결국 값싼 건물을 사용하기 때문에 낮은 임대료를 지불할 것이다. 이것은 결국 수익률을 저해할 것이다. 그렇기 때문에 이 방법은 비용 문제에 있어 합리적인 해결책이 아니다.

부지에 부채가 없다고 가정해 보자. 토지주는 본인의 의지에 따라 그 땅을 1달러 또는 1억 달러에 팔 수 있다. 토지 거래를 하는 데 소요되는 시간도 비슷하다. 그들이 원하는 토지 가격은 단순히 그들의 기대 수익과 연관되어 있다. 같은 토지라도 어떤 토지주는 천만 달러를 원할 수 있고, 다른 토지주는 수백만 달러 이상 혹은 그 이하를 요구할 수 있다.

우리는 이 책의 첫 장에서 모든 비즈니스는 생산 원가와 소비자 가치 사이에서 차익을 만들어야 한다는 것을 배웠다. 사람들은 기꺼이 당신이 제품을 만드는 데 사용된 원가보다 더 많은 금액을 지불할 것이다. 그럼 당신은 어떻게 이 아이디어를 부동산 개발에 적용할 수 있을까? 당신은 하드 비용과 소프트 비용을 획기적으로 낮추고 싶을 것이다. 하지만 보통 그것은 불가능하다. 또 다른 방법으로, 주변 건물보다 더 높은 임대료를 요구할 수 있다. 하지만 그것은 좋은 방법이 아니다. 이익을 내는 데 가장 좋은 방법은 낮은 가격으로 토지를 매입하는 것이다. 이것은 "사면서" 돈을 버는 방법이다. 그럼 당신은 일반적인 수준의 공사비로 건물을 짓고, 일반적인 임대료를 받으면서 이익을 낼 수 있다.

조금 더 수학적으로

토지의 적정 매입 금액이 얼마인지 어떻게 알 수 있을까? 그 금액을 알아내려면 파트 1에서 배운 수학을 떠올리면 된다. 첫째, 건물 운영 수입에서 건물 운영 비용을 차감하여 그 건물의 순영업이익을 계산한다. 그런 다음에 "수익에 대한 가중치"에서 논의한 것과 같은 자본 비용 또는 최소 현금흐름을 적용한다. 이 두 기본 수치를 사용하면 프로젝트의 최대 예산을 빠르게 추정할 수 있다.

최대 프로젝트 예산		
순영업이익	÷ 최소 현금흐름	= 최대 예산
$500,000	÷ 6.75%	= $7,407,407

그런 다음, 예상 하드 비용 및 소프트 비용을 차감하여 토지 가격을 산정한다.[2]

최대 예산 − 하드 비용 − 소프트 비용 = 최대 토지 가격

이 계산의 원리는 간단하다. 총 허용 예산에서 유연하지 않은 항목들을 빼고 나면 남은 예산이 바로 토지 매입에 사용할 수 있는 금액이다. 이것은 토지주들이 그 땅의 매각가격을 산정하는 방법이 아니다. 중개인들이 당신을 설득하기 위해 사용하는 방법도 아니며, 투자자들의 방식도 아니다. 하지만 당신이 나중에 곤경에 처하고 싶지 않다면 알아 두어야 하는 방법이다. 가능하다면 "사면서" 돈을 벌어라.

지불할 수 있는 수준의 토지 가격을 알고 있는 것은 매우 중요하다. 하지만 매입할 수 있는 모든 토지에 충분한 가치가 있는 것은 아니다. 다음으로 좋은 부지의 특징에 대해 알아본다.

---

[2] 개발 회사가 성장함에 따라 하드 비용 및 소프트 비용에 대한 상당한 양의 데이터가 축적된다. 건축가는 기본 컨셉 도면을 무료로 제공하고, 시공사는 그 도면을 기준으로 무료로 견적을 내줄 수 있다. 그들 모두 나중에 해당 프로젝트에 참여하기 위해 무료로 서비스를 제공하는 것이다. 당신은 이를 통해 프로젝트에서 필요한 예산을 빠르게 산정할 수 있다.

기본 원칙

　개발 회사에서 첫 번째 업무는 신규 매물로 나온 부지를 분석하는 것이었다. 나는 그 부지의 용도지역을 기준에 맞게 어떤 크기의 건물을 지을 수 있을지 알아봐야 했다. 부지 위치를 확인하고 상사에게 그 부지에 대해 더 이상 알아볼 필요가 없다고 말했다. 그 부지는 얼마전 시가 매입했기 때문이었다. 그가 말했다. "맞습니다. 시가 그 부지를 샀습니다." 시는 그곳에 큰 노숙자 쉼터를 지을 것이라고 발표했다. 하지만 주민들은 그 쉼터 옆에 시내에서 가장 큰 어린이집이 있고, 두 시설을 나란히 두는 것은 현명하지 않은 선택이라고 지적했다. 그래서 시는 그 부지를 다시 시장에 내놓았다.

　어떤 부지를 매입할 경제적 여유가 있더라도, 다른 사유로 인해 그 부지가 당신의 프로젝트에 적합하지 않을 수 있다. 앞에서 이야기한 시는 실수를 극복할 것이다. 그러나 같은 상황에 처한 디벨로퍼는 그렇지 못할 수 있다. 이것과 관련하여, 부지를 매입하기 전 알아야 할 몇 가지 사항에 대해 알아볼 것이다. 디벨로퍼는 보통 이러한 사항들을 기본 원칙으로 여긴다. 거시적 항목부터 시작하여 부지 자체에 대한 세부사항들을 알아볼 것이다.

성장

부동산 디벨로퍼는 사람이 모여 있는 곳으로 가고, 사람들은 일자리가 있는 곳으로 간다. 그렇기 때문에 새로운 건물이 지어지는 것은 경제 성장의 궁극적인 산물이다. 기업들이 확장하거나 다른 지역으로 이전하지 않는다면 새로운 오피스 공간은 필요하지 않을 것이다. 그리고 새로운 일자리가 없다면 주거와 쇼핑에 대한 수요가 많지 않을 것이다. 부지를 찾는 것이 당신에게 무엇을 의미하는가?

나는 매물이 있는 도시의 다운타운을 운전해서 돌아다녀본 적이 있다. 당신에게 인내심이 있다면 메인 거리에 있는 모든 부지를 취득할 수 있다. 하지만 당신이 매입하지 않는 이유는 아무도 그 공간을 사용하지 않기 때문이다. 일자리가 없으면 사람들이 떠나고 결국 유휴 부지가 생긴다. 당신은 그 부지를 매입할 수 있다. 하지만 그곳에 건물을 새로 짓더라도 임대 수요는 거의 없을 것이다. 좋은 위치를 찾는 것은 매우 중요하지만 주변 환경이 죽어가고 있는 곳에 투자한다면 아마도 그 투자를 후회할 것이다. 반면, 어떤 지역에 좋은 경제적 기반이 구축되어 있다면 시간이 지남에 따라 그곳에는 점점 더 많은 기회가 생길 것이다. 무언가를 매입하기 전에 먼저 지역 경제 전문가가 되어야 한다.

지자체와의 관계

몇 년 전, 내가 근무했던 회사는 새로운 사업을 위해 미개발 토지를 매입했다. 시는 시에 납부해야 할 여러 요금 외에도 해당 부지 주변에 언제 건설할지 모를 도로를 명목으로 30만 달러를 요구했다. 그들은 계약에 따라 도로가 건설될 수도 있고 그렇지 않을 수도 있다고 했고, 나는 "건설될 수도 있고"라는 점에 의문을 제기했다. 그들은 도로를 건설하지 않아도 납부한 금액은 변제하지 않는다는 점도 분명히 했다. 이 협상에서 시는 우리에게 10%의 처리 수수료를 청구했다. 그 "처리 수수료" 자체만으로 천 달러가 훨씬 넘었다. 내가 왜 이 이야기를 꺼냈을까?

모든 부지는 시에 따라 처리 방식이 다르다. 어떤 시는 부동산 개발이 그 시를 오늘날의 모습으로 만드는 데 있어 개발의 역할과 기여도를 인정한다. 그런 시들은 개발 과정을 간소화시키기 위해 노력한다. 반면 어떤 시는 새로운 건물들을 짓은 것은 비합리적이고 부도덕한 것이라고 여기는 것 같다. 당신은 어떤 도시에서 개발을 할지 정해야 한다.

어떤 디벨로퍼들은 부동산 개발에 적대적인 도시들을 피하고, 성장을 도모하는 도시들에 집중하라고 말한다. 다른 사람들은 진입 장벽이 어떻든 그 고비를 넘기면 그 도시에서 성공하는 사람들에게 더 큰 이익이 돌아올 수 있다고 말한다. 두 견해 모두 일리가 있다. 하지만 어떤 선택을 하든 그 결과를 이해하고 결정을 내려야 한다. 잠재 부지가 있는 지역의 지자체를 잘 살펴보고, 프로젝트가 결승점에 도달하기 위해 어떤 작업이 필요한지 미리 파악해야 한다.

접근성

물리적으로 부지에 접근하는 것이 얼마나 용이한가? 근처에 지하철이 있는가? 3대의 주차구획에 접근하기 위해 일방통행 4차선 도로를 지나야 하는가? 멋진 동네에 위치해 있는가? 아니면 멋진 동네의 다리 건너편에 있는가? 다른 종류의 교통수단은 얼마큼의 소음을 발생시키는가? 이런 여러 요인들은 부지에 많은 영향을 준다. 식료품점과 같은 일부 자산 종류는 교통의 방향도 중요하다. 대부분의 통근자들이 퇴근할 때 지나다니는 길가에 식료품점이 있는 것은 매우 흔한 일이다. 부지를 고려한다면 이런 항목들을 가능한 많이 기록해 두어야 한다. 훌륭한 건물이라도 접근하기 힘들면 인기가 없고, 낡은 건물이라도 메인 거리 모퉁이에 있으면 많은 사람들이 찾을 것이다.

연관시설

우리 가족은 뒷마당에 수영장을 설치할 사람들이 아니었다. 그것은 비쌀 뿐 아니라, 관리를 해야 했고, 큰 책임이 뒤따랐다. 하지만 이웃이 수영장을 설치하자, 우리는 누구보다 그들의 수영장을 즐겁게 이용했다. 우리에게 그들의 수영장은 부동산 디벨로퍼들이 연관시설이라고 부르는 것과 같다. 그것은 당신이 만들지 않았지만 당신의 프로젝트에 영향을 미친다. 그 연관시설은 긍정적인 영향을 주기도 하고, 부정적인 영향을 주기도 한다. 둘 중 어느 쪽이든, 그것은 당신의 부지에 중요한 역할을 한다.

학교, 공원, 도서관, 리테일, 스포츠 프랜차이즈 등 주변의 좋은 연관시설을 떠올려 보아라. 당신은 그 시설을 사용하는 데 한 푼도 내지 않아도 된다. 만약 그 시설들 옆에 건물을 지을 수 있다면 사람들은 당신의 건물에 대해 접근성이 좋다고 생각할 것이다. 물론 부정적인 영향을 주는 주변시설도 있다. 교도소, 묘지, 폐기물 처리 시설, 발전소, 버려진 건물,

철도, 그리고 범죄가 많이 일어나는 지역이다. 그것들은 토지 가격뿐 아니라 임대료도 떨어뜨릴 것이다. 그것은 자산을 "매입할 때" 예상했던 수익을 상쇄시킬 것이다. 고속도로와 같은 다른 주변시설은 자산 종류에 따라 긍정적인 결과를 가져올 수도 있고 그 반대일 수도 있다. 산업용 부동산 사용자들은 고속도로 접근성을 중요시하지만, 주택사업에서 고속도로가 발생시키는 소음은 골칫거리이다.

방어력

남들은 아직 생각해 보지 못한 기발한 아이디어가 있고, 그 아이디어를 가지고 인기 있는 프로젝트를 개발한다고 가정해 보자. 다른 디벨로퍼들은 당신의 성공을 보고 무엇을 하려고 할까? 아마도 당신의 프로젝트를 모방하려고 할 것이다. 그리고 그들 역시 성공한다면 다음엔 무슨 일이 일어날까? 당신이 새로 개척한 사업은 시장에 넘쳐날 것이고, 임차인은 많은 선택권을 갖게 될 것이다. 임차인이 많은 선택권을 갖게 되면 모든 디벨로퍼는 임대료를 낮춰야 하고, 결국 그들의 건물에서 발생되는 이익은 줄어들 것이다. 그렇기 때문에 부지의 가치를 결정짓는 것은 방어력이다. 프로젝트가 성공했을 때 다른 사람들이 얼마나 쉽게 당신의 프로젝트를 따라할 수 있을 것 같은가? 따라하는 것이 어렵다면 그 프로젝트의 가치는 높이 올라갈 것이다. 반면 모방하기 쉽다면 많은 사람들이 당신의 프로젝트를 따라할 것이다. 결국 당신은 당신의 프로젝트가 유일할 때 다른 누군가에게 팔고 싶을 것이다.

결론

디벨로퍼들은 이런 고려사항들을 기본 원칙이라고 한다. 시장과 부지의 기본 원칙들이 유리한지 불리한지 확인하기 전까지 결코 당신의 생각만으로 부동산 개발을 진행해선 안된다.

부지가 좋아 보이고 매도인과 적당한 가격으로 협상할 수 있다면 이제 "계약"을 체결할 시점이 되었다. 다음에는 부동산 매매 계약과 부동산 법에 대해 알아볼 것이다.

한눈에 보이는 계약서

　책 한 권 읽는 데 걸리는 시간은 책마다 다르다. 아들은 이를 알고, 매일 밤 책 읽어주는 시간이 되면 선택할 수 있는 책들 중 가장 두꺼운 책을 꺼내 온다. 보통 「월리를 찾아라(Where's Waldo?)」 시리즈를 선택한다. 이 책의 각 페이지에는 정신 없는 장면과 함께 약 천 명은 될 것 같은 많은 사람들이 그려져 있는데, 여기서 숨겨져 있는 월리를 찾아야 한다. 엘리야 Elijah는 모든 페이지마다 월리의 위치를 기억하는 특별한 능력을 가지고 있다. 그동안의 경험을 토대로, 나는 이것이 쓸모없는 능력이 아니라고 확신한다. 여기 그 이유가 무엇인지 설명해 볼 것이다.

　개발 업무에 착수하자, 나는 매일 법률 문서를 다루기 시작했다. 그리고 계약서에는 보통 숫자나 날짜 같은 주요 계약 조건들이 50 또는 100페이지 이상이나 된다는 것을 알게 됐다. 이것은 계약서에서 주요 조항을 찾는 데 매우 오랜 시간이 걸릴 수도 있다는 뜻이다. 일반 사람들은 보통 그 문서에 서명하기 전에 모든 내용을 찾아볼 시간이 없다. 심지어 때때로 변호사들조차 마지막에 적혀 있는 일부 내용을 확인하지 못하는 경우도 있다.

　변호사 친구들은 나에게 법률 문서의 기준은 '잘 보이는 것'이라고 말했다. conspicuousness의 사전적 의미는 "관심을 끌다" 또는 "눈에 띄게 하다"이다. 계약서의 레이아웃과 구성은 계약의 의도가 잘 읽혀야 한다. 「월리를 찾아라」 책과는 달리, 계약서는 의미를 명확하게 전달해야 한다.

세상에는 수십 또는 수백 페이지로 구성된 계약서들이 있고, 변호사들은 그것을 중시한다. 그러나 이런 예는 '계약서를 한 눈에 잘 보이게 해야 한다'라는 계약서의 의도와 상충된다. 100페이지가 넘는 계약서에 거래의 주요 항목들이 여기저기 있다면 어떻게 그것들을 잘 보이게 할 수 있을까? 계약서를 잘 읽히게 만드는 접근법은 소비자 계약에 의해 생겨났다. 아파트 임대차 계약이나 신용카드 신청서를 생각해 보아라. 가장 중요한 내용은 처음 몇 페이지에 모두 들어가고 나머지는 그 뒤에 약관 형식으로 추가된다. 이를 통해 계약자 양측 모두 빠르게 요점을 확인할 수 있다. 상업용 부동산 거래에서는 이례적인 방식이긴 하지만 나는 이 방법을 성공적으로 사용해 왔다. 기존 계약서 방식을 추구하는 사람도 있지만, 이 방식에는 많은 장점이 있다.

계약서의 순서를 조정하는 것이 대담한 행동으로 들릴 수 있다. GE의 한 임원은 하버드 비즈니스 리뷰의 최근 기사를 통해 더 획기적인 이야기를 들려주었다.[1] 그는 새로운 부서를 맡게 되었고 변호사들에게 고등학생이 보아도 이해할 수 있는 계약서를 쓰라고 지시했다. 그 결과, 더 이상 계약서 문구 중, "여기서 반대되는 어떤 것도 용납하지 않는다"나 "불가항력"과 같은 구절은 사용되지 않았다. 그는 이렇게 썼다.

---

1) Shawn Burton, "The Case for Plain-Language Contracts," The Harvard Business Review (January 2018): https://hbr.org/2018/01/the-case-for-plain-language-contracts.

재계 리더들은 자신들이 관리하는 사업에 대한 합의서를 해석하기 위해 변호사를 부를 필요가 없다. 우리는 계약서가 이해할 수 있는 언어로 작성되는 세상에서 살아야 한다. 비즈니스 파트너들은 변호사 없이 짧은 점심 시간에 앉아서 계약서를 읽고, 제대로 이해하고, 그것에 서명하는 것을 편안하게 느낄 수 있어야 한다.

그의 제안은 수사적 목적보다 재정적 효과를 위해서였다.

시장에 언제 내놓는지가 관건이었다. 우리 팀의 사업 전략은 확실했지만 시작하자마자 난관에 부딪혔다. 계약의 복잡성으로 인해 수개월 동안 협상이 지연되어 잠재 고객들을 힘들게 했다. 우리 팀은 새로운 기회를 찾고, 새로운 비즈니스를 포착하고, 세계적 수준의 솔루션을 제공하는 대신, 대부분의 시간을 오래된 계약 방식에 대해 논의해야 했다.

그 임원이 변호사의 역할에 대해 반대한 것이 아니었다. 단순히 우리가 필요로 하는 중요한 일의 본질을 변호사로부터 옮겨왔을 뿐이다. 많은 사람들은 변호사만이 법률 문서를 읽을 수 있다고 생각한다. 그보다는, 철저하지만 이해하기 쉬운 문서를 작성할 수 있는 사람이 변호사라고 보아야 한다. 왜 우리는 할 수 없다고 생각하는가? 이는 양자역학 같은 것이 아니다. 계약서를 한눈에 잘 보이도록 하는 것이 목적이라면 우리와 우리의 변호사들은 법적으로 문제가 없으면서 이해하기 쉬운 계약서를 만들 수 있다고 확신한다. 이제 실제 부동산 매매 계약에 대해 이야기해 보자.

본 계약서

나는 최근 구직 활동을 마쳤다. 회사 세 곳을 두고 고민했었다. 이런 과정을 겪어봤다면 분명 그것이 어떤 느낌인지 알 것이다. 어떤 회사로 가기로 결정을 내리기 전에 회사들에 대해 빨리 파악해야 한다. B사의 누군가가 목요일까지 휴가라고 해서 그의 일정에 맞추어 당신의 인생을 바꾸는 선택을 즉석에서 하고 싶지는 않을 것이다. 모든 것은 타이밍이다.

프로젝트 부지를 확보하는 것도 비슷하다. 다른 사람이 그 부지를 취득하지 못하도록 하려면 당신이 먼저 토지 매입 작업을 시작해야 한다. 이것을 "묶어 두다Tying it up" 또는 "매수권을 확보하다Getting it under control"라고 표현한다. 프로젝트에 사업성이 있다고 확신하기 전에 이 작업을 먼저 수행해야 한다. 이 작업에는 긴장감이 수반된다. 매도인은 당신이 매입을 결정하고 하루 빨리 그 거래를 완료하기 원한다. 그러나 당신은 계약을 체결하고 거래를 완료할 때까지 가능한 한 많은 시간을 끌어야 한다. 가장 이상적으로, 당신은 가장 마지막 순간까지 시간을 끄는 것이 좋다.[1]

---

1) 프로젝트가 본격적으로 진행되거나, 인허가를 받기 전에 토지를 매입하는 것을 토지 비축land banking이라고 한다. 앞으로 성장이 예상되는 지역의 토지를 확보하기 위해 토지 비축을 해야 할 수 있다. 하지만 이것에는 큰 위험이 따른다. 시장을 잘못 읽거나 나중에 시의 인허가를 받지 못한다면, 꼼짝 없이 그 프로젝트에 묶이게 될 것이다. 은행들은 이런 위험을 고려하여 그 거래에 필요한 자금조달에 관심을 보이지 않을 것이고, 이렇게 되면 토지를 모두 현금으로 매입해야 할 것이다. 토지 비축은 때로 수익을 가져오지만 파산으로 이어지기도 한다.

이 모든 것을 가능하게 하는 법적 수단을 부동산 매매 계약이라고 한다. 여기서는 그런 계약의 기본 구성 요소를 간략하게 소개할 것이다. 해당 부지를 확보하기 위해 변호사와 함께 일할 때 무엇을 우선시해야 하는지도 살펴본다.

자산 평가

부동산 매매 계약서에 나오는 모든 항목을 아래 평가 기준으로 그룹화할 수 있다.

- 평가 대상 부지는 어디인가?
- 그 부지는 누구의 소유인가(매도인)?
- 누가 그 부지를 평가하는가(매수인)?
- 얼마 동안 그 부지를 평가해야 하는가(실사)?
- 정확히 무엇을 평가하는가? 그리고 어떤 상황에서 매입 제안을 취소할 수 있는가(만일의 상황에 대한 계획)?
- 평가를 완료하려면 무엇이 필요한가?
- 평가 중에 발생한 비용은 누가 부담하는가?
- 매매 기준이 충족됐다면 매수인은 얼마를 지불할 것인가?

토지, 매도인, 매수인, 매매 가격과 같은 항목은 이미 그 자체로 설명이 가능하다. 그 외 항목인 매매 일정, 평가 대상, 해당 토지에 문제가 발견된 경우 어떤 상황에서 계약을 파기할 수 있는지에 대해 알아보자.

매매 일정

당신과 매도인은 여러 주요 일정에 대해 협의할 것이다. 관련 일정들을 정리하고 눈에 잘 띄도록 하기 위해 매매 계약서 첫 페이지에 다음과 같은 표를 첨부해 둔다.

기간	계약시작일	유효기간(오후 11:59까지)	계약금(예: 보증금)	거래종결일 또는 그전까지
실사	2020년 1월 1일	2020년 6월 30일	$25,000	2020년 7월 31일
1번째 연장	2020년 6월 30일	2020년 12월 31일	$15,000	2021년 1월 31일
2번째 연장	2020년 12월 31일	2021년 3월 31일	$15,000	2021년 4월 30일
3번째 연장	2021년 3월 31일	2021년 6월 30일	$15,000	2021년 7월 31일

여기에는 부동산을 조사해야 하는 기간과 해당 기간을 확보하기 위해 필요한 금액이 나와 있다. 왜 이렇게 여러 개의 기간이 존재할까? 2020년 7월 29일 기준으로 시의 최종 인허가를 제외하고 다른 모든 것들이 준비됐다고 상상해 보자. 그리고 다음달에 시 회의가 열린다. 이 경우 자산 평가에 필요한 실사 기간을 넘어가게 된다. 하지만 추가 계약금을 내면 계약을 연장할 수 있다. 날짜가 미리 합의되어 있기 때문에 계약을 연장하기 위해 매도인과 추가 협상을 하지 않아도 된다. 계약 조건을 기준으로 다음과 같은 질문을 할 수 있다. 그 토지를 매입하지 않기로 결정한다면 어떤

경우 당신의 계약금을 돌려받을 수 있고, 또는 돌려받을 수 없을까?

자산 평가용 문서

계약 일정들이 확정되었다면, 두 번째 표는 평가를 위해 매도인이 매수인에게 제출해야 하는 서류를 개략적으로 보여준다. 나는 템플릿에 생각할 수 있는 모든 것을 나열한 다음 "필수"에 포함되는 문서를 확인하는 습관이 있다. 매번 그것들을 모두 새로 작성하면 무엇인가 빠뜨릴 수도 있다. 새로운 항목이 추가될 수 있으므로 별도의 줄을 남겨둔다. 다음 표는 예시이며, 그중 몇 가지 항목은 뒤에서 좀 더 자세히 다룰 것이다. 또한 각 서류가 언제까지 제출되어야 하는지도 함께 표시한다. 이 자료가 모든 부지에 해당되는 것은 아니지만, 그래도 충분히 확인해 볼 필요가 있다.

구분	필수 항목인가?	제출기한
소유권		
모든 관련 지역권		
최근 세금고지서		
최근 평가금액		
자산에 영향을 주는 임대		
모든 자산 조사		
모든 환경 보고서		
모든 지질 보고서		

평가 기준

앞서 내용에서 얼마나 많은 시간이 필요한지, 어떤 서류를 받아야 하는지에 대해 상세히 설명했으므로, 이제 우리가 평가하는 것들이 무엇인지 알아야 한다. 이것은 매우 중요하다. 일단 계약을 체결하고 난 후 매입 의무에서 벗어날 수 있는 유일한 방법은 그 프로젝트를 더 이상 이행할 수 없는 상황을 계약서에 넣는 것뿐이다.[2] 거래를 무효화하는 것은 매우 예민한 작업이다. 애매한 계약 기준은 법정에서 받아들여지지 않을 수 있다. 개인적 판단이 기준이 되는 주관적인 항목은 포함할 수 없다(가장 잘 알려진 항목은 "수용 가능한 자금조달"이다). 다시 말해, 그 항목들은 모두 객관적이어야 한다. 나의 계약서 시작 페이지에 넣어 두는 몇 가지 기준이 있다. 물론 다른 기준을 적용해도 된다.

매수인은 다음 중 하나에 해당하는 경우 본 계약을 해지할 수 있다.

- 매수인이 검토를 위해 위의 문서를 요구했으나 매도인이 제공하지 않는 경우
- 매수인이 승인하지 않은 상태에서 자산의 소유권(권리)에 문제가 발생하는 경우
- 용도지역, 도시 설계 또는 합병지 요건이 충족되지 않은 경우

---

2) 이것이 우려된다면 대신, 매수 옵션을 사용할 수 있다. 매수 옵션을 사용하면 재량에 따라 지정된 가격으로 부동산을 구매할 수 있다. 계약서에 명기되어 있지 않은 예상치 못한 상황 또는 임의의 이유에 의해 계약을 해지할 수 있다. 이 경우 문제가 하나 있다. 더 많은 유연성을 얻는 대신, 계약금을 즉시 돌려받을 수는 없다. 반면에 구매 계약을 진행하지 않기로 결정하면 계약금의 일부 또는 전부를 돌려주는 경우가 많다.

- 토양이 오염되었거나 구조적으로 부적합한 경우
- 매수인이 특정 이자율(또는 그 이하) 및 LTV 비율(또는 그 이상)로 대출을 받을 수 없는 경우
- 실사 기간 동안 해당 부동산 또는 인접 부지에 자재 변경이 있는 경우
- 프로젝트의 재무 분석 결과 대주 또는 투자자의 요구 수익률을 달성할 수 없는 경우

결론

변호사는 이런 요점들을 구체화하기 위해 어떤 추가적인 설명이 필요한지 알고 있을 것이다. 매매 가격이 얼마인지, 걱정하는 상황이 무엇인지, 결정을 내리는 데 얼마큼의 시간이 필요한지 알고 있다면 순조롭게 계약을 진행할 수 있을 것이다.

위에서 언급한 예상치 못한 상황에 대하여 의문을 제기할 수 있다. 거래를 중단시킬 수 있는 문제가 있는지 여부를 어떻게 확인할 수 있을까? 이 문제에 대해 기억해 두기로 하고 우선 토지에 대한 이야기를 정리해 볼 것이다.

더 자세히 보기

데이트 세계를 떠난 지 오래되었다. 하지만 내가 기억하기로, 데이트의 문제는 만나고 있는 사람이 누구인지 모른다는 것이다. 만나고 있는 상대방은 멋있어 보이고, 좋은 향기가 나며, 지적인 대화를 나눌 수도 있다. 하지만 그들의 진짜 성격을 이해하는 데는 오랜 시간이 걸린다. 최근 한 친구 집에 놀러갔다가 그것을 떠올렸다. 친구(참고로 그는 변호사이다)는 저녁을 먹는 동안 자신의 여동생이 과거 데이트했던 의심스러운 사람들에 대해 말해주었다. 친구의 아내(그녀 또한 변호사이다)는 그들의 법정 기록을 훑어본 적이 있다. 그리고 그녀는 엄청난 사실을 발견했다. 90년대 중반으로 거슬러 올라가 보니 그들 중 일부는 전과가 있었다. 그런 과거에도 불구하고 그들은 여전히 지적인 이야기를 구사할 수 있다.

부지를 찾는 것은 낯선 사람과 데이트하는 것과 비슷하다. 그 부지는 좋아 보일 수 있다. 아마도 그것은 적절한 타이밍에 적절한 위치에 있을 것이다. 당신은 그 부지와 평생 함께하는 모습을 상상할 것이다. 하지만 제대로 조사하지 않는다면 그 부지에 대해 알 수 없다. 그곳에 무언가 묻혀 있거나 법적으로 얽혀 있는 경우 큰 어려움을 겪게 될 것이다. 사업을 차질없이 진행시키기 위해서는 정보를 확보해야 한다. 이제부터 부지에 대한 조사방법인 법률실사와 물리실사에 대해 이야기해 보자.

법률실사

사람들은 먼 과거 어느 시점부터 누가 어느 토지를 소유했는지 구분하기 시작했다. 최근까지도 이것을 정확하게 구분하는 것은 어려운 일이다. 지금도 토지 경계와 소유권 분쟁은 복잡한 역사적 연구 과제다. 다음은 미국에서 어떻게 관리되고 있는가를 보여준다. 나는 많은 나라들이 중앙 집중화된, 정부 중심 관리 프로세스를 사용하고 있다고 들었다.

- 권리대행업체title company는 해당 토지의 법적 소유권에 대해 알아보고 분석하는 역할을 한다. 이때 권리title는 "권리가 있는entitled to"이라는 표현과 같이 소유권에 대한 약어이다.
- 회사는 해당 부지와 관련된 지자체의 기록이 포함된 모든 서류를 요청한다. 그런 다음 각 항목을 면밀히 검토하여 몇 가지 사항을 조사한다.
  - 그 부지는 현재 누구의 소유인가?
  - 소유권에 대해 이슈가 있는가?
  - 법적 경계는 어디까지인가?
  - 지역권 에 대한 기록이 있는가?
  - 그 부지에 유치권lien 이 있는가?

---

1) 지역권이란 다른 사람의 토지를 특정 목적을 위해 이용할 수 있는 법적 권리이다. 예를 들어 지역주민들이 골목을 통해 그들 소유의 집에 도달하는데 지역권이 사용될 수 있다. 지역권은 쉽게 철회될 수 없기 때문에 꼭 알아 두어야 한다.

2) 유치권은 소유자가 매각 차익을 취득하기 전에 다른 사람에게 제공해야 하는 금전적 의무이다. 담보 대출이 바로 유치권의 대표적이 사례이다(당신은 그들의 담보대출을 물려받고 싶지 않을 것이다). 여기에는 공사대금을 받지 못한 시공사의 money judgements과 같은 안 좋은 유치권 사례도 있다. (money judgement는 채권자가 소송에서 승소하여 일정한 금액의 돈을 받을 권리가 있는 것을 말한다. 일단 채권자가 특정 금액을 결정하면, 그 채권지는 그 돈을 회수할 수 있다.) 당신이 해당 토지를 자유롭고 문제없이 소유하려면, 당신은 사전에 공사비를 시공사에게 지급해야 한다.

- 일단 조사를 마치면, 권리대행업체는 조사에서 발견한 것들을 개략적으로 설명하는 소유권 약정title commitment 보고서를 작성한다.
- 이 보고서를 바탕으로 보험 증권을 발행한다. 여기에는 앞으로 발생할 수 있는 문제(면책 사항이라고 부름)가 나열되어 있는데, 이것은 당신의 비용으로 해결해야 한다. 그러나 이 보고서에 나와 있지 않은 문제(예를 들어 그들이 찾아내지 못한 유치권)에 대해서는 권리대행업체의 비용으로 해결할 것이다.

소유권 약정이 발행되면, 주요 내용이 포함된 문서와 요약본이 모두 조사팀에게 간다. 해당 조사팀은 직접 현장을 방문한다. 그들은 부지 경계선의 정확한 위치를 확인하고 표시한다. 그리고 부지내 지역권easement과 기반시설(예: 가스관, 전기관, 수도관) 등의 물리적 경계를 정확히 구분한다.

소유권 회사의 법률 조사와 자체 현장 작업을 통해 조사 주체는 알타American Land Title Association: ALTA 측량이라는 것을 작성한다. 이 지도에는 수행된 모든 법률 조사 결과가 그래픽으로 표시된다. 이 지도는 당신과 대주에게 당신이 매입하는 것이 무엇인지 법적으로 증명해 주는 자료이다.

물리실사

부지의 경계와 유틸리티 등의 레이아웃이 결정되면 그 다음은 어느 정도 노동이 필요하다. 이때 환경실사를 진행해야 하는데, 이는 1단계(초기 보고서) 또는 2단계(첫 번째 보고서 내용에 문제가 있는 경우 수행되는 심층 분석)로 나눠진다. 이 보고서들에는 어떤 내용이 들어갈까?

철거해야 할 건물이 있다면 그 건물을 별도로 조사해야 한다. 그 건물에 석면, 납 페인트, 수은 같은 물질이 포함되어 있을 수 있다. 만약 그렇다면 특수 훈련을 받은 인부들이 와서 그 물질들을 제거하고 지정된 폐기물 처리장으로 가져갈 것이다.

땅속에 무언가 있다면 문제는 더 어렵고 위험할 수 있다. 과거에 그 부지가 어떤 용도로 사용되었는지에 따라 여러 가지 유형의 환경 오염물질이 존재할 수 있다. 그것들은 별것 아닐 수 있고(새로 만들어진 도로 아래의 토양은 아스팔트의 타르에 의해 오염된다), 지하 수면에 있는 다량의 기름이나 공업용 화학 물질처럼 심각한 오염물질일 수도 있다. 오염물질이 발견되면 다음 질문들을 고려해 보아야 한다.

- 얼마나 깊은가?
- 얼마나 많은가?
- 무언가로 덮어둘 수 있는가?
- 아니면 제거해야 하는가?
- 제거해야 한다면 유기 장소는 얼마나 멀리 있는가?
- 제거 비용은 톤당 얼마인가?
- 깨끗한 흙으로 교체하려면 톤당 얼마인가?

이 질문들은 실사 기간 동안 현장에서 토지를 조사한 전문가들을 통해 알게 될 것이다. 안타깝게도 이런 소사는 완벽하지 않을 수 있다. 부지를 "열어 보기" 전까지 어떤 추가적인 문제가 있을지 확신할 수 없다.

토양에 환경 오염물질이 없다고 해도 토양 자체에 대해 몇 가지 중요한 궁금증이 생길 것이다. 그것은 어떤 종류의 토양인가? 전체 부지에 그 토양은 얼마나 균일한가? 제거해야 할 암석이 있는가? 지하수가 계속해서 차올라 굴착을 할 때 펌프로 퍼내야 하는가? 땅이 가라앉기까지 얼마큼의 무게를 지탱할 수 있는가? 혼합 토양에 어떤 기초 시스템이 적합한가?

지질공학 기술자들은 토양을 다진 후, 각기 다른 부하에서 얼마나 견딜 수 있는지 확인하기 위해 블로우 테스트blow test 같은 기술을 적용한다. 이를 바탕으로, 기초 설계를 하는 구조 엔지니어들에게 제안한다. 토양에 문제가 있을 경우 프로젝트 예산은 엄청나게 증가할 수 있다. 충분한 정보 없이 진행하는 바람에 그동안 많은 개발 회사들이 문을 닫았다.

마지막으로, 당신이 고려해야 할 것은 배수이다. 부지마다 상당한 지리적 다양성을 가지고 있다. 건물의 지형을 재구성할 계획이라면 어떻게 배수 처리를 할지 신중하게 생각해 볼 필요가 있다. 최근 새로운 규정들이 생겨났고, 그것들은 빗물을 처리하는 데 훨씬 더 비싼 방법을 요구한다. 해당 부지의 지형과 잘 맞지 않는다면 땅속으로 물이 침투하는 것을 돕기 위해 볼트vault라는 복잡한 시스템을 적용해야 할 수도 있다.

합리적인 가격의 토지를 선택하고, 조사하고, 계약했다면, 이제 설계할 준비가 되었다. 건축가와 엔지니어들이 어떤 일을 하는지 알아보자.

---

3) 하나의 예로, 샌프란시스코에 있는 밀레니엄 타워를 참고하길 바란다. 그것은 58층짜리 고급 콘도 타워인데, 지금까지 거의 2피트가 가라앉았고 14인치가 기울어졌다. 콘도 주인들은 이 문제를 해결하기 위해 2억 달러가 필요하다.

3단계
설계

당신이 느끼는 감정

MBA를 마친 후, 나와 아내는 돈을 절약하기 위해 저렴한 아파트에 살기로 했다. 우리는 데인 카운티Dane County에서 가장 낙후된 곳에 입주했다. 핑크색 화장실은 1960년 이후 한번도 개조된 적이 없었다. 그리고 네 갈래로 된 전화 콘센트가 있었는데, 이것은 심지어 아버지 어린 시절에나 사용되던 기술이었다. 우리는 그것이 부끄럽게 느껴졌다. 다른 의미에서, 우리는 그곳에 사는 우리 자신이 부끄러웠다. 그 건물에 살고 있는 다른 사람들의 얼굴 표정을 보았을 때 그들도 우리와 같은 생각을 하고 있다는 것을 알 수 있었다. 우리는 거의 매일 그 건물이 우리에게 미치는 영향에 대해 이야기했다.

임대차 계약이 만료되는 시점이 되자, 이사갈 지역 범위를 넓히기로 했다. 통근 시간이 길어지기는 했지만 외곽에 있는 훨씬 더 좋은 집을 찾았다. 나는 운전하는 것을 좋아하지 않는다. 하지만 식탁에서 바라본 풍경, 집안의 세탁실과 지하 주차장의 편리함은 우리 스스로를 마치 다른 사람처럼 느껴지게 했다. 나는 새로운 집에서 깊은 안도의 한숨을 쉬고 있는 자신을 발견했다. 그리고 집에서 보내는 시간은 이전보다 훨씬 더 편안했다.

우리가 새로운 곳에 머무르는 몇 주 동안, 나는 좋은 조건의 새 직장을 찾았다. 그곳은 내가 줄곧 찾던 부동산 개발 분야였다. 새 직장의 바쁜 일정으로 인해, 우리는 다른 도시로 이사를 가야 했다. 정해진 예산 내에서 좋은 위치의 집을 찾기에는 시간이 없었기 때문에 우리는 결국 이전과 같이 낡은 집으로 이사해야 했다. 그런 일이 반복되자, 우리는 집과 우리의 감정에 연관성이 있다는 것을 알았다. 이론상으로 그 연관성에 대해 알고 있었지만 그 효과가 이렇게 빨리 나타난다는 점에 놀랐다. 돌이켜보면 우리가 느꼈던 자부심은 우리가 몇 달 동안 즐겼던 멋진 건물과 관련이 있는 것 같다.

공간의 중요성

건축의 중요성을 찬양하며 이 책의 설계 부분을 시작할 수 있었다. 아니면 비트루비우스Vitruvius나 팔라디오Palladio 같은 사람들의 업적에 대해 말할 수도 있었다. 그것은 지적으로 존중할 만한 것이다. 하지만 아무도 "건축이 얼마나 중요한가"에 대해서는 신경쓰지 않는다. 건축가들은 집과 직장이 당신에게 주는 감정, 그리고 그 공간들이 당신의 자존심이나 수치심에 어떤 영향을 미치는지를 고려한다. 알랭 드 보통Alain de Botton은 그의 책, 「행복의 구조(Architecture of Happiness)」에서 이런 주제를 다룬다.

> 우리는 우리 안에 많은 다른 자아들을 품고 있는데, 이것들은 '우리'와 똑같이 느끼지 않는다. 안타깝게도, 우리가 원하는 지극히 진실되고, 창의적이며, 즉흥적인 우리의 자아는 우리가 마음대로

꺼낼 수 있는 것이 아니다. 그것에 접근하는 것은 우리가 있는 곳, 벽돌의 색깔, 천장의 높이, 그리고 거리의 배치에 의해 결정된다. 세 개의 고속도로에 둘러 싸여 질식할 것 같은 호텔 방이나 낡아 빠진 아파트 단지의 황무지에서 우리의 낙관주의와 목적의식은 고갈되기 쉽다. 우리는 우리가 가지고 있던 야망이나 활기차고 희망적인 느낌을 잊을지도 모른다.

그는 계속해서 살기 좋은 곳이나 일하기 좋은 곳이 어떤 식으로 당신에게 쉼터를 제공하는지에 대해 이야기한다. 그것은 당신이 다음날 다시 도전할 수 있는 희망과 의지를 재충전하도록 도와준다. 하지만 버려지고 초라한 장소는 아무도 당신을 신경쓰지 않는 것처럼 느껴지게 한다. 우리는 공간을 통해 스스로를 파악한다. 그리고 사람들은 자신만의 공간이 없을 때 훨씬 더 안 좋은 영향을 받는다. 노숙자들의 경우 안전하게 잠을 잘 곳이 없고, 마음을 놓을 수 없기 때문에 많은 스트레스를 받을 것이다. 결국 그들은 그로 인해 정신 건강에 안 좋은 영향을 받을 수 있다. 이것이 저렴한 주택에 사는 사람들조차 매달 그들의 많은 비중의 소득을 기꺼이 월세로 지출하는 이유다.

겹침

내가 왜 이런 문제를 제기할까? 왜냐하면 디벨로퍼들과 건축가들이 믿는 것의 중심적인 개념이 겹치기 때문이다. 그것은 다음과 같이 정리될 수 있다.

공간이 우리에게 주는 감정은 매우 가치 있는 것이고, 사람들은 그것을 위해 많은 돈을 지불할 것이다.

내가 아는 모든 건축가와 디벨로퍼들은 그들의 취향과 관점의 차이에도 불구하고 이 말에 동의할 것이라고 생각한다. 그들의 차이점은 앞 문장 중 어디에 초점을 두는가이다. 건축가들은 첫 번째 부분, 즉 공간이 만들어낼 수 있는 강력한 감정에 초점을 맞춘다. 그들은 정확히 무엇이 그런 감정을 유발하는지 파악하고, 그 부분을 극대화하고자 한다. 임대료 수입은 그 다음에 발생되는 것이기 때문에 특별히 관심 있게 보지 않는다. 반면, 디벨로퍼들은 건물에서 충분한 수입이 창출되도록 노력한다. 만약 그들의 도전이 그들이 생각했던 것만큼 시장에서 인기가 없다면 그들은 파산할 수도 있다. 따라서 설계적으로 불확실할 경우 결국 재무적으로도 불확실할 수 있다.

건축가나 디벨로퍼가 서로 다른 관점을 가지고 있는 것이 잘못됐다고 말하는 게 아니다. 각자 다른 각도로 프로젝트를 바라보는 것은 당연하다. 그러나 이렇게 초점이 분산될 경우 문제가 발생할 수 있다. 그렇다면 어떤 부분에서 건축가와 디벨로퍼 사이에 문제가 발생할 수 있을까? 업무 관계를 개선하기 위해 어떤 방법을 취할 수 있을까? 이 문제는 뒤에서 살펴본다.

창의력

프랭크 로이드 라이트Frank Lloyd Wright에 관한 켄 번즈Ken Burns의 다큐멘터리를 적어도 열두 번은 봤다. 나는 그에 대한 몇 가지 사실을 알고 있다. 그가 디자인한 건물을 방문한 적도 있다. 당시 사람들이 언급했듯, 그렇게 새롭고 심오한 아이디어를 가진 사람이 있었던 곳에 앉아 있는 것만으로도 많은 영감을 받을 수 있다. 늘 똑같이 반복되는 부동산 업계의 성향으로 인해 우울한 감정이 들 때면 보통, 영화를 본다. 영화 속 라이트 씨와의 시간은 창의력을 불러일으킨다.

그의 디자인을 사랑하지만 그가 나 같은 디벨로퍼들과 늘 잘 지냈던 것은 아니었다. 그는 디자인 과정에서 고객들과 자주 충돌했다. 그는 건물을 디자인하고 싶어했다. 그는 건물에 있는 가구, 문구류, 냅킨 홀더까지 디자인하기를 원했다. 심지어 손님이 왔을 때 집주인이 입을 드레스를 디자인한 적도 있다. 고객들이 프로젝트 자금을 제공함에도 불구하고 그는 자신이 만들고자 했던 감정적인 경험을 망칠 수 있는 모든 것에 화를 냈다.

나는 라이트가 그의 스타일대로 통제하고 싶어 했던 것을 비난할 수 없다. 그는 천재였다. 하지만 그의 고객들도 비난할 수 없다. 그들은 그의 계획을 실현시킬 수 있는 자금을 가지고 있었다. 때때로 두 사람이 왜 서로를 이해하지 못했는지 알 것 같다. 이번에는 프로젝트에 불리하게 작용할 수 있는 디벨로퍼와 설계자의 몇 가지 특징에 대해 살펴볼 것이다. 그런 다음, 앞에서 살펴본 주제를 통해 그들의 직감을 사업에 어떻게 반영할 수 있을지 알아본다.

문제의 원인

모든 프로젝트가 다르고 프로젝트 팀 역시 모두 다르다. 그리고 세상에는 뛰어난 전문가들이 있다. 그렇지만 때로는 세계적인 수준 이하의 사람들과 함께 일하게 될 것이다. 그리고 지금 전문가라고 불리는 사람들도 초반에는 시행착오를 겪었을 것이다. 나의 경험상, 세 가지 문제로 인해 디벨로퍼와 건축가 사이에 큰 문제가 생기곤 한다. 세 가지 문제는 잘못된 의사소통, 무관심, 일차원성이다. 의사소통은 다음에 다룰 주제이며, 그것에 대한 해결 방법은 비교적 쉽다. 그러나 의사소통이 원활하다 하더라도 관점의 차이에서 문제가 발생할 수 있다. 예를 들어 둘 중 한쪽이 프로젝트의 한 분야를 신경쓰지 않을 때 어떤 일이 생길지 생각해 보자.

- 디벨로퍼는 설계를 형식적인 과정으로 취급할 수 있다. 그들은 세부 항목들은 알아서 만들어질 것이고, 그 건물이 "다른 건물들과 비슷하게" 생기기만 하면 괜찮다고 생각한다. 이것은 보통 건축가에게 답이 없는 질문을 남긴다. 그리고 이 기준으로는 건축가가 참신한 디자인을 할 수 없다.
- 건축가는 설계에서 금전적인 부분을 신경쓰지 않고, 설계의 실현 가능

성에 대한 모든 책임을 디벨로퍼에게 전가할 수 있다. 이로 인해 초기 디자인은 즉시 폐기되고, 결국 현실적인 대안을 찾기까지 작업이 지연될 수 있다.

비록 그것이 일부 문제를 야기하지만 이런 무관심에는 문제가 없다고 생각한다. 사람들은 바쁘고 모든 것을 이해할 수 없다. 그와 대조적으로 두 번째 문제는 좀 더 심각할 수 있다. 그것은 강점에서 생기는 약점이다. 이것이 무슨 뜻일까? 개발과 건축 모두 관계자들의 관심을 집중시킨다. 그들의 정체성은 그들의 일과 연관되어 있다. 그들은 오직 한 가지 목적만을 추구한다. 그리고 때로는 그 일면성이 일종의 일차원성으로 발전하기도 한다. 이러한 문제가 어떤 식으로 나타날 수 있는지 생각해 보자.

- 수익성에만 초점을 맞추다 보면, 디벨로퍼는 비용을 줄이고 경제적 이익을 얻을 수 있지만, 건물의 외관과 내구성에 불균형이 오고, 결국 건물에 부정적인 영향을 미칠 수 있다. 이런 단기 비용 절감은 낮은 임대료와 저렴한 상품을 만들어 내고, 결국 훨씬 높은 유지 비용이 발생할 수 있다.
- 건축가가 화제의 디자이너가 되기 위해 독특한 설계를 제안한다면 그 건물은 기능적으로 비합리적일 수 있다. 그 건물이 사람들의 관심을 끌 수는 있다. 하지만 실제로 사람들이 그 건물을 오랜 시간 이용할 경우 상당한 불편함을 느낄 수 있다.

긍정적인 마인드 유지하기

팀 내 상대방에게 무관심하다고 하거나 일차원적이라고 말하는 것이 감정적으로는 만족스러울 수 있다. 하지만 상대방 의견을 바꾸게 하는 데에는 효과적이지 않다. 문제를 지적하는 것은 더 좋은 대안을 제안하는 것보다 효과적이지 않기 때문이다. 그렇다면 우리는 어떤 대안을 생각해 두어야 할까? 디벨로퍼는 공간이 만들어 내는 감정을 고려해야 하고, 건축가는 자신의 디자인이 사업적으로 타당한지 생각해야 한다. 두 가지 조건이 모두 충족될 때 그 결과는 보통 하나의 조건이 충족될 때보다 미적으로 더 아름답고 경제적으로도 더 성공한다. 이 업계에 몸담은 후 접한 몇 가지 사례를 이야기하고자 한다.

첫째, 내가 아는 수상 경력이 있는 건축가는 유리를 너무 좋아해서 자신의 건물에 커다란 창문을 설치하기를 원했다. 하지만 맞춤 유리는 비쌀 수 있고, 그로 인해 임대료를 올려야 할지도 모른다는 걱정에 빠졌다. 그래서 그는 지역 유리 유통업체에서 쉽게 살 수 있는 가장 큰 기성 유리를 찾아냈다. 그 유리의 크기는 가로 9피트, 세로 5피트였다. 그것보다 큰 것은 대개 수입해야 한다. 그는 가로 9피트, 세로 5피트 크기의 거대한 유리판으로 건물 전체를 다시 디자인했다. 그 결과, 상대적으로 저렴한 금액으로 넓은 창문을 만들고, 이를 통해 놀라운 뷰를 제공할 수 있었다. 공사비 절감과 동시에 훌륭한 전망을 확보하여 임대를 채울 수 있었고, 기존에 작성한 예산도 맞출 수 있었다.

둘째, 더 오래된 사례에 대해 알아보자. 바로 19세기 미국 주택 시스템이다. 1800년대, 많은 이민자들이 미국으로 건너왔다. 그들은 지낼 곳이 필요했지만 대부분 집을 살만큼 금전적 여유가 없었다. 이때 누군가가 투 플랫two-flat 아이디어를 생각해 냈다. 그것은 한 층에는 아파트가 있고 다른 층에는 개인주택이 있는 단순한 2층 건물이었다. 그 디자인을 통해, 그 건물을 매입한 가난한 가족들은 그 멋진 집의 비용을 보조 받을 수 있었다. 그들은 아래 층 아파트를 다른 사람에게 임대했다. 건설 과정은 동일했다. 더 많은 땅이 필요하지 않았다. 평면도를 변경함으로써 경제성도 변경되었다.

마지막으로, 우리가 시작했던 부분으로 돌아가, 프랭크 로이드 라이트의 예를 들어보자. 최근에 위스콘신주 스프링 그린Spring Green을 방문했었는데, 그곳에는 그가 시카고를 떠난 뒤 지냈던 집과 스튜디오가 남아 있었다. 탈리신Taliesin이라는 이름의 그 건물은 대공황 동안 불타버렸고, 그는 그 당시 돈이 거의 없었다. 그는 합판과 같은 값싼 자재만 살 수 있었다. 그가 가지고 있던 유일한 인력은 인턴들 뿐이었는데, 그들은 심지어 공사에 대한 경험이 전혀 없었다. 하지만 그는 어쨌든 다시 지었고, 그의 디자인은 너무나도 훌륭해서 그 어떤 것도 문제되지 않았다. 천장 구조가 땅에 닿는 5,000제곱피트 넓이의 스튜디오에 서 있으면, 영감을 받지 않을 수 없을 것이다. 놀라운 점은 그 공간은 홈디포Home Depot에서도 살 수 있는 자재로 만들어졌다는 것이다.

결론

건축가와 디벨로퍼가 서로 동의하지 않을 때 해결책은 대개 그들이 동의한 직관으로 돌아가는 것이다. "사람들은 위대한 공간이 만들어 내는 감정에 대해 돈을 지불할 것이다." 사람들에게 긍정적인 감정을 유발하는 것이 무엇인지, 사람들이 무엇에 그들의 돈을 지불할지 정확히 파악해야 한다. 당신은 이 연구를 통해 새로운 기회를 발견하게 될 것이다.

나의 심리학적 설명을 이해했다고 생각하고, 이제 세부 내용으로 들어가도록 하자. 어떻게 디자인을 구체화할 수 있을까? 그리고 그 과정에서 어떻게 의사소통을 최적화할 수 있을까?

모든 것을 말하기

　어렸을 때 머리를 하려고 미용실에 가면 대기실에 헤어 스타일 잡지들이 있었다. 당신이 전에 그곳에 한 번도 가본 적이 없다면 미용사들은 당신에게 그 잡지들을 주며 "좋아하는 스타일이 있는지 보세요"라고 말할 것이다. 그 책에 있는 헤어스타일대로 했다면 나는 밥 로스Bob Ross나 INXS의 리드 싱어처럼 보였을 수 있었다. 내 머리카락은 다루기 어려웠고, 그곳에 있던 잡지에는 내가 좋아하는 스타일이 없었기 때문에 나는 내가 원하는 스타일을 설명하기 위해 내 취향의 사진을 가지고 다니기 시작했다. 스마트폰이 나오면서, 머리를 하고 스타일이 맘에 들면 사진으로 찍어 두기 시작했다. 그 결과, 내가 어떤 헤어스타일을 원하는지에 대해 스타일리스트가 해석하는 시간이 줄어들었고, 내가 설명하는 데 실수하는 빈도도 줄어들었다.

　당신이 원하는 헤어스타일을 찾는 데 상대방과 의사소통이 잘 되지 않는다면 5천만 달러짜리 건물을 짓기 위해 당신의 계획을 설명하는 것이 얼마나 어려운 일인지 상상할 수 있을 것이다. 사실, 새 건물의 설계 작업은 너무 어려워서, 일부 디벨로퍼들은 대충 넘어가는 것 같이 보인다. "건축가를 신뢰하라"는 것이 이것을 합리화하는 한 가지 방법이다. 문제는, 건축가도 자신이 무엇을 하도록 고용됐는지 알고 싶어한다는 것이다. 당신은 어떤 디자인은 좋아하고, 반대로 어떤 디자인은 싫어할 것이다. 건축가는 당신이 어떤 것을 좋아하고, 어떤 것을 싫어하는지 알 수 없다. 이번 장에서는 어떤 정보가, 어떻게 전달되어야 하는지에 대해 이야기해 볼 것이다.

첫 번째 결정

앞 사례로 돌아가서, 미용실에 가면 종종 반복되는 문제에 직면한다. 당신은 헤어 디자이너에게 어떤 헤어스타일이 당신에게 어울릴 것 같은지 물어본다. 그러면 그들은 "당신은 어떤 스타일이 좋은가요?"라고 묻는다. 그럼, 당신이 시작했던 지점으로 다시 돌아오게 된다. 당신이 원하는 스타일을 그들에게 말한다면 그들은 그것이 어울리지 않는다고 생각하면서도 그 흉한 머리를 해 줄지도 모른다. 하지만 반대로 그들이 어떤 스타일을 추천했으나 당신이 그것을 싫어할 경우 당신은 다시는 그 미용실에 가지 않을 수 있다. 다행스럽게, 크루컷[1]을 생각하고 있는 사람은 보통 모호크[2]를 하려고 하지 않는다. 그들은 대부분 기본적인 방향성을 가지고 온다. 같은 개념으로, 고층 오피스 빌딩을 개발하는 회사는 아마도 패스트푸드 음식점을 만들려고 하지 않을 것이다. 그들은 일반적인 상품을 고민하고 있을 것이다.

이러한 기본적인 상품 아이디어를 넘어, 디벨로퍼는 어떤 수준의 상품, 그리고 얼마큼의 상품이 필요한지 알기 위해 시장조사를 해야 한다.

---

1) 역주. 아주 짧게 깎은 남자 머리 스타일이다.
2) 역주. 머리의 가운데에만 띠 모양으로 모발을 남겨두는 스타일이다.

그리고 이런 기본 사항들을 건축가와 시공사에게 초반에 전달해야 한다. 물론, 이것이 정확히 그 문제를 해결하지는 않는다. 당신의 헤어스타일이 잡지에서 보는 것과 다를 수 있는 것처럼, 건축가는 당신이 원하는 건물 면적을 맞출 수 없다고 말할지도 모른다. 그리고 시공사는 당신이 원하는 건물의 공사비가 당신의 예산을 훨씬 초과한다고 말할 수도 있다. 어느 쪽이든, 디벨로퍼는 이 모든 것을 시작하기 위한 기본 계획이 있어야 한다.

개략적인 아이디어에서 완성된 디자인으로 나아가는 데는 두 가지 방법이 있다. 첫 번째는 "끌어당김pull"이다. 이 방법을 통해, 건축가는 당신에게 질문을 하고 당신의 의견을 듣는다. 그리고 당신은 그들이 어떤 결정을 내리는지 확인한다. 다른 하나는 "밀기push"이다. 여기서 당신은 당신의 의견과 디자인에 필요한 개략적인 자료들을 건축가에게 제공한다. 이 두 가지 방법은 미용사의 업무와 얼추 비슷하다. 그들이 헤어스타일 잡지를 가지고 있는가? 아니면 당신이 그것을 가지고 오게 되어 있는가? 어느 경우든, 목표는 사업 개요를 발전시키는 것이다. 그것은 사업에 필요한 모든 것을 담고 있다.

첫 번째 개발 사업을 하기 전, 나는 이 과정이 복잡할 것이라고 예상했다. 왜냐하면 양쪽 모두 "밀기"를 원할 것이라 예상했기 때문이다. 하지만 현실에서 사람들은 대개 어려운 결정을 다른 사람들에게 전가함으로써 위험을 줄이기를 원한다. 또한 자신들의 업무량을 줄이고 싶어한다. 내 경험을 비추어 봤을 때, 보통 이런 디자인 회의에서는 논쟁보다 어색한 침묵이 더 많다.

"끌어당김"과 "밀기"는 프로젝트에 참여한 사람들의 성향에 따라 다르다. 하지만 누가 이 과정을 주도하든, 수집해야 할 정보가 많다. 건축가들과 함께 필요한 순서대로 그 정보를 조사할 것이다. 가장 먼저, 부지, 건물의 프로그램, 건물의 형태, 그리고 마지막으로 건물 내외부의 세부 항목들에 대하여 이야기할 것이다.

부지

부지의 물리적 위치는 건물의 설계에 큰 영향을 미칠 수 있다. 예를 들어 건물의 위치에 따라 하루 중 건물의 일부가 밝은 빛을 받는 동안 다른 일부는 빛을 받지 못할 수 있다. 건물 설계에 일광 투과 기술을 사용할 경우 자연광을 극대화할 수 있다. 비슷한 방법으로 건물이 특정 뷰를 즐기도록 설계할 수도 있다. 이것들은 설계 초기에 고려되어야 한다.

부지는 또한 접근성에 대한 질문을 제기한다. 어떻게 도로에서 그 부지로 접근할 수 있는가? 그 건물이 전체 부지를 차지하고 있지 않다면 남은 부지의 이동 동선은 어떻게 되는가? 이삿짐을 운반하는 사람들, 쓰레기를 운반하는 사람들, 소포를 배달하는 사람들의 이동 동선은 어떻게 되는가? 건물 사용자들에게 얼마의 주차비를 받을 것인가? 건물을 어떻게 배치할 것인가? 부지에 광장, 놀이터, 수영장, 예술 시설과 같은 편의시설을 두기를 원하는가? 건축가와 토목 엔지니어는 이런 기능에 대한 공간적 해결책을 찾을 수 있지만, 무엇보다 당신이 무엇을 적용하고 싶은지에 대해 논의할 준비가 되어 있어야 한다.

건물의 프로그램

다음으로, 건물의 프로그램에 대해 이야기하고 싶을 것이다. 이것은 시장조사, 자금조달 능력, 도시의 용도지역 조건(다음에 설명할 예정) 및 건축이 모두 해당되는 부분이다. 미시적 차원에서, "프로그래밍"은 한 공간에서 일어날 일을 말해준다. 프로그램을 통해 특정 공간은 그곳의 사람들과 이벤트들을 알맞게 수용하도록 설계된다. 좀 더 거시적인 차원에서, 프로그래밍은 건물 자체가 어떻게 사용될지를 말해준다. 다음은 프로그램을 정하는 데 필요한 몇 가지 질문들이다. 아파트 건물을 예로 들겠지만 오피스, 호텔 등에도 비슷하게 적용된다.

- 어느 정도 규모의 임대 공간을 원하는가? (예: 한 건물에 몇 세대를 넣길 원하는가?)
- 어떤 종류의 임대 공간을 원하는가? (예: 스튜디오, 원베드룸, 투베드룸 등)
- 각 공간은 얼마나 되어야 하는가? (예: 침실 한 개소당 제곱 피트)
- 어떤 종류의 공용 공간과 부대시설을 원하는가? (예: 로비, 계단실, 엘리베이터, 편의시설, 우편함, 관리실)
- 건물 전체에 모든 것들이 어떻게 배치되는가? 건축가들은 다른 여러 가지를 하나로 조화시키는 데 무게를 실을 것이다.

이 모든 질문에 답을 하다 보면 시장이 무엇을 제공해줄 수 있는지, 그 부지에서 무엇을 할 수 있는지, 자금을 조달할 수 있는 여력이 되는지, 도시가 무엇을 허용할 것인지 등에 의해 제약을 받을 것이다. 그것들이 불가능한 일일지라도 당신의 계획을 건축가와 공유해 볼만하다. 그들이 그것을 현실화할 수 있는 해결책을 가지고 올 수도 있다.

건물의 형태

기본 프로그램을 만들었으니 이제 프로그램을 3차원 형태로 변환할 차례다. 도시는 그 부지에 대한 기본 용도와 밀도를 이미 정해 놓았을 것이다. 이러한 구역 설정의 실질적인 효과는 해당 부지를 가상의 공간으로 구분하는 것이다. 그들은 당신의 프로젝트가 그 가상의 공간 안에 들어맞기를 원한다. 프로젝트가 그 지역의 용도에 적합할 경우 그 프로젝트를 원하는 형태로 다듬을 수 있다. 프로젝트의 사업성에 필요한 충분한 임대 공간을 확보할 수 없다면 어떻게 해결할지 결정해야 한다. 사업을 확장하거나 연장할 수 있다.

건물의 형태에서 지붕 모양을 결정해야 한다. 그리고 아마 가장 흥미롭게도, 창문의 크기와 배열에 대한 감을 키워야 할 것이다. 창문은 내부와 외부 모두에서 보여지는 요소 중 하나이다. 그것은 내부와 외부 양쪽에 큰 영향을 미친다. 외관을 고려하여 창문을 배치할 때, 내부 평면 상의 창문 라인과도 맞는지 확인하는 것이 중요하다.

세부 항목

부지에 건물을 어떻게 배치할지, 기본 프로그램은 무엇인지, 기본 프로그램을 어떤 형태로 구성할지 정했다면 나머지는 세부 항목이다. 외관상, 모방하고자 하거나 또는 반대로 피하고 싶은 건물이 근처에 있는지 생각해 보아야 한다. 어느 경우든, 건물에 쓰인 자재, 창틀과 같은 장식 및 색상에 대해 논의하게 될 것이다.

내부적으로는, 자산의 종류에 따라 세부 항목이 크게 달라진다. 오피스와 리테일의 경우 어떤 공사가 필요한지 미리 결정해야 한다. 이때 해당 공간은 보통 시공되기 전 상태이며, 추후 임차인의 비용으로 공사가 진행된다. 집합건물의 내부 세부 항목으로는 바닥, 페인트, 벽 외장재, 트림과 같은 마감재, 캐비닛과 같은 내장재, 그리고 조명, 싱크대, 샤워기와 같은 설비로 구성된다.

결론

디벨로퍼는 건축가의 역할을 할 수 없다. 그리고 보통 이런 결정들 중 많은 부분을 건축가에게 우선적으로 맡긴다. 건축가가 앞 단계에서 중요한 요점들을 짚어 줌으로써 당신의 작업 시간을 최소화할 수 있다. 그리고 당신은 잘못된 해석으로 발생할 수 있는 실수를 줄일 수 있다.

이제, 이 아이디어들을 모아서 도면에 담을 것이다.

대량의 서류

완성된 건축 도면 세트는 큰 볼거리이다. 보통 30인치 x 42인치 종이에 인쇄되며, 모두 다해서 거진 100장 이상일 수 있다. 시는 보통 각각의 관련 부서에게 제공하기 위해 여러 세트의 복사본을 요구한다. 한 세트 전체를 인쇄하려면 많은 비용이 발생할 수 있다. 나는 한때 건물 준공 검사를 하는 부서에서 인턴십 비슷한 일을 한 적이 있었다. 건축가가 설계를 업데이트할 때마다 도면 세트를 새로 인쇄하는 대신 시청으로 갔다. 나는 거기서 도면 세트 바인더를 풀고, 바뀐 시트를 교체한 후 다시 바인딩을 했다. 건물 검사관은 나를 그의 인턴이라고 부르기 시작했다. 그리고 나는 그 과정에서 도면에 매우 익숙해졌다.

이 도면들은 어디서 만들어지고, 그 안에는 무슨 내용이 들어있을까? 그것이 우리가 여기서 논의할 내용이다. 완성된 결과물을 보면 프로세스 자체와 관련된 사람들을 잘 파악할 수 있다.

배치 계획

토지를 이야기할 때 설명했듯이 부지 조사의 일환으로 현장 측량을 하게 된다. 조사원은 레이저를 들고 현장을 돌아다니며 부지의 경계를 표시한다. 그리고 지역권에 해당되는 곳이나 기반시설이 어디에 있는지 표시하고 부지의 높이 변화를 기록한다. 그것을 지형 조사 라고 하는데, 이것은 설계를 시작하는 데 최적의 기준점이 된다. 조사관들은 캐드로 이 문서를 작성하여 토지의 정확한 정보를 당신에게 제공한다. 그런 다음 그들은 디지털 파일을 토목 엔지니어에게 이메일로 전달한다.

토목 엔지니어는 부지를 2차원 레이아웃으로 만들어 내는 데 전문가다. 토목 엔지니어는 조사팀으로부터 파일을 받은 후, 질문사항들을 보내기 시작한다. 도로와 연결된 입구가 몇 개 필요하고, 어느 방향으로 가야 하는가? 부지 주변에서, 그리고 부지 상에서 어떻게 이동할 것인가? 시의 용도지역 기준으로 최대 건폐율을 얼마인가? 비가 오면 우수는 어디로 흘려보낼 것인가? 그리고 토목 엔지니어는 건축가와 함께 건물을 어디에, 어떻게 배치할지 검토할 것이다. 그리고 여러 배치 계획안들을 제안해서 사전에 검토할 수 있게 할 것이다. 어떤 이유로 인해 배치 계획을 다시 하게 된다면 건물 재설계에 엄청난 비용이 들 수 있다.

건물의 매스, 평면도, 입면도

배치 계획을 결정했으면 수직 부분도 계획해야 한다. 건축가는 부지에 대한 기본 정보와 당신의 요청사항을 기준으로 건물의 매스를 만들기 시작할 것이다. 이는 앞 장에서 논의했던 건물 외관의 3차원 형태이다. 건물의 외관은 당신의 미적 취향, 건물의 용도, 도시의 디자인 가이드라인

---

1) 지형 조사에서 토지의 높이는 위치마다 다르며, 이 부분은 해당 부지에 건물을 배치할 때 고려되어야 한다.

등과 같은 요소들에 의해 결정된다. 아주 높은 건물이라면 풍동 시험을 해야 할 수도 있다. 배치 계획과 마찬가지로 가능한 많은 건물의 매스 대안을 검토하는 것이 좋다.

건축가는 외관에 디테일을 더하기 위해 입면도를 그린다. 입면도는 건물을 외부에서 봤을 때 보이는 2차원 뷰이다. 이는 건물 외장재, 지붕 라인, 창문의 크기와 배치 상태를 보여준다. 여기서 중요한 점은, 도시 기획자와 지역주민들은 그 사업을 지지할지 반대할지 결정하기 위해 입면도를 꼼꼼히 살펴보기도 한다는 것이다.

건물의 매스와 입면도를 만들 때는 평면도가 함께 고려되어야 한다. 평면도는 공간별로 분리된 건물을 위에서 내려다보는 부감도이다. 결국, 이용자들이 효율적인 공간 배치를 원하기 때문에 평면도를 그리는 것은 필수다. 부지, 이용자 및 설계 목표에 따라 평면도는 매스의 형태를 만들어 내고 또 반대로, 매스의 형태에 따라 평면도가 만들어질 수 있다. 둘 중 어느 쪽이든, 서로 조화를 이루어야 한다.

멋진 매스와 입면을 기능적으로 내부 공간과 조화시키려면 다른 것들도 함께 고려해야 하는데, 이것은 많은 것들을 복잡하게 만든다. 건물을 지탱하기 위해서는 구조용 기둥을 일정한 간격으로 세워야 하는데, 그 기둥은 결국 내부 공간을 분리하는 역할을 한다. 또한 건물의 매스와 평면은 건물의 접근성을 결정한다. 사람들이 건물의 입구를 통해 그들이 원하는 곳으로 빠르게 이동할 수 있는가? 화재가 발생했을 때 사람들이 외부로 쉽게 탈출할 수 있는가? 이런 모든 이유 때문에 건물의 매스를 통해 만들어진 평면을 잘 확인해야 하며, 그 반대의 경우도 마찬가지이다.

좀 더 세부적으로

건축가는 협의한 내용을 기준으로 컨셉 설계를 한다. 보통, 먼저 펜이나 연필로 개략적인 스케치를 한다. 배치도, 매스, 입면도 및 평면도가 어느 정도 정해지면 SD(Schematic Design)라고 하는 계획설계에 들어간다. 이 시점에서, 건물이 대충 어떤 모습일지 알 수 있다. 프로젝트가 진행되면 DD(Design Development)라고 불리는 기본설계로 넘어간다. 기본설계에서 최종 세부 항목의 70~80%를 정하게 된다.

설계의 90%가 완성되면 인허가 세트를 준비할 것이다. 이것은 시의 검토 목적으로 제출하게 된다. 그들이 당신에게 계획 분석을 요구하는 이유는 주로 화재 예방과 접근성 등에 문제가 없는지 확인하기 위해서인데, 이런 문제는 보통 그전에 모두 해결되어 있다. 그리고 도서를 일찍 제출할수록, 시로부터 확인을 받고 빨리 인허가를 취득할 수 있다. 시공사의 경우 실시설계(Construction Document: CD)라고 하는 최종 도서를 제공하게 되는데, 이것은 공사에 필요한 대부분의 세부 항목을 포함한다. 이 부분은 공사 계약서에 포함되어 있다.

건물에 사용될 모든 자재의 사양은 CD에 요약되어 있다. 또한 건축가와 엔지니어는 건물을 짓는 데 사용되어야 할 특정 기술도 시공도서에 포함시킨다. 마지막으로, 시공사는 목재와 철재 등의 공급업체들에게 CD를 공유할 수 있다. 공급업체는 건축가의 설계도면을 이용하여, 시공사들이 실제 현장에서 사용하게 될 지침 도면인 샵 드로잉(Shop Drawing)을 작성한다.

나의 경험을 비추어 볼 때 시간 중 20%를 컨셉 설계에, 20%를 계획

설계에, 30%를 기본설계에, 그리고 나머지 30%를 실시설계에 쏟게 될 것이다. 프로젝트마다 다르지만 이해를 돕기 위해 내 경험상 수치를 공유하는 것이 도움이 될 수 있다고 생각했다. 이 수치는 내가 실제 진행한 프로젝트 또는 경험에서 나온 숫자들이다. 건물을 설계하는 일은 확실히 엄청난 작업이다.

설계 타임라인 예시			
단계	대규모 저층 건물	고층 건물	비율
컨셉 드로잉	4주	8주	20%
계획설계	4주	8주	20%
기본설계	8주	12주	30%
실시설계	8주	12주	30%
총 설계 기간	24주	40주	100%

더하기

건축가가 건물의 전체적인 형태를 설계하는 동안, 동시에 다른 관계자들은 그 외의 세부 구조를 설계한다. 이러한 상호 보완적인 도면 세트가 더해짐에 따라 설계 범위는 더욱 넓어진다. 다음은 이것에 대한 몇 가지 예시이다.

- 도로에서 부지로, 부지에서 다시 건물로 인입되는 유틸리티의 정확한 위치를 나타내는 유틸리티 계획
- 토목공에 의해 토지가 어떻게 형성될지 보여주는 토목 계획

- 부지 내 모든 나무와 관목의 배치를 보여주는 경관 계획
- 여러 가지 구조에 의해 건물이 어떻게 지탱되는지 보여주는 구조 계획
- 유틸리티가 건물 안으로 인입되어 어떻게 다른 공간으로 넘어가는지 보여주는 전기 및 배관 계획
- 난방 및 냉방 설비의 배관 구조를 나타낸 기계 계획
- 어디에 조명 장치를 설치할지 보여주는 조명 계획
- 특정 공간을 설계하기 위해 인테리어 디자이너를 고용한 경우 인테리어 디자인 세부 계획
- 문이나 창문 등 하도급 업체를 통해 주문 및 설치해야 하는 경우 정확한 자재 품목과 수량을 보여주는 다수의 계획

이런 계획들 모두가 중요하지만 여기서 가장 중요한 것이 있다. 그것은 잘못하면 금전적 손실 뿐 아니라 인명 피해로 이어질 수 있다. 이제, 구조 공학과 그것이 어떤 식으로 설계와 시공을 연결하는지에 대해 알아볼 것이다.

구조 지탱하기

아들은 태어난 이래로 아방가르드 건축가가 되었다. 그가 첫 번째로 디자인한 레고 집에는 놀라운 캔틸레버Cantilever 구조의 차고가 있었다. 캔틸레버는 하부 지지대가 없는 구조물이다. 아들과 그 디자인에 대해 이야기하는 동안 나는 자동차가 2층까지 올라갈 수 있는 방법은 없다고 생각했다. 그리고 그곳에서 내려오는 것 역시 어려운 일이었다. 네 살짜리 아이가 만든 그 디자인은 건축공학적으로 현실화할 수 없지만, 건축적으로 보았을 때 매우 도전적인 일이었다. 나는 그 점에 두 엄지손가락을 치켜세웠다.

나는 아들보다 나이가 훨씬 많은 사람들도 그와 같이 건축공학에 대해 생소해 한다는 것을 알았다. 내가 다녔던 부동산 프로그램의 학생들을 보자. 나는 항상 그들의 금융 노하우에 놀라곤 했다. 그들은 수억 달러의 포트폴리오를 분석했고, 전 세계 자본 흐름에 대해 논리적으로 이야기할 수 있었다. 하지만 그들 대부분은 건물이 어떻게 스스로를 지탱하는지에 대한 기본적인 구조를 이해하지 못했다. 그로 인해, 그들은 디자인 과정의 일부 결정을 이해하지 못했다.

지금까지 우리는 건축 심리학이나 디자인 과정 등의 주제에 대하여 심도 있는 토론을 했다. 이제부터 건물 자체에 대해 논의해 보려 한다. 그중에서 특히 구조 공학에 초점을 맞춰보고자 한다. 그것은 설계와 시공의 중간 과정이다. 건물의 형태가 만들어지는 동안, 구조 엔지니어는 건축가와 협업하여 그 구조물이 실제로 지어질 수 있게 만든다. 우리는 건물이 서 있기 위해 지탱해야 하는 주요 하중에 대해 이야기해 볼 것이다. 그런 다음, 그 하중을 지탱하기 위한 방법이 어떻게 발전해 왔는지 살펴볼 것이다.

하중

다시 레고로 돌아가서, 나와 내 아들이 9피트 높이의 벽을 만들었다고 상상해 보자. 그 벽은 가장 먼저 축방향 하중을 받게 될 것이다. 축방향 하중은 사물의 주축을 따라 발생하는 무게이다. 그것은 내가 아들을 목말 태웠을 때와 같은 종류의 하중이다. 그의 몸무게는 나를 위에서 아래로 누를 것이다. 그럼에도 우리의 근육은 수직적인 힘을 지탱할 수 있도록 발달되어 있기 때문에 아이를 목말 태우고 다니는 것은 비교적 쉽다.

레고 벽의 경우 축방향 하중은 쌓아 올려지는 각 블록의 무게로부터 발생한다. 벽을 너무 높게 쌓으면 바닥에 있는 블록이 갈라지거나 찌그러질 수 있다. 그러나 장난감 건물과는 다르게, 실제 건물의 경우 축방향 하중은 다루기 어려운 문제가 아니다. 나무 스터드[1]는 최대 4층까지 축방향 하중을 지탱할 수 있고, 강철과 콘크리트는 100층 이상의 건물을 지탱할 수 있다.

---

1) 역주. 기둥 사이가 넓을 때 중간에 보조직으로 세우는 직은 단면의 수직재이다.

레고 벽에 더 큰 문제를 발생시키는 것은 횡방향 하중이다. 어떤 미식축구 선수가 패스를 받는 순간, 측면에서 상대방 선수로부터 태클을 당한다고 상상해 보자. 달려가는 선수의 측면에 태클을 가하면 그 충격은 더욱 강하게 전달된다. 그것은 리시버receiver가 선호하지 않는 각도이다. 건물도 마찬가지이다. 레고를 부술 때 레고의 주축 방향보다는 옆방향으로 쓰러트리는 것이 훨씬 쉽다. 여기에는 공학적 요소가 포함되어 있다. 사람들은 건물이 흔들리는 느낌을 좋아하지 않는다. 건물이 풍하중을 견디도록 만드는 것은 구조 엔지니어의 가장 큰 과제 중 하나이다.

건물의 바닥은 횡방향 하중도 버텨야 한다. 생각해 보면 바닥은 보 위에 평평하게 펼쳐져 있다. 그리고 그 위에 사람이 올라가고 가구를 배치하면서, 바닥의 가장 단단한 부분에 힘이 수직으로 가해진다. 이러한 이유로, 바닥의 횡방향 하중을 종종 벤딩bending이라고 부른다. 만약 책장 선반이 물건들의 무게에 눌려 구부러지는 것을 본 적이 있다면 내가 무엇을 말하고 있는지 이해했을 것이다. 그렇다면 축방향과 횡방향 하중이 왜 그렇게 큰 문제인 걸까?

접근 방법

건축가들이 창문이 없는 1개층짜리 건물만 설계한다면 내가 방금 설명한 많은 공학적 이슈들은 별 문제가 되지 않을 것이다. 하지만 토지 가격과 햇빛에 대한 우리의 심리적 욕구는 엔지니어의 일을 복잡하게 만든다. 우리는 보통 높은 건물을 지을 때 건물 내부로 햇빛을 유입하기 위해서 여러 개의 구멍을 만들어야 한다. 엔지니어들은 수 세기에 걸쳐 이런 문제들을 어떻게 처리해 왔을까?

인간은 여러 층과 지붕을 지탱하기 위해 간단한 해결책을 내놓았다. 그것은 바로 내력벽이다. 내벽과 외벽을 모두 두껍게 만들어 모든 축방향과 횡방향의 하중을 견딜 수 있게 만들었다. 외벽 안쪽에는 홈을 파 두었다. 그런 다음 위층의 바닥을 그 홈에 맞추어 바닥의 무게가 벽에 실리도록 했다. 19세기, 높은 건물의 외벽은 수십 개 층의 무게를 지탱하는 역할을 해야 했기 때문에 그 두께가 4~5 피트에 달하기도 했다. 이 두꺼운 벽의 장점은 횡방향 하중을 잘 견딘다는 것이다.

두꺼운 벽은 축방향과 횡방향 하중 문제를 해결하지만 다른 문제를 발생시킨다. 첫째, 두꺼운 벽은 낮은 층의 바닥 면적을 많이 차지하고, 이것은 곧 임대 수익이 줄어든다는 것을 의미한다. 둘째, 엄청난 양의 원자재를 필요로 한다. 5피트 두께의 벽을 만드는 데 필요한 벽돌의 수를 상상해 보아라. 마지막으로, 하중을 지탱하는 두꺼운 벽에 커다란 창문을 설치하는 것은 상당히 어려운 일이다. 어떻게 상부층을 지탱하는 벽에 큰 구멍을 뚫을 수 있겠는가?

결국 사람들은 나중에 외부 구조가 아닌 내부 구조를 사용하면 건물을 자유롭게 설계할 수 있다는 것을 깨달았다. 이것은 모든 공식을 뒤집었다. 벽 대신 격자로 세워진 내부 기둥 위에 바닥을 설치함으로써, 내부와 외부 벽을 순수하게 미적인 용도로 사용할 수 있게 되었다. 원하는 경우 외벽을 완전히 유리로 만들 수도 있게 되었다. 이것을 커튼 월curtain wall이라고 부른다. 이제 건물의 벽은 하중을 지탱할 필요가 없게 되었고, 그 결

---

2) 1800년대 후반부터 건축법은 하부층 벽 두께를 규정하고 상부층으로 올라갈수록 그 두께를 점점 얇아지게 했다.

과 그것을 구조적인 목적으로 사용할 수도 있고 그러지 않을 수도 있게 되었다. 내부 구조의 발전은 현대 구조물에 상당한 유연성과 변통성을 가져왔다.[3]

자재

이런 건물을 만들기 위해 어떤 자재들이 사용될까? 구조물의 높이와 스팬span에 따라 주요 구조물은 목재, 콘크리트 또는 강철의 조합으로 만들어질 것이다. 자재는 건물의 디자인, 건설비용 및 내화성에 큰 영향을 미친다. 이번 내용을 마무리하기 전에 그 자재들에 대해 좀 더 자세히 알아보도록 하겠다.

대부분의 낮은 건물을 지을 때 목재는 가장 저렴한 자재이다. 보통 건물 전체를 목재로 지으려고 할 경우 시는 4층 이하의 건물만 허가한다. 건물의 밀도를 높이기 위해 많은 사람들은 콘크리트로 만들어진 포디움 위에 그 4개층 건물을 짓는다. 그렇게 하게 되면, 그것은 5층짜리 건물이 된다. 크로스 라미네이트 팀버cross-laminated timber와 같은 새로운 종류의 목재는 나무이지만 10층 이상의 건물을 지을 수 있다.[4] 이것 또한 골조 구조

---

[3] 하중 지지 구조는 지금도 여전히 사용된다. 목조 건물은 내력벽을 사용하며, 오늘날에도 여전히 전체 구조물 중 큰 비중을 차지하고 있다. 하지만 그것은 오직 작은 건물에만 사용될 수 있다. 사실상 최근 지어진 모든 큰 구조물은 골조 구조를 사용한다.

[4] 크로스 라미네이트 팀버는 일반 목재(예: 2x6 보드)를 하나로 합쳐 크고 두꺼운 보로 만들어진다. 이것은 사실 강철보다 내화성이 강하다. 하지만 어느 순간이 되면 불길은 목재에 사용된 접착제를 분해한다. 이것이 현재까지 대부분의 건축법규에서 통과되고 있지만, 여기에는 몇 가지 우려해야 할 사항이 있다. 바로 접착제가 어느 정도의 불과 온도를 버틸 수 있는가이다. 접착제가 녹을 경우 건물의 붕괴로 이어질 수 있기 때문이다.

의 한 종류이다. 하지만 이 기술은 아직 널리 보급되지 않았다. 그래서 목조건축은 보통 4개층 또는 5개층으로 제한된다.

강철은 횡방향 하중을 매우 잘 버틸 수 있다. 또한 기둥에 영향을 받지 않기 때문에 뻥 뚫린 내부 공간을 만들어낼 수 있다. 그렇다면 건물의 전체에 강철 구조를 사용하는 것은 어떨까? 가끔 그 방법을 사용하기도 하지만, 강철의 두께를 생각한다면 그것이 항상 최선의 해결책은 아니다. 긴 길이의 횡방향 하중을 버티기 위해서는 강철 보의 두께가 2피트 이상이 될 수 있다. 그것은 각 층의 높이를 증가시키고 외부 창문의 간격을 넓힌다. 또한 배관과 배선이 보를 넘어갈 수 없기 때문에 상황이 복잡해질 수 있다.

이것은 우리를 콘크리트로 이끈다. 콘크리트가 쌓였을 때, 그것은 상당한 축방향 하중을 버틸 수 있다. 반면, 횡방향 하중은 잘 버티지 못한다. 이것을 보완하기 위해 콘크리트에는 항상 강철이 추가된다. 콘크리트의 축방향 강도에 강철의 스팬 능력을 더하면, 철근콘크리트라고 불리는 자재가 만들어지는데, 그것은 어느 자재보다 효과적이다. 그 결과 철근콘크리트는 5층 이상의 건물을 짓는 데 가장 인기 있는 방법 중 하나가 되었다. 하지만 이것은 환경에 매우 안 좋은 영향을 미친다.

이제 완벽한 건물을 설계했다고 생각할 것이다. 하지만 아직은 아니다. 주변 이웃들이 반대하면 어떻게 될까? 건물 검사관이 그 건물은 안전

---

5) 여기에는 '닭이 먼저냐? 달걀이 먼저냐?'의 문제가 있다. 해당 지역에 그것을 생산할 수 있는 공장이 있다면 대부분의 사람들은 그 공장을 이용할 것이다. 하지만 공장들은 보통 수요가 없을 경우 생산하지 않는다. 최근 시카고의 한 프로젝트에서 그것을 사용해야 했고, 몬타나에서 트럭으로 운반해 와야 했다.

하지 않다고 하면 어떻게 될까? 아직 모든 과정이 끝나지 않았다. 이제 인허가 과정에 대해 논의할 것이다.

4단계
인허가

문제 해결

지난 10년의 대부분을 독일에서 보냈다. 그 기간 동안 도시에서만 살았지만, 아내와 나는 가끔 차를 타고 시골로 여행을 갔다. 나는 아우토반에서 빠른 속도로 운전하는 것을 좋아했다. 하지만 목적지에 가까워지면 우리는 시골길로 빠져나갔다. 시골에서 운전하는 동안 내가 느낀 것은 도로가 건물에 매우 가까이 있다는 것이었다. 도로와 낡은 헛간까지의 거리는 겨우 약 1미터 정도였다. 나는 그 상황에 대해 곰곰이 생각하면서, 그 헛간이 지금의 도로보다 한 세기 정도 일찍 만들어졌다는 것을 깨달았다. 이제 더 이상 역사적 건물들을 철거하지 않고는 도로를 넓힐 수 없다.

몇몇의 이야기에 따르면, 이것이 건축 한계선이 생겨난 이유라고 한다. 건축 한계선은 도로 가장자리에서 건물을 얼마나 안쪽으로 배치 setback해야 하는지에 대한 규정이다. 그런 의미에서 건축 한계선은 미래의 도로 확장 공간을 미리 확보해 두기 위해 만들어졌다. 그것은 미래에 대한 대비책이다. 나는 건축 한계선이 생겨난 배경에 대한 다른 해석을 들었다.

- 건축 한계선은 디벨로퍼들이 너무 많은 사람들을 밀집시키고, 개발을 너무 타이트하게 하는 것을 막기 위해 만들어졌다.
- 건축 한계선은 모든 사람에게 건물 앞마당이나 뒷마당이나 주차 공간

을 제공하도록 하기 위해 만들어졌다.
- 건축 한계선은 주택 부지를 최대한 크게 만들어 가난한 사람들이 그것을 살 수 없도록 하기 위해 만들어졌다.

건축 한계선이 생겨난 역사적 배경이 무엇이든 간에, 그것의 영향력은 이루 말할 수 없이 크다. 그것은 토지를 미적으로 균형 있게 만들거나, 극단적으로 보면 경제적 수단으로 사용할 수 없게 만들기도 한다. 왜 이것이 우리에게 중요할까? 우리는 도시계획과 인허가 과정에 관하여, 몇 개 절로 나누어 살펴볼 것이다. 신규 개발을 규제하기 위해 발전해 온 건축 한계선과 같은 수단들을 살펴보며 이야기를 시작하고자 한다. 애초에 왜 그것들이 생겨났는지를 이해하는 것은 디벨로퍼와 시의 충돌을 이해하기 위한 전제 조건이다. 가장 광범위한 규제로 시작하여 가장 구체적인 규제까지, 다양한 주제를 다룰 것이다.

정부 계획

새 건물은 정부의 여러 지자체(예: 시, 카운티, 주 state)의 관할권에 속하는 토지에 건설된다. 지자체들은 보통 어떻게 그 지역을 성장시킬지에 대한 구체적 계획을 가지고 있다. 이때 가장 광범위한 계획을 지역 계획이라고 한다. 주 또는 카운티와 같은 기관은 장기간에 걸쳐 그 지역의 목표를 규정하기 위해 문서를 작성한다. 어떤 교통로를 확장할 것인지, 어떤 천연자원을 보존할 것인지 등을 판단한다. 그리고 지역 내 도시들이 상호 유익한 방향으로 성장할 수 있는 방법을 구상한다. 또한 개별 건물보다는,

넓은 토지를 구분하는 토지 구획과 같은 주제를 다룬다.

좀 더 확대해서 보면, 대도시들은 보통 종합 계획을 세운다. 이 계획은 지역 계획과 여러 가지 면에서 동일한 특성을 가지고 있다. 하지만 이 계획은 특정 지자체에 의해 만들어지고 그 지자체의 조례에 의해 시행되기 때문에 종합 계획이 조금 더 정치적 특성을 가지고 있다. 종합 계획이 만들어지기 전, 시는 시민들의 의견을 수렴하기 위해 수십 또는 수백 번의 공개 회의를 진행한다. 또한 광범위한 여론조사와 데이터 분석을 한다. 일단 계획안이 결정되면 그것은 개발 프로젝트에 큰 영향을 미칠 수 있다. 당신은 그 계획의 비전과 상충되는 토지이용계획을 가지고 있을 수도 있다. 이때, 당신의 계획대로 프로젝트를 진행할 수도 있다. 하지만 그로 인해 많은 문제에 직면할 수 있다.

지역 및 종합 계획이 중요하긴 하지만, 나의 경험상, 생활권 계획 neighborhood plan이 더 중요하게 작용한다. 전쟁 후, 몇 년 동안 발생한 인구 증가가 부동산 개발 증가로 이어지자, 많은 미국인들은 지역협회를 조직하여 미래에 그들의 생활권이 어떻게 형성되었으면 하는지를 결정하였다. 그런 다음에, 지역 자치 단체와 협력하여 그들의 의견이 상세히 적힌 문서를 발표했다. 그들은 대부분 미래의 생활권이 과거와 똑같기를 원했다. 그 말은 곧, 새로운 부동산 개발 계획이 제안될 때마다 그 조직에서 반대할 확률이 높다는 것을 의미했다. 이것은 매우 지역적이고, 그 지역의 시민들로 구성되어 있었고, 그중 어떤 이들은 정치적 힘을 발휘하는 방법을 알고 있었다. 이에 대한 이야기는 잠시 후에 다시 하기로 하겠다.

용도지역

특정 토지에 적용되는 하나의 규제인 건축 한계선에 대한 이야기를 앞서 했다. 건축 한계선은 용도지역이라고 불리는 좀 더 광범위한 토지 관련 규정의 일부이다. 건축 한계선은 시에게 도시내 빌딩과 도로 간, 건물과 건물 간 거리를 규정할 수 있는 통제권을 준다. 반면, 용도지역은 시에게 어떤 종류의 건물들을 그룹화할 수 있고 없는지에 대한 권한을 부여한다. 이것은 학교와 공장처럼 양립할 수 없는 시설들을 분리하기 위해 생겨난 것으로 보인다. 여기서 예상치 못한 결과가 발생하는데, 바로 일상생활의 이동 시간이 상당한 늘어났다는 것이다. 그 이유는 용도지역 계획에 의해 모든 것이 서로 떨어졌기 때문이다.

"용도지역"이라는 용어는 단순히 정해진 구획에 어떤 종류의 건물을 지을 수 있는가에서부터 시작되었다. 그러나 점차 시간이 흘러 그 용어는 시가 해당 부지에 있는 건물의 목적과 형태에 관여할 수 있게 거의 대부분의 내용을 포함하도록, 그 의미가 확장되었다. 그것은 도시 설계 지침이라고 불리는 건물의 형태에 관한 규정을 포함한다. 용도지역 법규의 몇 가지 예를 살펴보자.

1900년대 초, 엘리베이터의 등장으로 건물을 훨씬 더 높이 지을 수 있게 되자, 주민들은 400피트의 수직벽이 거슬리기 시작했다. 그래서 시는 건물 높이 제한 외에도, 건물이 위로 갈수록 그 폭이 점점 좁아져야 한다고 규정하기 시작했다. 단형후퇴Stepback라고 불리는 이 기법은 건물의 폭이 점점 가늘어져서 그 건물이 큰 블록처럼 보이지 않게 만든다. 한 가지 예로, 엠파이어 스테이트 빌딩Empire State Building이 있다.

높이 제한과 단형후퇴 외에도, 시는 부지 내의 밀도를 제한하기 위해 수학적 비율을 적용하기도 한다. 가장 일반적으로 사용되는 기준이 바로 건폐율floor area ratio: FAR이다. 이것은 전체 부지 면적 대비 건물의 건축면적이 차지하는 비율이다. 예를 들어 1에이커(43,430피트) 면적의 부지에 각 층별 바닥면적이 10,000제곱피트인 6개층짜리 건물을 지으면 용적률은 60,000 ÷ 43,149 = 1.38이 된다. 당신이 예상하는 것 같이 초고층 빌딩들의 용적률은 매우 높다.

도시계획자들은 건물의 형태 외에도 건물에 사용되는 자재도 관여해 왔다. 유럽에 가 본 적이 있다면 바이에른 계곡Bavarian Valley이나 스위스 마을의 지붕 색이 서로 조화를 이루고 있다는 것을 알아차렸을 것이다. 그 모습은 우연히 만들어진 것이 아니다. 그것은 통일된 모습이 만들어 내는 가치를 고려하여 그 지역 조례가 의무화한 것이다. 미국의 경우 도시계획자들은 특정 사인물을 제한하고, 특정 건축 자재 사용과 조경 설치를 의무화하려고 하고 있다.

프로젝트를 진행할 때 해당 용도지역의 모든 법규를 따라야 하는 것은 아니다. 따라서 다른 용도로 사용하기 위해 토지 사용 신청을 하는 것은 흔한 일이다. 이슈가 무엇인지 찾아서 왜 당신의 사례가 예외적으로 허용되어야 하는지 이유를 설명해야 한다. 시가 당신의 제안을 거절한다면 그 부분을 참고해서 계획해야 한다. 경우에 따라서는 프로젝트가 너무 고유해서 그 프로젝트에 대해서만 별도로 용도지역을 구분하는데, 이것을 계획 개발Planned Development: PD이라고 한다. 이렇게 극단적인 경우 프로젝트에 맞춤화된 용도지역 계획을 만들 수 있지만, 그 계획을 진행하는 과정은 훨씬 더 길고, 이슈가 많을 수 있다.

법규 및 시공

    프로젝트가 종합 계획과 용도지역 규정을 모두 준수했다면 시는 그다음으로 건축가가 설계한 건물의 구조를 확인할 것이다. 지난 2세기 동안 도시에서 발생한 비극적인 대규모 화재로 인해 많은 도시들이 화재 안전에 대해 연구하기 시작했다. 그때 알게 된 내용이 오늘날의 건축법규로 이어졌고, 그중에서도 가장 중요한 것이 국제빌딩코드International Building Code: IBC이다. IBC를 바탕으로 지어진 신축 건물은 이전 건물과 비교하여 몇 가지 차이점이 있다.

- 목재와 같이 불에 잘 타는 자재는 드라이 월drywall과 같은 내화성 있는 자재로 감싸야 한다. 그것은 소방관이 도착해서 불을 끌 때까지 버티게 해 준다
- 건물에 충분한 개수의 출구를 만들어야 하며, 그것을 각 임차인으로부터 일정 거리 내에 배치해야 한다.
- 큰 건물에서 연기가 계단실로 흘러 들어갈 경우 사람들이 질식할 수 있으므로 팬을 설치해 계단실의 연기를 빼낼 수 있어야 한다.
- 건물 한쪽에서 발생한 화재가 일부 샤프트shaft를 통해 건물의 다른 쪽으로 쉽게 확산되지 않도록 건물을 중간에 나누어 놓아야 한다.

    최근 몇 년 사이, 장애인도 건물에서 쉽게 이동할 수 있도록 법규와 시 조례가 확대됐다. 적용 사항은 건물의 종류와 용도별로 다르다. 보통 건축법규의 의도는 건물을 더 안전하고 접근이 쉽게 하는 것인데, 이것은

건설 비용에 큰 영향을 미친다.

도시 소유의 자산

　마지막으로, 건물은 도시 인프라에 영향을 미칠 것이다. 도시의 밀도가 높아질수록 공원과 도서관, 소방서와 경찰서, 그리고 상하수도 시스템과 같은 시설들이 더 많이 사용될 것이다. 일부 지자체는 이에 대해 개발 영향 부담금을 제정했다. 디벨로퍼에게 청구되는 이 선불 수수료는 시의 관련 과에 의해 정해진다. 이것은 상황에 따라, 약간의 성장통일 수도 있고 터무니없는 갈취가 될 수도 있다.
　도시 인프라를 바꾸는 것 외에도, 건물은 도시 소유의 도로와 주변 보도를 일시적 또는 영구적으로 바꿔야 할 수 있다. 이때 시는 당신이 정확히 무엇을 할 것인지에 대해 개발 계약을 체결하도록 요구할 것이다. 그 과정에서 도시 엔지니어는 그 계약서를 검토하고, 나중에 시의 자산을 반환할 때의 상태와 조건에 대해 알려줄 것이다. 또한 개발 계약에 근거하여, 신용장letter of credit이라고 불리는 일종의 보험 증권이 필요하다. 이것은 당신의 과실로 인해 발생하는 모든 비용을 지불하도록 설계되어 있다.

　지자체는 프로젝트를 평가하고 구체화하기 위해 앞서 언급한 것들을 포함하여 여러 가지 방법을 사용한다. 다음에는 프로젝트 인허가를 위해 서류를 제출했을 때 이런 여러 가지 방법들이 어떻게 동시에 검토되고, 그 작업을 수행하는 사람들은 누구인지에 대해 논의할 것이다.

하나의 가족

　내가 당신의 가족을 만난다면 당신이 그들과 얼마나 비슷하다고 말할 수 있을까? 당신은 세상에 대해 그들과 비슷한 견해를 가지고 있고, 삶에 대해 동일한 접근방법을 선택한다고 할 수 있을까? 아니면 당신이 어떻게 그 가족 모임을 참아내는지 궁금해할까? 어떤 것이든, 가족이 유전적으로 연결되어 있다고 해서 답을 정해주지는 않는다. 가족은 다양한 구성원이 모여 완벽한 조화를 이룰 수도 있고, 완전 난장판이 될 수도 있다는 것을 보여주는 좋은 예다.

　시에는 다른 여러 부서가 있고, 이것은 앞서 설명한 가족의 구성원과 비슷하다. 어떤 시는 직원들이 통일된 문화를 서로 공유하며, 개발에 공통된 비전을 가지고 미래를 계획한다. 하지만 어떤 시의 직원들은 공식적으로 정한 부동산 개발 계획에 반하는 비전을 가지고 있다. 그런 경우 그들끼리는 물론이고, 여러분도 그들과 함께 일하기 매우 어려울 것이다. 하지만 여러분이 토지 소유권을 취득하고 설계를 완료하면 시로부터 해당 프로젝트에 대한 인허가를 받아야 한다. 시 공무원들끼리 통일된 비전을 가지고 있거나 그렇지 않더라도 말이다. 인허가를 받지 못한다면 그 어떤 재무 타당성과 디자인의 천재성도 소용 없을 것이다. 일반적인 인허가 프

로세스에 대해 간략하게 설명하도록 하겠다.[1]

1단계: 연구

설계 과정 초기, 부지에 어떤 종류의 건물을 지을 수 있는지 파악하기 위해 지자체 법규를 공부하게 될 것이다. 또한 해당 용도지역의 기준에 따라, 어느 정도 크기의 건물을 지을 수 있는지 알고 싶을 것이다. 임대면적 10,000제곱피트의 건물을 짓든, 100,000제곱피트의 건물을 짓든, 토지 가격은 똑같을 것이다. 따라서 보통 재무적 타당성을 검토할 때 용도지역상의 밀도보다 높은 수치가 요구된다. 동일한 토지 가격에 더 많은 수익 창출 면적을 확보하여, 임대면적 당 토지가를 낮출 수 있다.

부지가 큰 토지의 일부이거나 여러 개의 삭은 필지(어셈블리지 assemblage 라고 함)가 합쳐진 경우 토지 분할을 통해 해당 토지를 취득할 수 있다. 시는 새로 형성된 필지가 제대로 기능을 할 수 없으면 그 필지를 합치거나 분할하는 것을 허용하지 않는다. 따라서 건축 계획의 인허가 외에도 토지 자체에 대한 인허가도 받아야 한다.

2단계: 사전 신청

어느 경우든, 인허가의 첫 번째 단계는 당신이 찾은 결과를 도시계획

---

1) 때때로 권리를 통해 새 건물을 짓는 것은 가능하다. 즉, 시의 여러 부서와 협의하지 않아도 되고, 긴 인허가 과정 없이 건물을 지을 수 있다. 이것은 개발에 대한 여러 과정을 단축시켜 주지만 보통 아주 작은 건물에 한정된다. 일부 진보적인 도시들은 상당히 큰 건물들에 대해서도 그 과정을 간소화해 주기도 한다. 그런 변화는 대부분 폭발적인 성장을 이끌어 왔다.

과에 전달하는 것이다. 대부분의 시들은 약속 없이 방문하더라도 즉석에서 짧은 질문에 답해주는 안내 데스크 담당자가 있다. 물론 사전 미팅을 신청할 수도 있다. 시 담당자는 당신이 개발하려는 지역의 법규와 정치 모두에 전문가일 것이다. 서면으로 어떤 결정도 받을 수 없을지라도 그들은 당신이 법규를 정확하게 이해하도록 알려줄 것이다. 또한 그들은 법규와는 별개로 인허가에 필수적인 사항들도 알려줄 것이다. 그 사항들에 대해 협상 가능성이 있는지 그들에게 미리 물어볼 필요가 있다.

프로젝트를 계속 진행할 경우 신청서를 정식으로 제출하기 전에 지역회의를 개최해야 하는 경우가 많다. 어떤 경우 시 공무원들은 이 과정을 생략할 때도 있다. 담당 직원의 지원 없이 프로젝트 승인을 받을 수 있다고 생각한다면 그 회의를 열지 않아도 된다. (단, 일반적으로 지역회의가 필요하다.) 하지만 그것은 좀 더 어려운 방법이다. 여기서는 좀 더 보편적인 방법을 선택한다고 가정한다.

3단계: 지역협의회

도시계획 안내 데스크 직원은 당신의 부지가 속한 인근 관할 지역의 지역협의회를 알고 있다. 당신은 해당 협의회 리스트를 받고 각 협의회에 연락하여, 다음 회의에 참석할 수 있도록 요청해야 한다. 대부분의 경우 안내 데스크에서는 미팅 내용에 대해 규정하지 않는다. 하지만 당신은 협의회에서 받은 피드백을 요약해서 해당 지자체와 협의해야 한다. 무엇보다도 지역 이웃들이 우려하는 부분에 대한 해결책이 있어야 한다. 협의회 프레젠테이션 중 발생할 수 있는 몇 가지 상황을 상상해 보자.

- 회의에 정기적으로 참석하는 사람들은 그들 주변에서 일어나는 일에 대해 월별 업데이트를 원하는 만큼 이 협의회와 상당히 연관되어 있다.
- 회의에 참석하는 사람들은 충분한 여유 시간이 있다.
- 예외의 경우를 제외하고, 그들은 건축, 부동산 개발 또는 금융에 대한 전문적인 훈련을 받은 적이 없다.
- 그럼에도 불구하고, 그들은 보통 프로젝트 각각의 주제에 대해 자신들의 수준에 맞춰 주길 기대한다.
- 당신은 한 명이고 그들은 스무 명이나 되기 때문에 그 회의는 "우리 대 디벨로퍼"의 분위기가 될 수 있다.
- 마지막으로 가장 중요한 점은, 당신이 얻게 될 수익이 그들에게는 엄청나게 커 보일 것이다. 하지만 당신이 안고 있는 프로젝트 실패의 위험에 대해서는 그들이 알지 못하거나 관심이 없을 것이다.

지역협의회와 무엇을 공유해야 하는가? 상세 도면을 공유하며 얼마나 준비돼 있는지 보여주려고 하다 보면 지역 사람들은 마치 상담을 받는 듯한 느낌을 받을 것이다. 그리고 그들에게 너무 많은 것을 보여주면 설계를 이미 끝낸 건축가들에게 작은 디테일을 그려 달라고 요청하게 될 수 있다. 반면, "우리는 이제 막 시작하려고 한다"라고 말하면 그들은 당신이 너무 서둘러 내용을 공유한다고 생각하여, 작업이 더 진행되면 다시 오라고 말할 것이다.

---

2) 특히, 다음 흥미로운 연구 결과를 참고하길 바란다. Paavo Monkkonen, Michael Manville, "Opposition to Development or Opposition to Developers? Survey Evidence from Los Angeles County," (UCLA, 2018): https://www.anderson.ucla.edu/Documents/areas/ctr/ziman/2018-04WP.pdf.

3) 도시계획과 직원과 지역협의회는 대부분 설계를 변경하여 건물 공사비를 초반보다 비싸게 만든다. 그들은

일부 지자체는 이런 과정을 지역협의회에 전적으로 맡기고, 그들이 만족할 때까지 당신의 신청서 받기를 거부한다. 하지만 대부분의 시는 소속 직원을 해당 지역회의에 참석시킨다. 그 직원은 지역 사람들의 불만 사항이 무엇인지 조사한다. 예를 들어 그 직원은 당신의 프로젝트가 "교통량을 극심하게 증가시킬 것"이라고 하는 지역협의회의 의견을 단순히 사실로 받아들이기 보다는 도시 엔지니어와 함께 그 이슈에 대해 조사한다. 그들은 객관성을 유지하고, 불합리하거나 근거 없는 비판은 받아들이지 않는다.

지역 문제를 해소하기 위해 최선의 노력을 함으로써 시 공무원을 납득시킬 수 있거나, 지역회의를 생략하고 시 공무원의 지원 없이 인허가를 받기로 했다면 이제 시 공무원들과 전반적인 협의를 할 때가 됐다.

4단계: 개발검토위원회

프로젝트에는 도시계획과 및 도시설계과에서부터 소방과와 도시공학과에 이르기까지 여러 부서가 참여할 것이다. 일부 시에서는 각 부서들이 참석한 그룹 미팅을 통해 건의사항과 문제점들을 한꺼번에 공유하도록 한다. 도시에 따라, 그 회의는 매우 건설적일 수도 있고, 매우 적대적일 수도 있다. 어느 경우든, 그 그룹은 당신이 공식적인 자료를 준비할 때 고려해야 할 주요 사항을 알려준다.

거의 대부분 당신이 이전에 그들에게 보여줬던 설계안보다 더 저렴하게 지으려고 할 경우 그것에 반대한다. 그래서 대부분의 디벨로퍼는 가능한 한 개략적인 도면만을 보여준다. 그들은 건물 공사비가 정해지기 전까지 무언가 확정하는 것을 피하고 싶어한다. 일부 디벨로퍼들은 공식 회의에서 제시한 것보다 약간 저렴한 건물을 제안해서 인허가를 받지 못했고, 그 결과 그 사업은 실패했다.

5단계: 공식 토지 사용 신청

공식 지원서와 함께 지역협의회의 검토 결과 및 해당 시 공무원의 의견을 토대로 작성된 결과물을 제출한다. 그럼, 시는 그 지원서에서 도시의 용도지역, 개발 계획 및 법률 사항을 검토한다. 종종 각 부서에서 발행한 고지서, 또는 그 부서에서 당신의 프로젝트 평가를 위해 사용한 컨설팅비에 대한 청구서를 받게 될 것이다. 따라서 프로젝트가 완벽히 준비될 때까지 서류를 시에 제출하지 않는 것이 좋다.

6단계: 담당 직원 의견 반영

각 부서에서 토지 사용 신청서에 대한 초기 검토를 마치면 피드백을 보낸다. 사업성에 영향을 주지 않는 범위 내에서 그들의 의견을 수렴하여 사업 계획을 변경할 수 있다면 그들은 신청서를 도시계획위원회에 전달할 것이다. 그런 다음에 도시계획위원회 전에 공청회에 출석해야 할 시간을 정해 줄 것이다. 그리고 그 프로젝트가 승인되어야 할지 또는 말아야 할지에 대한 주의사항 또는 조건이 담긴 담당 직원의 추천서를 보내줄 것이다.

7단계: 도시계획위원회 회의[4]

도시계획위원회는 지역협의회보다 더 전문화된 상위 버전의 단체이

---

4) 이 단계는 때때로 별도의 미팅으로 진행될 수도 있고, 6단계에 포함될 수도 있다.

다. 그 위원회에 시 공무원이 대표로 참석할 수도 있다. 하지만 일반적으로 이사회의 구성원은 일반 시민들이다. 그들은 보통 법률, 건축 또는 일부 관련 분야에 대한 전문 지식을 가지고 있으며, 정치적 리더들에 의해 임명된다. 하지만 보통 도시계획위원회는 시민들을 대표하여 평범한 사람들로 구성된다. 이런 구조로 인해 도시계획위원회는 해당 사업에 대해 준사법적 검토는 할 수 있지만 최종 결정 권한은 없다.

도시계획위원회 회의가 열리기 전, 해당 개발 지역 주변에 사는 사람들은 공청회 통지를 받는다. 여기에는 지역회의에 정기적으로 참석하지 않는 사람들도 포함된다. 가장 의견을 많이 내는 사람이 회의에 참석할 것이고, 그 사람은 공개 의견 발표 시간에 전체를 대상으로 발언할 수 있는 기회를 갖게 된다. 도시계획위원회로부터 긍정적인 결과를 받는다면 그들은 시의회에 사업추천서를 직접 보내줄 것이다. 여기서 당신의 운명이 결정될 것이다.

8단계: 시의회 회의

지금까지 회의에서 의견이 있는 사람들 또는 그 외 일반 시민들을 상대해 왔다. 최종 인허가 단계에서 시의회와 협의해야 한다. 이것이 마지막 과정이다. 여기서, 도시내 모든 지역을 감독하기 위해 선출된 사람들의 역할이 중요하게 작용한다. 그들은 그들의 선택이 당신의 프로젝트에 긍정적이거나 부정적인 영향을 줄 수 있다는 것을 알고 있다. 그들은 앞서 인허가 과정에서 지적된 내용들을 검토할 것이다. 그런 다음에 시 공무원 의견과 당신의 프레젠테이션 그리고 주민들의 의견을 종합적으로 살펴볼 것이다. 그 다음에 의회는 프로젝트 승인 여부를 투표할 것이다. 프로젝트가 부결되더라도 그동안의 개발 준비 과정의 비용은 여전히 발생한다는 점을 기억해야 한다.

(선택 사항: 항소)

인허가 과정에서 받은 평결을 항소하고자 할 경우 다음 관계자들에게 항소할 수 있다. 예를 들어 이웃들이 완강하게 반대한다면 도시계획자에게 부탁할 수 있다. 하지만 도시계획자가 반대한다면 도시계획위원회에 청원서를 제출할 수 있다. 도시계획위원회가 반대하면 시의회에 요청할 수 있다. 일반적으로 시의회가 최종 권한을 가지고 있지만 그동안 지출한 비용을 고려하여 상급 기관에 호소할 수도 있다. 그중 하나의 방법은 해당 시를 상대로 주 법원에 소송을 제기하는 것이다. 그 도시에서 다른 프로젝트를 진행할 생각이 있다면 그것은 그렇게 쉽게 결정할 수 있는 일이 아니다. 반면, 어떤 지역은 늘 부동산 개발을 반대하기 때문에 그곳에서는 소송이 건물을 지을 수 있는 유일한 방법일 수 있다.

9단계: 건물 인허가

인허가 과정 동안 빌딩의 매스계획과 입면도를 시에 제출하게 된다. 시는 건물의 크기, 부지의 위치, 외관 자재에 대해 알게 될 것이다. 이런 세부 항목의 승인 여부는 주로 도시계획과와 시의회가 결정한다. 모든 것이 준비되면 시의 건축과는 그 계획들을 조사할 것이다. 그들은 건물의 구조적 완전성, 화재 안전성, 배관 및 전기와 같은 유틸리티 계획을 살펴볼 것이다. 계획에 차질이 생기거나 검사관이 바쁜 경우 완전히 승인된 프로젝트라도 이 단계에서 몇 달 동안 시간이 지체될 수도 있다.

결정을 내리는 능력

도시는 부동산 개발 과정에 대해 엄청난 책임을 지고 있다. 여기서 각자의 의견이 다를 수 있는데, 그것은 정확히 그 책임이 무엇인지, 그리고 도시들의 결정이 지역 경제에 어떤 영향을 미치는지에 관한 것이다. 이 논쟁은 디벨로퍼들과 시 공무원들 사이에서 발생하는데, 이번에는 이에 대해 이야기해 보려고 한다. 이 주제를 몇 가지 다른 각도로 살펴볼 것이다. 내가 보기에 이것은 이 책에서 가장 중요한 주제이다. 이 문제에 대해 내 의견에 동의하든 동의하지 않든 본인의 생각을 가지고 있는 것이 중요하다. 먼저, 국가 경제로 이야기를 시작해 보자.

공급

금리는 우리의 일상생활에 상당한 영향을 미친다. 금리가 낮다면 회사들은 더 많은 프로젝트를 실행하고 더 많은 사람들을 고용하기 위해 낮은 이자로 대출을 받는다. 개인들 역시 집과 상품을 사기 위해 낮은 이자로 대출을 받는다. 이 모든 것은 경제를 활발하게 만든다. 하지만 때때로 활발한 경기는 물가를 너무 빨리 높이고, 그 결과 자산은 평가절하된다. 이 경우 정부는 금리를 더 올릴 수 있다. 이는 기업들의 확장 기회를 줄이고, 소비자들이 소비활동을 하기 전에 다시 한번 생각하게 만든다. 이것은 경제성장을 막는다. 금리가 너무 높아져서 경기침체에 빠지면 정부는 기업과 개인의 소비를 촉진하기 위해 금리를 다시 낮춘다.

가장 최근 불경기 동안 전 세계 정부들은 소비 촉진을 위해 추가적인 조치를 취했다. 그들은 시장에 신규 자금을 투입함으로써 금리를 낮추려고 했다. 이것을 양적완화라고 한다. 이는 시장에 더 많은 자금이 들어오면 대출이 더 저렴해질 것이라는 논리에서 창안되었다. 이것은 두가지 효과를 불러왔다. 경제가 회복된 지금, 연방준비제도이사회는 금리를 인상함과 동시에 양적완화를 위해 시장에 투입된 초과 자금을 회수했다.

연방정부가 국가 경제활동에 막대한 영향을 미치듯, 지자체도 지역개발 활동에 상당한 영향을 미친다. 자치단체들이 원하지 않는다면 새로운 부동산 개발 프로젝트 인허가가 나지 않게 할 수 있다. 또 반대로, 프로세스를 간소화하거나, 밀도가 높은 지역에 개발을 허가하여 새로운 공급이 넘쳐나게 할 수 있다. 이것이 디벨로퍼들과 시들 사이에서 무슨 관계가 있을까?

일반적으로 사람들은 건물을 소유하고 있는 디벨로퍼들이 도시의 임대료를 좌지우지한다고 생각한다. 이것이 디벨로퍼가 비난받는 이유 중 하나이다. 하지만 어떤 건물의 임대료가 경쟁 건물의 임대료보다 30% 높다면 그 건물은 결국 아무도 사용하지 않을 것이다. 사실상 디벨로퍼는 그 경쟁을 통제할 수 없다. 디벨로퍼의 경쟁 여부에 영향을 미치는 유일한 존재는 시다. 그러면 시에서 신규 부동산 공급량을 제한하면 어떻게 될까?

---

1) 1980년대에는 프라임 대출 금리(역주. 은행이 사용하는 이율, 일반적으로 은행이 신용도가 좋은 고객에게 대출하는 이율)가 21.5%까지 올랐었다.

인허가 과정을 소수의 디벨로퍼들에게 유리하게 만들고, 새로 만들 수 있는 개발 공급량을 제한했을 경우를 상상해 보자. 그 소수의 사람들만 프로젝트 승인 받는 방법을 알고 있을 것이다. 그 결과, 인허가를 받은 프로젝트의 수는 매우 한정적일 것이다. 매년 수요는 늘지만 공급이 제한되면 투기열풍 현상이 발생할 것이다. 임차인들은 임차공간을 찾기 위해 임대료로 어떤 금액이라도 지불할 것이다. 그리고 도시가 공급을 제한했기 때문에 임대인들은 임차인들이 대안이 없다는 것을 알고 매년 임대료를 크게 올릴 수 있다. 이 경우 도시는 몇몇 디벨로퍼들에게 디벨로퍼들 간 경쟁이 있었다면 얻지 못했을 부를 제공하게 된다.

시의 정책

　　당신이 이 상황에 대해 전혀 동의하지 않는다고 가정해 보자. 당신은 연방준비제도가 금리에 영향을 미친다는 점을 인정할 것이다. 하지만 시는 부동산 시장에 그런 영향을 주려고 하지 않는다. "시는 그 부분에 대해 생각도 하지 않는다. 즉, 시는 디벨로퍼의 최소 수익에 대해 신경쓰지 않는다. 시는 단순히 공공복지에 초점을 맞춘다." 이 견해는 안타깝고 아이러니한 방식으로 상황을 잘못 읽고 있는 것이 된다. 이유를 생각해 보자.

　　도시 규제는 디벨로퍼의 이익을 해치지 않는다. 어떠한 정책으로 인하여 프로젝트가 재무적으로 어려워지면 디벨로퍼는 그 건물을 짓지 않을 것이다. 사실상 대주들과 투자자들이 그것을 허락하지 않을 것이다. 그럼, 디벨로퍼가 프로젝트를 중단하면 어떻게 될까? 시중에 건물이 하나 줄어들며, 임차인들은 선택권이 하나 줄게 된다. 그렇게 되면, 기존 부동산 소유자들의 영향력은 강해지고, 임대료는 오르게 된다. 결국 그 정책으로 인한 피해자는 디벨로퍼가 아닌 일반 시민들이 될 것이다.

이것은 지역 경제에 강력한 낙수효과trickle down를 가져온다. 사무실 공간의 임대료가 높아지면 회사들은 급여를 지급하거나 신규 벤처에 투자할 자금이 줄어든다. 아파트 공간의 임대료가 높아지면 개인들은 저축하거나, 오락에 소비하거나, 지역 예술에 투자할 자금이 줄어든다. 그런 다양한 것들에 쓰일 수 있었던 자금은 치솟는 임대료에 사용된다. 그리고 이렇게 높은 임대료는 시장의 공급부족으로 인해 발생된다.

나는 많은 사람들이 이런 도시 경제 문제가 어떻게 작용할지에 대해 생각해 볼 시간이 없었으리라 생각한다. 하지만 이번 장에서 그 내용에 대해 설명했으므로 "경쟁을 감소시키는 것은 임대료를 기하급수적으로 증가시킨다"라는 논리에 동의하기 바란다. 그리고 디벨로퍼들은 그들의 경쟁을 통제할 수 없기 때문에 임대료의 급진적 증가는 대부분 시에서 의도를 했든 아니든 간에 대부분 시의 결정으로 인해 일어난다.

시의 요청사항

도시의 거대한 내부 구조를 이해하는 것은 어렵고, 내가 말하는 이야기에 의문을 제기할 수도 있다. 그러나 시의 결정이 개발 프로젝트에 미치는 영향은 간단하다. 따라서 그 관점에서 문제를 생각해 보자. 적어도 제2차 세계대전 이후, 시와 지역협의회는 점점 더 많은 디벨로퍼들에게 두 가지를 요청해 왔다.

- 먼저, 당신의 땅에 작은 건물들을 지어라.
- 둘째, 더 좋은 상품을 만들어라.

그들의 의도가 무엇이든 그 요청들은 다음과 같이 해석된다.

- (토지 가격은 동일하지만) 임대료를 적게 받아라.
- 더 많은 공사비를 사용해라.

어떻게 하면 공사에 더 많은 돈을 쓰면서 더 적은 수입을 받는 것이 가능할까? 당신은 이익을 줄일 수 있는가? 어느 한 프로젝트에서는 그럴 수 있지만 디벨로퍼들은 딜이 진행되지 않으면 손해를 입는다. 그렇기 때문에 이윤이 너무 적을 경우 단 하나의 나쁜 프로젝트가 그들을 파산시킬 수 있다. 이것을 잘 알고 있는 대주들과 투자자들은 예산이 너무 타이트한 프로젝트는 거절할 것이다. 이익이 발생하지 않을 경우 다른 사람의 돈을 이용하여 사업을 할 수 없다.

이에 대한 해결책은 매우 간단하다. 임대공간은 줄이고 지출을 늘려야 한다면 고급 상품을 만드는 것이다. 가장 부유한 고객을 상대로 사업을 설계하는 게 유일한 방법이다. 시는 비싼 디자인을 포함하여 밀도가 낮은 상품을 요구한다. 그리고 당신이 그들에게 다른 설계안을 제시한다면 그들은 그것을 거절할 것이다. 당신은 그럼 개발 준비 단계에서 사용한 투자금을 잃게 될 것이다. 그리고 결국, 지역 주변에 지어진 모든 건물들이 부유한 사람들을 위한 것이란 사실을 알게 된 순간, 시억 관리들은 크게 놀라게 될 것이다.

세 가지 옵션

이런 딜레마에 직면한 나는 시에서 취할 수 있는 세 가지 옵션을 생각해 보았다.

- 첫째, 시는 시민들에게 전가되는 높은 임대료와 관계없이, 낮은 밀도와 높은 품질의 건물을 계속 요구할 수 있다. 나는 시가 그런 요구를 하거나, 임대료 인상을 디벨로퍼들의 탓으로 돌리거나, 또는 도시 속 치솟는 생활비에 대해 우려하고 있다고 말하는 것은 불합리하다고 본다.
- 둘째, 도시는 낮은 밀도를 유지하면서, 낮은 공사비로 지어진 건물을 허가할 수 있다. 그것은 시장의 임대료를 낮출 수 있다. 하지만 많은 사람들이 이 "못생긴 건물"을 선호할 것이라고 생각하지 않는다.
- 셋째, 시는 높은 품질의 건물을 고집하면서 밀도 제한을 완화할 수 있다.[2] 이때, 시는 그것을 수행하는 데 필요한 조건들을 허용해 준다. 공급이 시장에 넘쳐나고 사람들이 더 많은 선택권을 갖게 되면 임대료는 안정화될 것이다.

결론

모든 사람은 도시를 경제적이거나 비싸지 않게 만드는 데 각자의 역할을 한다. 디벨로퍼들은 종종 시장의 공급 부족으로부터 이익을 얻기 위

---

2) 이 방법과 관련하여 부록 D를 참조하길 바란다.

해 시장에 참여했고, 단기적으로 초과 이익을 얻었을 수도 있다. 하지만 공급부족 때문에 그들이 얻을 수 있는 모든 장기적 이익은 시의 결정에서 비롯된다. 시는 그 지역의 허용 밀도와 수요에 대응하기 위한 공급량을 결정한다. 수요가 폭발할 때 인위적으로 공급을 제한하면 결국 부유층만 임대료를 낼 수 있게 된다. 이 현상에 대한 내부 관계자의 설명은 부록 A에 첨부한 캘리포니아 도시계획위원회 위원의 공식 사직서를 참조한다.

도시는 종종 도시계획자들의 혁신과 진보적인 사고를 통해 더욱 발전해 왔다. 나는 그 분야의 영웅 몇 명을 만난 이야기로 인허가 부분을 마무리하고자 한다.

혁신 정신

    도시계획 전공을 고민한 적이 있었기 때문에 종종 내 커리어의 다른 길을 상상했다. 나는 이 책을 다양한 분야의 사람들에 대한 존경심을 담아 쓰려고 노력했다. 하지만 도시계획가 관점에서 바라보았을 때 마지막 내용이 인허가 과정에 관련된 모든 사람에게 일종의 경고를 하는 것처럼 느껴졌을 수도 있다. 사실, 그것은 시의 인허가 절차가 어떻게 되어야 하는지에 대한 하나의 견해이다. 나는 내게 영감을 주는 도시계획가들에 대해 간략히 이야기해 보면 좋을 것이라 생각했다. 그들은 여기서 언급한 비전을 실현하는 데 있어 핵심 요소다.

    위대한 도시기획가들에 대해 알게 된 점은 그들 모두가 자신을 변화의 주체로 봤다는 것이다. 그들의 주제인 도시는 항상 변화하고 있었기 때문에 그들은 도시의 정책도 계속해서 변화해야 할 필요성을 느꼈다. 그들은 새로운 문제에 직면했을 때 언제나 새로운 아이디어와 열린 마음을 유지했다. 그리고 그들은 어떤 정책이나 규칙이 더 위대한 목표인 "사람들이 살기 좋은 도시를 개발하는 것"보다 중요해지는 것을 막으려고 했던 것으로 보인다. 그들의 몇 가지 사례를 살펴보자.

도시의 탄생

도시 탄생을 생각할 때 제임스 오글소프James Oglethorpe(1696~1785)를 가장 먼저 떠올린다. 오글소프는 조지아를 노예 없는 식민지로 만든 교도소 개혁가prison reformer이자 사회 운동가였다. 그의 엄청난 사회적 업적 외에도, 그는 천재적인 마스터 플래너였다. 그는 규칙적으로 배치된 공원 주변에 사바나 다운타운을 배치했다. 이것은 도심의 모든 방향에 녹지를 제공하면서 주택을 밀도 있게 배치시켰다. 그의 디자인은 사바나 다운타운을 그 나라에서 가장 훌륭한 공공장소 중 하나로 변화시켰다. 이것은 제임스 오글소프의 열린 사고로 만들어질 수 있었다.

또 다른 예로, 도시계획 사업가였던 에버니저 하워드Ebenezer Howard가 있다. 그는 교통 체증 문제를 해결하기 위해 완전히 새로운 도시를 만들고자 했다. 그는 이것을 위해 자신의 재산까지 투자했다. 그의 "정원 도시"는 모두를 위해 도시 전체를 통합했다. 뉴어바니즘new urbanism의 창시자인 앙드레 듀아니Andres Duany는 그 전통을 이어오고 있다. 그는 도시 모티브가 어떻게 도심에서부터 외곽까지의 새로운 커뮤니티에 영향을 줄 수 있는지를 보여주었다.

다운타운 재설계하기

녹지 마스터 플래닝은 당신의 계획에 적당하지 않을 수 있다. 당신은 원래 부지 상태로 개발하고 싶을 것이다. 이 경우 당신은 유명 도시설계자인 얀 겔Jan Gehl을 좋아하게 할 것이다. 겔은 전 세계 위대한 광장을 연구하는 데 수년을 보냈고, 그 광장들의 매력을 역설계¹ 했다. 그는 「건물들 사이의 삶(Life Between Buildings)」 같은 책을 통해 자신의 통찰력을 전 세계에 알리고 있다. 그와 함께하면 꽉 막힌 교차로나 황폐한 공원을 새롭고 흥미로운 곳으로 변화시킬 수 있다.

나는 최근 라이언 그라블Ryan Gravel을 떠올리게 됐다. 그라블은 대학원에 다니는 동안 애틀랜타 시를 위해 거대한 보행 및 자전거 시스템을 설계했다. 그는 그 지역에서 충분한 지지를 받아 그의 아이디어가 실제로 구현되었다. 그 계획은 지역 주민들에게 큰 즐거움을 주는 것은 물론이고, 수억 달러의 새로운 투자로 이어졌다.

조직 내부

누군가는 앞서 언급한 내용이 개인적인 예시라고 지적할 수 있다. 그들은 시 공무원들과 같이 정치적이거나 관료적 제약에 얽매이지 않는다. 그것은 맞는 말이다. 하지만 도시 전체가 변화의 주체로써 그동안의 한계를 뛰어넘고 있다. 볼더Boulder시는 디벨로퍼, 건축가, 시공사와 매달 정기적으로 미팅을 할 계획이다. 이 미팅은 반복되는 문제에 대하여 상호 합의하에 해결책을 찾기 위해 고안되었다. 각자 서로에게 야기시킬 수 있는 문제들을 고려할 때 다른 도시들이 아직도 이런 미팅을 시도하지 않는다는 점이 놀랍다.

최근 미니애폴리스Minneapolis시는 인종 문제와 주거비 문제를 한번에

---

1) 역주. 역설계란 완성된 제품을 상세하게 분석하여 기본적인 설계 내용을 추적하는 것을 의미한다.

해결하기로 했다. 그들은 단독주택 지역을 없앰으로써 그것을 가능하게 했다. 많은 경우 흑인 가정들이 특정 지역에 살지 못하도록 단독주택 지역이 설정되어 있었다. 그들이 그 지역에 살 수 없었던 이유는, 그들이 그 토지를 매입하기에는 크기가 너무 컸기 때문이다. 이 제한을 없앰으로써 도시 전체 세대 수가 늘어났고, 그에 따라 가격도 내려갔다. 이에 대해서는 부록 D에서 살펴본다.

마지막으로, 최근 내 친구가 이사한 콜롬비아의 메델린$_{Medellin}$시를 예로 들 수 있다. 한때 세계에서 가장 위험한 도시로 여겨졌던 이 도시는 파블로 에스코바르$_{Pablo\ Escobar}$의 카르텔이었다. 많은 사람들이 안전한 곳을 찾아 주변 산으로 도망쳤다. 세월이 흘러 그 지역의 안전성은 향상되었지만 산에 사는 가난한 사람들은 마음대로 이동할 수 없게 되었다. 그래서 그 도시는 중앙 버스전용 차로제 뿐 아니라 케이블카를 포함한 새로운 교통 시스템을 구축하기 시작했다. 이 케이블카들은 산간 지역 주민들을 도시로 빠르게 이동시킨다.

결론

도시 차원에서 개발을 감독하는 일은 박물관에서 화석을 관리하는 것처럼 보존 정신에 따라 이루어질 수 있다. 또는 새로운 흥미로운 프로젝트들이 착륙할 수 있는 활주로를 만드는 것처럼 혁신적인 일일 수도 있다. 개발에 방해가 될 수 있는 정치적 반대와 재정 부족 문제를 간과하고 싶지 않다. 하지만 도시를 변화시킬 수 있는 대부분의 아이디어들은 그 지역에 선례가 없기 때문에 현실화되지 못한다. 과거에 우리가 도시를 그토록

멋지게 만들었던 것처럼, 현재 역시 멋지게 변화시켜 가며 계속해서 혜택을 받을 수 있기를 바란다.

지금까지 재무모델, 토지, 설계, 도시 인허가에 대해 알아보았다. 이제 프로젝트가 구체화되고 비용이 증가하기 시작해서 남은 자금이 모자라게 되어 곤란한 입장에 처하는 상황을 원치 않을 것이다. 이것은 여러분 자신과 사업을 구분해야 한다는 것을 의미한다. 이어서 그 방법에 대해 알아볼 것이다.

5단계
법인 설립

수천 주의 주식

가장 좋아하는 책들 중 대부분은 "대상 역사object history"라는 장르에 속한다. 대상 역사는 정장이나 조리 도구와 같은 사물의 진화 과정을 보여준다. 그 사물은 역사와 삶에 대한 일종의 렌즈 역할을 한다. 초점이 하나의 사물로 좁혀져 있고, 전체 시기의 역사를 다루기보다는 "1800년대"와 같이 특정 시기에 한정되어 있어 접근하기 쉽다. 대상 역사 장르의 좋은 예로 니얼 퍼거슨Neil Ferguson의 「금융의 지배(Ascent of Money)」가 있다. 그것은 금융 시스템이 어떻게 처음 개발되었고, 어떤 식으로 인간의 삶에 영향을 주기 시작했는지 보여준다. 퍼거슨은 실물화폐와 채권시장의 역사를 보여준 뒤, 기업의 역사를 설명한다.

'회사'라는 법인에 대하여 역사가 있는 사물로 생각해 본 적이 없었다. 그러나 퍼거슨은 그것이 얼마나 급진적인 변화를 불러왔는지 보여준다. 현대 기업이 존재하기 전, 왕은 오직 그의 재산을 통해 벤처를 시작할 수 있었다. 또는 소수의 귀족들만이 그와 동업할 수 있었다. 그러나 현대 기업들은 자본을 대가로 수천 명의 사람들에게 지분을 파는 것이 가능해졌다. 그리고 현대 기업들은 지분계약에 중요한 새로운 특징인 "유한책임"을 추가했다. 투자자들이 주식을 매입할 경우 그 회사로부터 무한 이익을 얻을 수 있게 되었다. 하지만 그들은 그들의 투자금에 한하여 책임이 있기 때문에 투자하기가 덜 무서울 것이다.

이것은 모두 역사적 뒤안길처럼 보일지 모른다. 그러나 퍼거슨은 어떻게 최초 현대 기업인 네덜란드 동인도 회사Dutch East India Company가 법적 구조를 이용하여 폭발적으로 발전했는지 보여준다. 하인으로 일했던 사람들을 포함하여 수천 명의 일반 시민들이 주식을 샀다. 그 결과, 그 회사는 경쟁사들보다 훨씬 더 효율적으로 자본을 조달하고 훨씬 더 빠르게 성장할 수 있었다. 이 역사적 뒤안길은 그들의 가장 기본적인 비즈니스 니즈에 대한 해결책이 되었다.[1]

부동산 디벨로퍼들은 네덜란드 동인도 회사와 같은 니즈를 가지고 있다. 그들은 많은 사람들로부터 쉽게 자본을 모집해야 한다. 그리고 프로젝트의 손실과 투자자들의 자금을 구분해 두어야 한다. 그러한 이유로, 부동산 디벨로퍼들은 그들이 개발하는 각 프로젝트에 대해 새로운 법적 기구(예: 회사)를 만든다. 미국 디벨로퍼들은 새로운 프로젝트의 법적 형태로 유한책임회사를 자주 사용한다.

처음에는 개발 과정에서 회사라는 형식이 사용된다는 점이 나를 혼란스럽게 했다. 하지만 오래되지 않아, 그 과정의 논리가 무엇인지 알아보기 시작했다. 다음은 당신이 개발 회사를 설립하고 첫 번째 프로젝트를 진행할 때 어떤 일이 발생할지 간략하게 요약한 것이다.

- 먼저, 개발 회사 자체를 위한 회사를 만든다. 이걸 "개발 유한책임회사"라고 부른다. 당신과 모든 비즈니스 파트너가 이 회사의 유일한 주주이

---

1) 네덜란드 동인도 회사는 매우 광범위하게 주식을 발행했기 때문에 그 주식을 거래하기 위해 세계 최초 주식 시장도 만들어졌다.

다.
- 그런 다음, 특정 건물 프로젝트를 위한 회사를 만든다. 우리는 그것을 "프로젝트 1 유한책임회사"라고 부를 것이다. 우리는 개별 프로젝트에 대한 책임을 제한하려고 한다는 것을 기억해야 한다. 이 건물과 관련된 재무적 문제가 다른 프로젝트나 개발 유한책임회사에 영향을 주게 해서는 안 된다.
- 그런 다음, 운영 약정서라고 불리는 프로젝트 1의 규정을 작성한다. 그것은 프로젝트 1 유한책임회사가 어떻게 관리될 것인지, 그리고 당신과 투자자들 사이에 이익과 손실이 어떻게 배분될 것인지를 보여준다.
- 그런 다음, 프로젝트 1 유한책임회사는 개발 유한책임회사를 컨설턴트로 고용한다. (여기가 헷갈리는 부분이다.)
- 프로젝트의 초기 단계에서는 개발 유한책임회사가 개발 준비 과정 비용을 부담한다.
- 프로젝트의 재무적 타당성이 확인되어 진행하기로 결정하면 개발 자금에 필요한 자본금을 조달하기 위해 프로젝트 1 유한책임회사의 주식을 매각한다.
- 자본금이 조달되면 개발 유한책임회사는 그동안 그들이 사용한 비용을 프로젝트 1 유한책임회사에 청구한다. 프로젝트 1 유한책임회사는 새로 조달한 자본금에서 개발 책임유한회사가 청구한 금액을 지급한다. 그 후 프로젝트 1 유한책임회사는 재무적으로 독립하게 된다.

---

2) 유한책임회사는 보통 200달러 미만이며, 온라인으로 등록하는 데 10분도 안 걸린다. 포털에서 주 금융 기관State's Department of Financial Institutions을 검색하면 된다. 등록비와 함께 매년 갱신해야 한다.

3) 자본의 일부로서 개발 준비 과정에 사용한 비용을 남겨 놓을 수도 있다. 그런 경우 나중에 배당을 받을 때 그 돈을 함께 돌려받게 될 것이다.

이 엄격한 자금 분리와 회사들 간의 독립적 관계는 프로젝트 회사에 대한 책임을 제한하기 위한 법적 근거이다. 그것은 법률 효력을 위해 "뚫을 수 없는 베일veil"을 형성한다.

새로운 회사를 등록하는 것은 보통 몇 분 안에 끝낼 수 있지만, 회사의 운영 약정서를 만드는 데에는 훨씬 많은 시간이 소요된다. 이것은 현재 진행하고 있는 프로젝트를 좌지우지하기 때문에 여기에 무엇을 포함시켜야 하는지 고려해 볼 필요가 있다. 이를 뒤에서 논의한다.

리허설

　네 살인 아들은 벌써 딜메이커deal maker이다. 이 말을 하는 이유는 아들이 일상적으로 "좋아, 아빠 이렇게 하자here's the deal"라고 말하면서 대화를 시작하기 때문이다. 이러한 딜메이커적인 성향은 보통 상점에 들어가기 전에 미리 드러난다. 사전에 상세히 논의하지 않았을 때 생길 수 있는 분쟁을 고려하여, 아내와 나는 하나의 루틴을 만들었다. 우리는 아들의 입장에서 상점에 방문했을 때 일어날 일과 일어나지 않을 모든 일을 미리 연습했다. 그 계획을 몇 번 반복하고 그가 이해했는지 물었다. 이것이 항상 모든 화를 예방하는 것은 아니다. 그러나 그 계획을 사전에 고심해서 논의하는 것은 보통 극단적인 상황을 줄이는 데 도움이 된다.

　미래에 발생할 수 있는 상황들을 미리 연습해 두면 동일한 사건이 발생했을 때 명확하게 처리할 수 있다. 이것이 부동산 디벨로퍼들이 새로운 사업을 위해 법인을 세우고, 운영 약정서를 작성하는 이유다. 회사 구조처럼 운영 약정서는 회사가 어떻게 운영될지 미리 보여준다. 또한 이익이 어떻게 배분되고, 누가 손실을 책임져야 하는지 설명해 준다. 당신이 파트너와 법정에 서게 될 경우 판사는 항상 구비되어 있지만 거의 읽지 않는 그 약정서를 보고자 할 것이다.

　나는 전문가가 아니기 때문에 여러분을 운영 약정서 전문가로 만들어

줄 수 없다. 하지만 모든 법적 문서와 마찬가지로, 약정서에 대한 두려움은 여러분에게 도움이 되지 않는다고 믿는다. 미래의 여러분 회사에 무슨 일이 일어날지 개략적으로 알고 있다. 명확한 지시 없이 그 일을 변호사에게 맡긴다면 그것과 관련해서 아무것도 모르는 사람에게 일을 맡기는 것과 같다. 그들은 그 제안을 좋아하지 않을 것이고, 여러분 역시 마찬가지일 것이다. 약정서에 어떤 내용을 포함시킬지 생각해 보자.

가장 먼저 살펴볼 것

먼저, 몇 가지 핵심 내용을 넣어둘 것이다.

- 회사의 법적 이름 및 주소
- 담당자의 이름 및 주소
- 회사를 대표하여 계약을 체결할 권한을 가진 사람의 이름 및 주소
- 개발 중인 프로젝트의 이름
- 프로젝트에 대한 설명: 회사는 어떤 비즈니스를 위해 설립되었으며, 이것은 어떤 자금으로, 무엇을 위해 사용되는지에 대해 한정한다.

그런 다음, 표를 사용하여 딜에서 가장 중요한 조건들을 표시해 둘 수 있다. 각 당사자들이 투자한 금액은 얼마인가? 그들이 매입할 수 있는 주식 수는 몇 주인가? 그 대가로 각각 몇 퍼센트의 소유권이 주어지는가?

작은 딜의 참여자는 소수일 것이다. 보통, 부동산 개발 회사의 책임자들로 구성된 클래스 A 그룹이 있다. 그리고 수십 또는 수백 명의 투자자로

구성된 클래스 B 그룹이 있다. 뒤에서 외부 투자자에 대해서도 논의할 것이다. 아래 표를 보면, 각 항목 사이에 유연성이 있음을 알 수 있다. 그것들은 명확하게 명시되어야 하고, 모두에게 동의를 받아야 한다.

프로젝트 1 유한책임회사의 소유권			
이름	투자금액	주식 수	소유권(%)
벤	$5,000	450	45%
레베카	$5,000	450	45%
엘리자	$0	100	10%

어떤 의미에서, 다른 모든 규칙들은 이 표에 내재되어 있다. 나머지 약정 내용에 대해서도 간략히 알아보자.

구체화하기

친구들과 특정 건물을 개발하고 있다고 상상해 보자. 어떤 의견 차이가 발생할 수 있을까? 무엇이 갈등을 불러일으킬 수 있을까? 모두 동의하지만, 실제로 해결하지 못한 것이 무엇이라고 생각하는가? 이러한 내용은 운영 약정서 뒷부분에 간략히 설명한다. 여기에는 다음과 같은 질문이 포함된다.

- 이 사업은 얼마나 오래 지속될 예정인가?

---

1) 누군가 투자금 없이 이익을 가져간다면 그(녀)는 수익의 이자를 받는 것이다. 그것은 여러 가지 방법으로 구조화될 수 있다. 내가 이 이야기를 하는 이유는, 그런 방법도 있다는 것을 알려주기 위해서이다.

- 어느 단계에서 자본을 투입할 것인가?
- 주주들은 얼마나 자주 만나서 결정을 내릴 것인가?
- 이익 또는 손실은 어떻게 분배될 것인가?
- 그들의 주식을 가족 구성원에게 양도할 수 있는가?
- 어떤 주주가 예정보다 일찍 사업에서 나가고 싶으면 그의 주식을 다른 사람에게 매도할 수 있는가? 만약 그렇다면, 그는 어떤 과정을 거쳐야 하는가? 그때 그들의 주식은 어떻게 평가될 것인가?
- 회사가 파산하면 어떻게 되는가?
- 회사와 주주 사이에 이해 상충이 발생하면 어떻게 되는가?

여러분과 프로젝트를 구분하는 벽을 설치했을 때 그 벽을 허물고 싶어하는 존재가 있다는 사실을 알게 되면 당신은 놀랄 수도 있다. 그들은 누구일까? 바로 당신의 대주이다. 이어서 금융가들의 역할에 대해 배워볼 것이다.

6단계
자금조달

확신

1988년 여름 어느 날, 어머니는 우리 가족이 살 새 집을 짓기로 했다. 그녀는 나와 내 여동생을 키우는 동안 지역 주택 건설사에서 프로젝트 매니저로 일해 왔다. 그녀는 공식적인 건설 교육을 받지 않았음에도 불구하고, 프로젝트를 관리하는 노하우를 스스로 습득했다. 그리고 여섯 채의 주택 프로젝트 매니저 경험을 통해 어머니는 자신의 집을 관리감독하고 싶어했다.

수년에 걸쳐, 하이브리드 평면도를 그렸고, 그 평면도는 어머니가 다른 곳에서 보았던 것 중 가장 좋은 것들을 모아 놓았다. 어머니는 그 도면을 마무리하기 위해 건축가를 고용했고, 건물을 지을 부지도 확보했다. 모든 것이 준비되었다. 그러나 그때 프로젝트를 중단시키는 문제가 발생했다. 공사비 대출에 필요한 개인 보증을 확보할 수 없었던 것이다. 개발 준비 과정처럼, 개인 보증은 대부분의 사람들이 알고 있는 것이 아니다. 그러나 그것은 대주가 그 프로젝트에 대출을 승인할지 여부를 좌우한다. 이번에는 그것들이 왜 존재하는지, 어떻게 작용하는지, 그리고 부동산 개발 산업 문화를 어떻게 형성하는지 알아볼 것이다.

보증

새 집을 짓는 것보다, 대부분의 사람들에게 더 친숙한 비유로 이야기를 시작해 보자. 주택을 매입할 경우 대주의 대출약정서에는 대금을 지불하지 않을 경우 대주가 집을 압류할 수 있다고 명시되어 있다. 이것은 무서운 생각일 수도 있지만, 그래야 은행에서는 안전하게 대출을 해줄 수 있다. 은행은 언제든 대출해 준 돈을 되찾기 위해 그것을 팔 수 있고, 이를 통해 잠재적인 리스크를 제한할 수 있다.

이제 은행이 부모님과 겪게 될 상황을 상상해 보자. 그 집의 공사가 중간에 중단되면 어떻게 될까? 공사 지연으로 인해 집을 준공하는 데 필요한 자금을 다 소진해 버리면 어떻게 될까? 부모님은 준공에 필요한 다른 자금이 없을 것이다. 그리고 은행은 대출금을 돌려받기 위해 반쯤 완성된 건물을 팔려고 할 것이다. 이런 상황을 피하기 위해, 은행들은 누군가에게 개인 보증서에 서명할 것을 요구한다. 서명인(보증인이라고 한다)은 건물을 짓는 데 대출금이 충분하지 않으면 건물 준공에 필요한 자금을 제공할 것을 "보증"한다. 주택을 짓든, 고층 빌딩을 짓든, 그런 보증이 필요하다.

보증인이 실제로 약속을 이행할 수 있는지 여부를 결정하기 위해, 대주는 보증인의 총 순자산과 현금흐름을 모두 살펴본다. 은행은 보증인이 유동자산으로 대출 금액의 약 15~20%를 보유하도록 요구할 것이다. 유동자산은 채무를 갚기 위해 빠르게 현금화할 수 있는 현금, 주식 또는 채권과 같은 것이다. 그 정도의 유동성이면 디폴트(채무불이행) 확률이 낮아진다. 이 모든 어려운 조건에도 불구하고, 인색한 농부였던 할아버지는 우리 집 보증서에 서명해 주셨다.

보증은 신규 개발 회사들에게 주요 장벽이다. 처음 사업을 시작하는 사람들 중 보증을 설 수 있는 사람은 거의 없다. 기업과 프로젝트 규모가 커짐에 따라, 결국 개인 보증에서 기업 보증으로 전환될 수 있다. 이런 경우 프로젝트는 회사의 자산이지 계약자의 개인 자산이 아니다. 그것이 더 좋은 방법일 것이다. 하지만 여기도 높은 기준이 있다. 맨해튼에서 5억 달러의 대출을 받아 약 10억 달러 규모의 프로젝트를 수행하기 위해서는 그 금액의 15% 즉, 7,500만 달러의 유동 자산이 필요할 수 있다. 이 금액은 여러 프로젝트를 보증하는 데 사용될 수 있지만, 어느 쪽이든 당신의 수중에 있어야 한다.

때때로 부동산 디벨로퍼는 보증할 수 있는 것보다 더 큰 비용이 드는 프로젝트를 수행하기를 원한다. 이러한 경우 다른 건물을 상호 담보cross-collateralize할 수 있다. 여기서 각 프로젝트는 개별 법인을 사용하여 보호된다는 점을 기억해야 한다. 하지만 그들은 그들이 추진하는 프로젝트를 위해, 이 보호를 포기하고, 심지어 추가 담보로 자신의 모든 재산을 테이블 위에 올릴 수 있다. 상황이 악화되면 은행은 디벨로퍼가 약속한 모든 건물 뿐 아니라, 개인 자산도 가져갈 수 있다. 그 전략은 더 큰 프로젝트를 실행 가능하게 할 수도 있다. 그러나 "모든 것을 잃은" 디벨로퍼들을 보면, 그들은 보통 프로젝트를 상호 담보로 했기 때문이다. 한 번의 나쁜 딜로 포트폴리오 전체가 무너질 수 있다.

---

1) 이것이 위험에 빠뜨리는 대상은 디벨로퍼 뿐이 아니다. 투자자들 역시 디벨로퍼가 실패한 다른 프로젝트에 그들이 투자한 건물을 상호 담보로 할 경우 그들 역시 투자금을 잃을 수 있다. 투자자인 경우 자신이 투자한 건물이 디벨로퍼의 다른 프로젝트와 상호 담보되지 않도록 주의해야 할 것이다.

사업성 검토

지금까지 논의했듯, 대주는 수백만 달러를 가지고 있다는 보증인의 말을 순순히 받아들이지 않을 것이다. 보증인은 자신들의 재무 상태를 보여주는 서류를 대주에게 제출해야 한다. 제출서류에는 다음 내용들이 포함된다.

- 모든 종류의 수익을 하나로 정리하여 전반적인 현금흐름으로 작성할 경우 은행은 그것을 더 쉽게 평가할 수 있다.
- 보증인이 보유한 모든 자산의 대차대조표와 부채를 포함하는 재무제표를 포함한다. 여기서 중요한 것은, 대차대조표에는 우발채무도 나열되어 있다는 것이다. 우발채무는 대출 보증과 같이, 언젠가 발생할 수 있는 채무이다. 만약 누군가가 현재 10개의 프로젝트를 보증하고 있다면, 대주는 위기 상황이 발생했을 때 실제로 모든 프로젝트를 보호할 수 없다는 것을 알고 있다. 이것은 그들의 보증을 "희석dilute"시킨다.
- 마지막으로, 보증인의 패킷에는 3년간의 소득신고서가 포함된다. 이것은 보증인이 탈세를 저지르지 않는 한, 소득신고서를 통해 입증되기 때문에 중요하다. 이런 수익에는 요약 페이지 뿐만 아니라 Schedule E와 같은 양식도 포함된다. 이것은 누군가 소유하는 자산과 사업을 더 자세히 연구하기 위해 미국 국세청Internal Revenue Service: IRS이 사용하는 문서이다.

그럼, 대출을 받았는데 프로젝트에 문제가 생기면 어떻게 될까? 그런 시나리오를 생각하다 보면 배울 수 있는 부분이 많고, 어려움이 닥쳤을 때 비공개로 일어나는 일들에 대해서도 상당 부분 미리 알 수 있다. 어떤 이유로 인해 프로젝트가 중단되고, 대주는 당신에게 이미 대출금 전액을 지급했다고 가정해 보자. 이제 그들은 당신에게 건물을 완공하도록 강요할 것이다. 그 건물을 팔아야 그들이 빌려준 대출금을 돌려받을 수 있다. 이때 무슨 일이 일어날까?

- 원리금을 지급을 받지 못했거나, 당신의 상황이 대출 약정 조건을 충족하지 못하면, 대주는 대출금에 대하여 채무 불이행을 했다는 내용의 공문서를 보낸다. 아마도 디폴트(채무 불이행)를 벗어나기 위한 조건을 명시할 것이다. 당신의 계좌를 해지할 수도 있고, 그들의 은행에 당신이 가지고 있는 모든 자산을 동결시켜서 당신의 자산을 다른 곳으로 옮길 수 없게 만들 수 있다.
- 이 시점에서, 당신은 그들과 만나 합의서를 작성하려고 할 것이다. 문제가 발생한 이유가 타당하고 더 많은 담보금을 낼 수 있다면 대출을 연장시켜 주고 대출의 채무 불이행 상태도 면제해 줄 것이다.
- 하지만 그들은 당신의 금리를 올릴 수 있다. 그리고 더 중요한 것은 '지불유예각서'에 서명하도록 요구할 수도 있다. 이것은 다시 채무 불이행을 할 경우 어떠한 법적 저항 없이 은행이 즉시 부동산에 대한 압류를 할 수 있다는 데 동의한다는 문서이다.

은행은 몇 가지 이유로 재산을 환수하는 공식적인 방법인 압류를 피하고 싶어한다. 첫째, 압류는 원래 합의했던 것을 포기하는 것을 의미한다. 이것은 아마도 그들에게 많은 비용을 발생시킬 것이다. 둘째, 압류를 하면, 당신의 다른 대주들에게 통보될 것이고 그들도 당신의 다른 부동산을 압류할지 모른다. 그건 마치 "은행이 연속되는 것"과 같은데, 이는 결국 당신 자산에 연속적으로 압류가 가해진다는 의미이다. 모든 채권자들은 당신의 재산이 모두 사라지기 전에 무언가를 얻고자 원한다. 하지만 상황이 나빠지면 그들은 결국 위에 설명한 조치를 취할 것이다.

프로세스가 끝나기 전에 보증인이 파산할 수 있기 때문에, 대주들은 보통 "최대한 여러 명의 보증인"이 그 대출에 서명하기를 원한다. 여러 명이 함께 서명하면, 한 명 이상이 파산하더라도 다른 선택권이 있기 때문이다.[2] 그리고 최대한 여러 명의 보증을 요청하는 이유는, 당신을 고소하는 법적 비용과 같이 예상치 못한 모든 비용도 회수할 수 있기 때문이다. 압류 절차가 시작되면, 당신과 다른 보증인들이 어떤 자산을 가지고 있고, 어디에 있는지에 대해 그들이 가지고 있는 노트notes를 연구하기 시작할 것이다. 그리고 당신에게 청구할 비용에 대해 금전적 가치를 알아보고, 자산을 매입(대개 총 투자비의 일부에 해당하는 금액으로)할 대상을 찾을 것이다. 이것은 "그들의 장부에서 해당 대출금을 없애도록" 도와줄 것이다.[3]

---

2) 십여 명 이상의 자산을 합친 것이 소수의 매우 부유한 사람들만큼 유효한 보증이라고 생각할지도 모른다. 하지만 은행들은 일이 잘못되면 그 많은 사람들을 고소할 시간이 없다. 그렇기 때문에 그들은 몇 명의 매우 부유한 보증인을 선호한다.
3) 은행들은 회계 감사자들에게 장부상의 부실 대출에 대한 분기별 보고서를 제출해야 한다. 그것은 대출을 해 준 사람에게 즐겁지 않은 일이다. 그러다 보니 세 달에 한 번씩 다시 설명해야 할 의무에서 벗어나기 위해, 누군가에게 높은 할인율로 팔거나, 무언가를 얻어내고자 한다. 그리고 은행은 대부분 장부상에 문제가 있는 대출을 가지고 있기 때문에, 감독 당국은 그들에게 더 많은 자본 준비금을 보유하도록 요구한다. 이것은 그들이 빌려줄 수 있는 자금의 양을 줄이고, 이자와 수수료로 벌어들일 수 있는 이익을 상쇄시킨다.

보증 철회

이것은 극단적인 시나리오이다. 은행의 승인을 받은 프로젝트는 보통 그 결과를 맞이하지 않을 것이다. 그리고 여기서 좋은 소식은, 건물을 준공하고 임대할 수 있다면 대주와 보증을 철회하는 협상을 할 수도 있다. 건물이 자체적으로 수입을 창출하기 시작하면 대주들은 당신의 문제해결 능력에 대해 걱정을 덜게 된다. 이것은 보증 의무의 일부 또는 전부를 벗어날 수 있게 하기 때문에 다른 대출에 대한 보증이 쉬워진다.

마지막으로, 전 세계에는 비소구 건설 대출(즉, 개인 보증을 필요로 하지 않는 건설 대출)을 제공하는 A급 회사들이 있다. 프로젝트를 평가할 때 그들은 보증인의 자급력보다 프로젝트의 실행 가능성을 더 중요하게 본다. 안타깝게도, 이러한 대출은 보통 매우 높은 금리로 제공되는데, 이것이 프로젝트 성과를 망칠 수 있다.

개인 보증은 대출 금융의 핵심 부분이지만, 그것은 시작에 불과하다. 딜을 협상할 때 필요한 핵심 개념 중 몇 가지를 더 알아보자.

---

4) Hud 221(d)(4) 대출과 USDA 섹션 538 대출 보증 프로그램은 이 규칙에서 예외이다. 하지만 그것들은 정부 프로그램으로서, 다른 조건들이 붙어 있다.

전문용어

아버지는 대학원 시절 조종사 자격증 취득을 진지하게 고민하셨다. 그 당시에는 여행이 그렇게 흔하지 않았음에도 불구하고 왜 그런 생각을 하셨는지 모르겠다. 그러나 그는 두 가지 이유로 인해 그 계획을 단념해야 했다. 첫째, 아버지는 한 기업가의 회사에 취직했는데, 그 기업가는 출장을 갈 때 자신의 전용 비행기를 이용하길 원했다. 그는 뇌우 속을 날아다니며 죽음을 무릅쓰고 착륙하는 버릇이 있었다. 둘째, 아버지는 비행 중 항공 교통 관제 안내를 듣기 위해 부조종사의 헤드폰을 자주 착용했다. 그는 몇 년 동안 비행 용어들을 들었지만 그 전문용어들을 모두 이해하지 못한다고 했다.

벡터를 통해 포틀랜드에서 스캑스Scaggs로 이동한 후, 6천 피트까지 활주로로 비행, 출발 120.9, 스쿼크squawk 0351, 세스나Cessna 139.

난기류에 휘말려 안전한 곳을 찾아가야 하는 상황에서 불확실한 메시지에 의존해야 한다는 생각은 그의 열정을 사그라트렸다.

죽음을 무릅쓰고 착륙하는 것은 아니지만 프로젝트 대출을 받기 위해 은행원들과 소통해야 한다. 대출 업계에도 놀랄 만큼 다양한 전문용어가 존재한다. 나는 사람들이 대출 관련 전문용어를 사용하는 것을 듣고 매우 당황했던 순간을 기억한다.

> I/O[1], LTC$_{Loan\ to\ Cost}$ 70%, LIBOR 기준 275bp 이상을 실행한 다음, 24개월 동안 mini-perm[2] 을 했으면 합니다.

이번에는 우리에게 생소한 표현들에 대해 알아볼 것이다. 여러분은 아마도 주택이나 자동차 대출을 받을 때 기본적인 것들을 접해 보았을 것이다. 그러나 부동산 개발의 규모를 고려해서 용어의 의미와 그 이유를 모두 이해하는 것이 좋다.

LTV

대출 투자자들은 프로젝트에 필요한 대부분의 자금을 제공하지만 상대적으로 낮은 수익을 가져간다. 결과적으로, 그들은 적은 리스크를 원한다. 그들은 자본금, 즉 선불금(이 표현을 상업 거래에서는 거의 사용하지 않음)을 요구함으로써 이를 충족시킨다. 어떻게 그것이 위험으로부터 그들을 보호할까? 은행이 당신에게 기존 건물 매입가격의 70%를 빌려주고, 당신이 나머지 30%를 투자하는 상황이라고 상상해 보자. 이때 건물의 가

---

1) Interest-Only loan. 이자 전용 대출은 채무자가 이자 전용 기간 동안 기본 잔액을 변경하지 않은 채, 일부 또는 모든 기간에 대한 이자만 지불하는 대출이다.

2) mini-permanent. 장기로 자금을 조달하기 어려운 상황에서 일단 중기로 조달하고, 첫 번째 중기 조달 자금의 만기 시점에 리파이낸싱을 받아 장기 금융의 효과를 내는 자금조달 방식이다.

치가 30% 떨어졌다. 이 경우 당신은 당신의 투자금 100%를 잃지만 은행은 전혀 잃지 않는다. 그들은 당신에게 자기자본을 투입하게 함으로써 그 돈이 그들의 리스크 헤지 역할을 하게 해서 투자금을 보호할 수 있다.

은행은 그들이 대출해 주는 프로젝트의 가치를 기준으로 리스크를 계산한다. 이것을 LTV(Loan to Value)라고 한다. 건설업에서는 이것을 LTC라고 한다. 어떤 경우든, 이 숫자는 현금과 반대다. 현금이 30%라면 LTC는 70%이다.

은행이 높은 LTV를 제공한다는 것은 그들이 딜에 더 많은 자금을 투자한다는 것이고, 그들은 결국 더 높은 리스크를 안게 된다. 그런 이유로 인해 보통 대출 LTV가 높을 경우 대출 금리 역시 더 높다. 대출 LTV가 낮다면 은행보다 손실을 입을 확률이 더 높아지므로 낮은 대출 금리를 받을 수 있다. 금리가 낮으면 LTV 역시 낮다고 예상할 수 있다. 은행으로부터 자금을 빌리지 못하면 투자자들로부터 자금을 모집해야 한다. 나중에 논의하겠지만 투자자 자금은 훨씬 더 비싸다. 일반적으로 디벨로퍼는 가능한 한 높은 LTV의 대출을 받으려고 한다.

상각

천만 달러짜리 프로젝트가 있고, 대주는 당신에게 LTC 75%를 제공

---

3) 대주는 당신의 건물이 감당할 수 있는 것보다 더 많은 대출을 해 주지 않았는지 확인하기 위해 부채상환계수DSCR라고 하는 측정 기준을 사용할 것이다. 이 비율은 NOI(순영업이익)를 담보대출 지급액으로 나누어 계산한다. 그 이유는, 그들은 당신이 당신의 담보 대출금보다 더 높은 NOI를 확보하기를 원하며, 그래서 그들은 당신의 DSCR이 1.20 이하로 내려가지 않도록 요구할 것이다. 따라서 75% LTV가 대출약정 기준이라고 하더라도 프로젝트의 DSCR이 너무 낮을 경우 그들은 대출을 거부할 수 있다.

한다고 가정해 보자. 다음 질문은 각 기간마다 얼마큼의 대출을 상환해야 하는가이다. 대출 원금을 상환하는 과정을 상각amortization이라고 한다. 이것은 살인을 의미하는 라틴어 "amortire"에서 유래했다. 장례식장 mortuary을 떠올리면 된다. 당신은 매 기간마다 얼마나 "없애고" 있는가?

은행은 프로젝트의 공사기간 동안 수익이 창출되지 않는다는 점을 알고 있다. 그렇기 때문에 그 기간 동안 대출금은 상각되지 않는다. 이것을 I/O라고 한다. 사실, 공사기간 동안 발생하는 이자를 지불하기 위해 더 많은 돈을 빌린다. 이렇게 하면 한 가지 문제는 해결되지만, 이 기간 동안 원금은 전혀 줄어들지 않는다. 당신은 결국 어느 시점부터 대출 원금을 상환하기 시작해야 한다. 그래서 대주는 25년 또는 30년 정도의 상각 기간을 부여할 것이다. 그리고 해당 기간 내에 대출금을 모두 상환할 것으로 가정하여, 각 기간별 지급액을 계산한다. 하지만 실제로 상환기간이 그렇게 길 수는 없을 것이다. 그 이유에 대해 생각해 보자.

용어

아무리 침착한 은행가들이라도 그들을 불안하게 만드는 상황이 있다. 최저 금리로 장기대출을 해줬는데, 그 후 얼마 지나지 않아 시장 금리가 오른다면 어떻게 될까? 해당 기간 동안 금리를 조정했다면 벌어들였을 수익보다 적은 수익을 얻게 될 것이다. 변동금리형 담보대출과 별개로, 이런 상황을 피할 수 있는 한 가지 방법은 상환기간보다 훨씬 짧은 대출기간을 두는 것이다. 대출 원금은 25년에 걸쳐 상각되는 방식으로 계산된다. 하지만 은행으로부터 제공받은 대출기간은 7년이다. 7년이 되는 해에 대출금을 상환하거나 최신 금리가 적용된 다른 대출로 리파이낸스해야 한다.

이것은 부동산 개발을 할 때 여러 개의 대출이 있어야 함을 의미한다. 다음은 예상 가능한 상황을 정리한 것이다.

- I/O 건설 대출로 개발 프로젝트를 시작한다. 이의 기간은 보통 공사기간에 6~12개월을 더한 기간이다. 이렇게 하면 큰 비용을 지급하기 전에, 건물 임대를 채울 수 있는 시간을 확보할 수 있다.
- 건물이 준공된 지 6~12개월 정도가 되면, mini-perm 또는 브리지 론 bridge loan이라는 대출을 받을 수 있다. 아마도 대출 잔액은 같지만, 그때부터 대출금이 상각되기 시작한다. 즉, 원금$_{principal(P)}$과 이자$_{interest(I)}$를 모두 납부하기 시작한다. 이 대출은 건설업자나 다른 은행에서 빌릴 수 있다.
- 마지막으로, 건물의 임대가 거의 완료되고 안정화되면 장기대출을 받을 수 있다. 이것은 보통 더 높은 LTV와 낮은 금리로 제공되고, 더 낮은 수준의 보증을 요구한다.

장기대출 대주는 건물에 대한 가치평가를 이용하여 얼마를 빌려줄지 결정할 것이다. 이 평가는 해당 건물에서 발생되는 수입을 고려하여 건물의 가치를 산정한다. 금리가 일정하게 유지되고 건물이 모두 임대되었다면 개발에 사용된 투자금보다 시장에서 훨씬 더 높은 가치가 있을 수 있다. 이 경우 더 많은 대출을 실행해 건설 대출을 상환하고, 거기서 남은 차액을 보유하고 있을 수 있다. 이 많은 금액을 조기에 "현금화"하면 할인율이 낮아지기 때문에 수익률을 개선할 수 있다.

LIBOR와 금리

가장 흥미롭고 어려운 질문을 마지막으로 남겨두었다. 대주들은 이자를 청구하는 사업을 하고 있다. 그럼 그들은 얼마를 청구할지 어떻게 결정할까? 그것은 그들의 자본 비용에 달려 있다. 은행은 빌려주는 돈의 대부분을 예금자들로부터 빌린다는 것을 기억해야 한다. 운이 좋게도, 그들은 보통 이런 예금에 많은 이자를 내지 않는다. 하지만 때때로 예금이 충분하지 않을 때가 있다. 은행이 예금으로 충분한 대출을 해 줄 수 없으면 다른 은행들로부터 돈을 빌릴 수 있다. 연방준비은행이 정한 연방기금 금리로 그 돈을 빌릴 수 있다. 이는 연방준비제도이사회가 "금리를 올리거나 내리고 있다"고 발표할 때 적용되는 수치다.

예금자에게 지급할 이자와 다른 은행의 대출 이자를 가중 평균하면 은행 자체 자본 비용을 알 수 있다. 그러나 은행은 일반적으로 연방기금 금리Federal Funds Rate를 기준으로 이 두 수치 중 높은 금리를 적용한다. 이 기준 금리에 위험 프리미엄을 추가하여 프로젝트에서 발생할 수 있는 리스크 수준을 계산한다. 은행이 최고의 고객을 위해 추가하는 위험 프리미엄은 일반적으로 연방기금 금리를 제외하고 2.5~3%이다. 연방기금 금리는 자주 변경되기 때문에 은행들은 기준금리 + 일부 스프레드로 구성된 변동 금리를 선호한다.

일반적으로 사용되는 기준금리는 연방기금 금리가 아닌, 연방기금 금

---

4) 이것은 대주가 당신에게 연방기금 금리로 돈을 빌려주더라도 그들은 보통 그 거래에서 이익을 얻을 것이라는 것을 의미한다.
5) 금리 상승 위험을 제한하기 위해 높은 금리 방지 목적으로 일종의 보험인 이자율 스왑을 신청할 수 있다. 이때 은행은 금리를 고정하는 목적으로 금리를 일부 올릴 수 있다.

리를 거의 따라가는 런던 은행간 제공 금리 (LIBOR) 이다. 그리고 그 숫자는 퍼센트의 소수점까지 포함하고, 보통 1/100퍼센트까지 사용한다. 이 모든 것을 종합하면, 건설 대출의 금리는 아마도 다음과 같이 쓰인다.

LIBOR 금리 + 2.75%

매달 이자를 계산하는 방법은 다음과 같다.

이번 달 대출 잔액에 대한 금리				
현재 1개월 LIBOR	+ 스프레드	= 총 연간 금리	÷ 연간 개월 수	= 이달 잔액 이자
2.41%	+ 2.75%	= 5.16%	÷ 12	0.43%

대출의 이면에 있는 것들에 대해 알아보았다. 이제 이것을 확보하기 위한 절차에 대해 간략히 살펴볼 것이다. 그런 다음 프로젝트에 필요한 자기자본을 어떻게 조달할지 논의할 것이다.

---

6) LIBOR는 개인 트레이더들에 의해 몇 차례 조작되었고, 이것은 스캔들로 이어졌다. 결과적으로, 연방준비제도이사회는 이것을 다른 것으로 대체하려고 노력하고 있다. 이 과정은 수년에 걸쳐 진행되어 왔고, 지금까지 몇 가지 제안이 있었다. 하지만 나와 이야기한 은행가들에 따르면 2019년 말 현재, 이를 대체할 만한 것이 무엇이 될지에 대해 실질적으로 합의된 바는 아직 없다고 한다.

7) 관련된 표준 금리를 우대 금리prime rate라고 한다. 이것은 본질적으로 연방기금금리 + 3%이다. 그것은 주택 거래를 포함하여, 일반적으로 소규모 거래에서 주로 사용된다. 월스트리트 저널은 정기적으로 은행들을 대상으로 최고의 고객들의 최저 금리를 조사한다. 이것은 사실상의 "공식적인" 우대 금리이다. 이에 대해 알고 싶다면 "Wall Street Journal Prime Rate"를 검색한다.

심화될 때

아내와의 첫 데이트를 비교적 쉽게 성공했다. 그때 나는 그녀에게 달콤한 말들을 건넸다. 하지만 그녀는 유머로서 그 상황을 넘어가려고 했고, 그래서 나는 그녀가 부담을 느끼지 않게 하려고 노력했다. 놀랍게도, 데이트하는 동안 그녀가 웃기 시작했고, 그 뒤로 그녀가 웃는 상황은 더 잦아졌다. 그렇게 한동안 그녀와의 데이트는 즐겁기만 했다. 하지만 결혼이 화두가 되면서 우리는 서로에 대해 심각하게 생각하게 되었다. 보통 한 사람을 사귈 때, 그 사람의 좋은 모습만 생각하며 그 관계를 시작한다. 하지만 그 사람과 결혼하게 된다면 상대방의 잠재적인 단점들에 대해서도 생각해 볼 것이다. 나는 그녀가 나의 단점에 대해 눈감아주고 결혼식장에서 "네"라고 말해 준 것을 기쁘게 생각한다.

놀랍게도, 결혼을 하는 것은 대주를 찾는 과정과 흡사하다. 여성에게 구애하는 것과 대주에게 구애하는 것 사이에 무슨 관계가 있을까? 은행과 첫 데이트를 하는 것은 어렵지 않다. 대주라고 하면 무섭게 들리지만 그들은 결국 대출을 파는 행위를 한다. 그들은 보통 프로젝트에 관한 대화를 좋아한다. 하지만 내 아내처럼, 상황이 심각해지면 그것에 대응하는 방법이 있다. 첫 번째 데이트에서 그들에게 무엇을 보여주어야 할지 잠시 생각해 보자. 그리고 결혼식장에서 "네"까지 이어지는 상황들에 대해 간략히 설명하겠다.

첫 번째 미팅

대주들은 보통 디벨로퍼와 새로운 프로젝트에 대해 협의하기 위해 2인팀 시스템을 사용한다. 첫 번째 미팅에서 두 명 중 한 명 또는 두 명 모두를 만나게 된다. 담당자는 관계 관리자(즉, "사람을 상대하는 사람")라고 불리기도 한다. 은행에는 매우 많은 기업 전문 상담사가 있으며, 이들이 프로젝트를 검토할 것이다. 프로젝트에 잠재력이 있다고 생각하면 그들은 두 번째 담당자인 신용 분석가에게 그 프로젝트에 대해 더 깊이 분석하도록 요청할 것이다. 신용 분석가는 당신에 대한 감정을 배제하고 그 프로젝트를 비판적인 시각으로 바라보는 일을 한다.

첫 번째 미팅에서 무엇을 발표해야 할까? 디벨로퍼들은 개인마다 어느 정도의 내용을 공유할지에 대한 전략이 다르기 때문에 나는 여러 은행 친구들에게 그들이 무엇을 보고자 하는지 물어봤다. 디벨로퍼는 일 년에 겨우 몇 개의 프로젝트만 제안할 수 있지만, 은행가는 일주일에 15~20개의 제안서를 보게 된다. 그래서 합리적으로 제안하는 것이 중요하다. 이상적인 첫 만남을 위해 은행원 친구가 제시한 아젠다는 다음과 같다.

- 대주가 당신에 대해 모른다면 당신의 회사를 소개해라. 회사는 무엇을 했는가? 그들이 아는 프로젝트를 수행했는가?
- 건물의 컨셉 계획과 투시도를 보여주어라.
- 필요 대출금액과 예상 만기, 상각기간 및 금리에 대한 조건을 명시해라.

이것은 협상이 가능하기 때문에 정확할 필요는 없다.
- 투자자가 몇 명이고, 투자 구조는 어떻게 되는지 설명해라. 초기에는 그들이 누가 될지 알 수 없지만 일단 그들을 찾으면 어떤 조건을 제공할지 알 수 있을 것이다.
- 재무모델을 간략하게 설명해라.

그다지 중요하지 않은 내용이기는 하나 은행에서는 아마도 몇 가지에 대해 추가로 논의하기를 원할 것이다.

- 수입 및 리스업 가정을 뒷받침하는 시장조사
- 사전개발 예산
- 프로젝트가 언제 시작하는지 보여주는 타임라인
- 건축가 및 시공사 명
- 누가 대출을 보증하는지, 그들의 순자산이 얼마인지, 연간 현금흐름이 어떻게 되는지(보통 디벨로퍼는 첫 미팅에서 이것을 은행가와 공유하기를 꺼린다)

사전 미팅 그리고 두 번째 미팅

관계 관리자와 신용 분석가와 처음 회의를 한 후, 대주는 내부적으로 여러분의 패킷을 검토할 것이다. 분석가는 여러분의 정보를 은행 표준 평가 템플릿에 넣어, 그것을 은행에 있는 다른 사람들에게 배포할 것이다.

프리플라이트Preflight 라고 불리는 사전 미팅에서, 은행의 다른 사람들과 기본적인 조건들을 검토할 것이다. 그리고 이 단계에 이르면, 실제로 여러분을 대신해서 딜을 진행하는 사람은 관계 관리자가 된다. 사전 미팅에는 관계 관리자가 그의 동료로부터 질문을 받게 되는데, 이때 여러분의 후속 조치가 필요할 수 있다. 이로 인해 여러분, 관계 관리자 및 그의 상사와 두 번째 미팅을 가질 수 있다. 그들의 질문이 모두 해결된다면 은행은 곧 있을 대출 위원회 회의의 의제에 여러분의 프로젝트를 추가할 것이다.

대출 위원회

이쯤이면 대부분의 사람들은 이 계약의 기본적인 윤곽을 이해했겠지만, 대출 위원회는 여러 가지를 고려하여 정밀 조사를 한다. 여러분의 프로젝트가 위원회에서 거절될 수 있다. 위원회는 더 많은 정보를 요구할 수 있다. 아니면 여러분에게 약정서를 줄 수도 있다. 어떤 일이 일어날지는 평판, 대출을 보증할 수 있는 능력, 재무적 가정에 대한 합리성에 따라 크게 좌우될 것이다. 동시에 은행들은 유사한 프로젝트의 대출이 너무 많을 경우 완벽한 프로젝트라도 대출을 거부할 수 있다. 이들은 모든 프로젝트가 저조한 성과를 내는 경우에 대비하여, 어떤 한 종류의 프로젝트에 지나치게 많은 익스포져(집중 위험)를 피하려고 한다.

감정평가

---

1) 대주들은 나에게 이것과 내가 언급한 몇 가지 다른 협약들이 대공황의 여파로 도입되었다고 말했다.

디벨로퍼와 대주 모두 프로젝트가 진행되면 좋아하는 이유가 있다. 둘 다 그것으로 이익을 얻기 때문이다. 하지만 대주가 당황할 수 있는 상황이 발생할 수 있어, 모든 딜은 사전에 평가되어야 한다. 디벨로퍼가 그들의 수익에 대비하여, 토지나 건물에 더 많은 비용을 지출할 계획이라고 가정해 보자. 결과적으로, 담보대출 지급액은 전체 수입에서 상당 부분을 차지하게 될 것이다. 이것은 상황을 어렵게 만든다. 과도한 비용은 디벨로퍼가 담보대출 지급액을 내지 못할 위험에 만들 수 있다. 그리고 프로젝트가 압류되면 대주는 가치가 없는 프로젝트를 보유하는 꼴이 될 것이다.

이런 상황 발생을 최소화하기 위해, 은행은 제3의 감정평가사를 고용하여 상황을 객관적으로 평가한다. 이것은 충분히 발생 가능한 시나리오이다. 문제는 평가자가 시장, 자산 분류 또는 거래의 특정 규모에 대한 이해도가 부족할 수 있다는 것이다. 그리고 평가자가 누가 될지, 또는 그들이 시장이나 특정 종류의 프로젝트에 얼마나 많은 경험을 가지고 있는지 미리 알 수 있는 방법이 없다. 게다가, 여러분이 그들에게 영향을 주어선 안 되기 때문에 그들과 직접 대화하는 것이 금지된다. 전반적으로, 자금조달의 평가 단계에는 문제가 없을 것처럼 들린다. 그러나 그것은 종종 상당한 이슈를 만들어 내며, 때때로 진행 중인 프로젝트를 중단시키기도 한다.

대출 승인

협의 초반 단계에서 은행은 주요 계약조건을 제시할 것이다. 여기에는 대출의 선반적인 내용이 있을 것이다. 평가 결과가 괜찮고 대주 측에서 가능성이 있다고 판단하면 확약서를 보내줄 것이다. 그들이 대출해 주길 원한다면 이 확약서에는 당신에게 유리한 조건이 적시되어 있을 것이다. 그들은 당신이 다른 은행과도 협의하고 있다는 사실을 알고 있기 때문이다. 그 은행으로부터 대출을 받기로 결정하면 그들은 중요 클로징 체크리스트를 작성한다. 이 리스트는 보통 10페이지 이상이며, 그들이 알아야 할 내용들을 열거한다. 이것은 기존에 설명한 내용과 맞는지 확인하기 위해서이다. 이 과정은 반복된다. 대주에게 공유한 문서 중 하나로 인해 많은 요청을 받을 수도 있다.[2]

대주의 요청사항 대부분을 충족시키고 나면 그들은 대출 서류들을 준비하기 시작할 것이다. 이 서류들은 대출을 클로징할 때 여러분이 서명할 법적 약정서이다. 대출 서류에는 약속어음(대출금을 상환하겠다는 약속), 담보대출(대출을 상환할 때까지 부동산에 대한 선취득권을 제공한다는 약속), 개인 보증과 같은 항목이 포함된다. 대출 실행일은 일반적으로 권리대행업체title company가 조정한다. 그리고 이 단계까지 성공했다면 한 번에 대출을 받을 수 있을 것이다.

대출이 승인되면 대출금을 사용할 수 있다. 하지만 대출금을 인출하기 전에 자기자본을 먼저 사용해야 한다. 그리고 이것은 "어떻게 자기자본을 확보할 수 있을까?"라는 중요한 질문으로 이어진다.

---

[2] 주택담보대출과 달리, 상업대출은 최초 협의부터 클로징까지 6개월 이상 소요되는 경우가 적지 않다.

우리가 희망하는 것

수년간 프로젝트를 관리하면서 "아무것도 하지 않을 바에 차라리 실수를 하겠다"라는 생각으로 임했다. 이것은 자산을 운영하는데 만족스러운 방식이었지만 결국 나의 책임이 커지고 용서를 구해야 하는 상황들도 많아졌다. 그래서 나는 자주 허락을 구하기로 했다. 이러한 변화는 결국 좋은 결과로 이어졌다. 보통 위험을 무릅쓰고 새로운 것을 제안할 때면 주변 사람들의 반응에 놀라곤 한다. 그들은 "그렇게 해 주시면 정말 좋을 것 같아요. 저는 그것을 하고 싶지 않지만, 누군가 그렇게 해 주면 좋을 것 같아요"라고 한다.

대부분의 만족스러운 파트너십은 이런 식으로 시작된다. A는 자신의 이익을 추구하고 있다. A는 B와 우연히 만났는데 B에게는 A가 간절히 찾던 기술이 있다. 이렇게 둘이 만나면 파트너십이 시작된다. 사업상 서로의 역할이 다르고 목적도 다르지만 이 두 사람은 그들 각자 일할 때보다 함께할 때 더 많은 것을 성취할 수 있다. 그리고 그것을 실현하기 위해 그들 중 누구도 그들의 원래 계획을 바꿀 필요가 없다.

너무 장밋빛 그림을 그리는 것일 수 있지만 이 이야기가 많은 디벨로퍼들과 자기자본 투자자들의 관계를 보여준다고 생각한다. 투자자들은 스스로 개발하고 싶어하지 않는다. 그리고 그들은 보통 개발에 대한 기술이 부족하다. 이에 반해, 디벨로퍼들은 기술을 보유하고 있으며 이것을 수행할 방법을 찾고 있다. 하지만 건물들은 엄청난 양의 자본을 필요로 하므로 디벨로퍼는 외부 자금이 필요하다. 사람들에게 프로젝트에 대한 투자를 제안하는 것이 부탁을 하는 것처럼 보일 수 있지만, 투자자들 역시 기회를 찾고 있다. 보통, 좋은 투자 기회가 부족한 것이 그들에게 가장 큰 문제가 된다. 당신은 그들이 투자할 수 있도록 호의를 베풀 수 있다.

좋은 딜이 있다고 가정해 보자. 어떤 투자자를 찾을 것인가? 어떤 합법적인 방법으로 그들을 프로젝트에 참여시킬 것인가? 그리고 당신과 그 투자자들 사이에서 이익을 어떻게 분배할 것인가?

투자자 종류

세 개의 각기 다른 개발 프로젝트를 상상해 보자. 첫 번째 프로젝트 예산은 100만 달러이다. 두 번째 프로젝트 예산은 1,000만 달러이다. 그리고 세 번째 프로젝트 예산은 1억 달러이다. 확보해야 하는 자기자본이 각 프로젝트마다 다르다. 이에, 여러분은 프로젝트마다 다른 투자자를 찾을 것이다. 30만 달러를 투자할 수 있는 사람들은 아마 3~5천만 달러를 투자할 수 있는 사람들과는 다를 것이다.

소규모 프로젝트에서는 5만 달러 또는 10만 달러의 자기자본을 필요로 하는 경우가 많다. 시장에 그 정도의 돈을 투자할 수 있는 사람들이 많다는 사실에 놀랐다.[1] 보통 그런 투자자들을 일대일 또는 소규모 그룹으

---

1) 소위 공인 투자자들에 집중하고 싶을 것이다. 규정 D에 따르면, 이들은 지난 3년간 순자산 100만 달러 또는 연간 소득 20만 달러가 넘는 사람들이다. 증권거래위원회Securities Exchange Commission는 공인 투자자에게

로 만나게 될 것이다. 부유한 배경의 출신이라면 이 그룹은 친구나 가족이 될 수 있다. 하지만 그 딜이 충분히 좋고 잘 설명할 수 있다면 굳이 가까운 사람들의 투자에 한정하지 않아도 된다.

10만 달러 단위로 자금을 모집하면 약 500만 달러까지 관리가 가능하다. 자기자본이 전체 자산의 25%인 경우 이 접근법으로 최대 1,800만 달러에서 2,000만 달러까지 자산을 모집할 수 있다. 그보다 더 큰 프로젝트의 경우 개인 투자자가 50명 이상일 수 있다. 그 50명을 확보하기 위해 100번 이상의 프로젝트 회의를 열어야 할 수도 있다. 이런 방식으로 2천만 달러의 자기자본을 조달하고 싶지 않을 것이다.

가장 큰 딜을 진행하려면 대개 수억 달러, 심지어 수십억 달러를 투자하는 기관 투자자들과 함께 일해야 한다. 사모펀드, 연기금, 생명보험사 등을 포함한 이들 투자자들은 훨씬 전문적이다. 이러한 회사에는 부동산 개발 전문가가 있고, 각 개발 단계에서 더 많은 역할을 하길 원할 것이다. 그들은 막대한 자금이 투입될 수 있도록, 보통 최소 1,000만 달러의 자기자본이 필요한 딜을 찾는다.

지역 투자자들로부터 500만 달러 이상을 조달 받는 것과, 기관 투자자들로부터 1,000만 달러 미만을 조달 받는 것은 어렵기 때문에 특정 규모의 딜은 어렵다. 하지만 500만 달러 이상을 투자할 대규모 앵커 투자자나 1,000만 달러 미만을 투자할 의향이 있는 기관 투자자가 있다면 그 딜은 유리하게 작용할 수 있다. 그러나 이러한 제약사항들은 종종 프로젝트

유가증권을 파는 것을 훨씬 더 쉽게 만들어 놓았다. 왜냐하면 당신의 프로젝트가 투자 가치를 잃을 경우 그들이 파산할 위험이 적기 때문이다. 공인 투자자의 정의에 대한 자세한 내용은 1933년 증권법 규정 D, 섹션 230.51을 참조하길 바란다.

를 특정 규모로 한정 짓는다.

법적 기구

　법인 설립에서 논의한 바와 같이, 디벨로퍼는 개발 프로젝트 법인의 주식을 매각하여 자기자본을 조달한다. 그렇다면 주식 매매는 어떻게 할까? 기술 스타트업 회사가 뉴욕 증권 거래소에서 IPO를 하고 주식을 매각하려고 하면 증권거래위원회는 그들에게 매우 광범위하고 비용이 많이 드는 감사를 받도록 요구한다. 이런 간접비는 소규모 벤처기업에 한해 금지되기 때문에 증권거래의원회는 이 필수사항을 면제했다.[2] 이 면제를 통해 값비싼 조사 없이 모든 주식회사의 주식을 매각할 수 있게 되었다. 따라서 사모투자제안서Private Placement Memorandum: PPM를 통해 이 작업을 수행하고, 증권거래위원회의 지침에 따라 잠재 투자자를 대상으로 간단한 양식을 제출하기만 하면 된다.

　사모투자제안서는 변호사 또는 이런 패키지를 만드는 전문 회사에 의해 작성될 것이다. 제안서마다 세부내용은 다르겠지만 모든 제안서에는 다음 항목이 포함될 것이다.

- 프로젝트 소개 및 이를 뒷받침하는 리서치
- 주요 조건 요약(주식 수, 가격 등)
- 공지사항(투자손실 가능성 관련)

---

[2] 정확히 말하면 대공황을 촉발시킨 약탈적 관행을 없애려고 만들어진 1933년 증권법에 대한 규제 D의 면책이다.

- 팀 소개
- 이해 상충시
- 리스크 개요
- 운용보수 및 배당금
- 법적 기구의 운영 약정서 사본
- 재무상태 예측
- 가입 동의서 및 투자자 질문지

　외부 자기자본 투자자들이 참석한 회의의 핵심 내용은 PPM이 될 것이다. 지분이 많을수록 손실 가능성도 높아지기 때문에 PPM은 모든 관련 위험을 정확하게 설명해야 한다. 관계자들 간 이해 상충이 있는지도 명시해야 한다. 그리고 디벨로퍼가 투자자의 이해도를 판단할 수 있도록 투자자 설문지에 다음 내용이 들어가야 한다. 투자자가 전에 이런 투자를 한 적이 있는가? 투자금을 모두 잃었을 경우 버틸 수 있는가? 리스크를 이해하고 있는가? 마지막으로, PPM에는 투자자가 프로젝트의 유한회사로부터 공식적으로 주식을 매입하는 것에 대한 동의서가 포함되어야 한다.

불균형

　프로젝트에서 기대한 것만큼 이익이 발생했다면 그 다음은 어떻게 해야 할까? 이익을 분배해야 한다. 그러나 이것이 말처럼 쉽지 않다. 그 이유는 디벨로퍼-투자자 파트너십이 본질적으로 불균형적이기 때문이다. 투자자들은 훨씬 많은 자본금을 투자한다. 이 경우 투자자의 투자금에 비례해서 이익을 가져가는 것이 논리적으로 보일 수 있다. 반면 디벨로퍼는 실질적인 일들의 대부분을 수행한다. 투자자들은 수표(그들이 투자한 자본금)를 현금(이익)으로 바꾸기만 한다. 리스크 수준과 업무의 양이 이렇게 다를 때 어떻게 해야 각자에게 적절한 보상이 돌아갈 수 있을까?

불균형 문제를 해결하기 위해 디벨로퍼들은 보통 분배 워터폴Distribution Waterfall을 사용한다. 워터폴은 프로젝트의 수익성이 점점 더 증가함에 따라 다양한 방식으로 수익을 계산하기 위해 일련의 if/then(만약~이라면/~이다)을 가정한다. 일반적으로 이익의 대부분 또는 전부는 투자금의 대부분을 제공한 외부 투자자들에게 먼저 돌아갈 것이다. 그리고 이익의 일부(전체 자본금에서 그들의 지분보다 더 많은 양)는 실질적인 업무의 대부분을 수행한 디벨로퍼에게 분배된다.

처음 나는 모든 전문가들이 같은 방식으로 워터폴을 설정한다고 생각했다. 그리고 특정 시장이나 특정 종류의 부동산에는 몇 가지 공통적으로 쓰이는 방법들이 있다. 그러나 워터폴은 특정 투자자의 리스크와 보상 기대치에 맞게 조정될 것이다. 당신이 상상할 수 있는 모든 수식을 스프레드시트에 넣어볼 수 있다. 따라서 유연성을 갖고, 리스크와 보상 사이에서 창의적으로 생각하는 것이 중요하다. 실제로 그것이 프로젝트에 자본금을 투자하도록 투자자들을 설득하는 열쇠가 될 수 있다.

워터폴의 수학이 두렵게 느껴질 수 있다. 이것에 흥미를 느낀다면 기

---

3) 투자자들의 자금을 순수 자기자본으로 취급하고, 매년 발생하는 이익을 서로 독립적으로 처리하면 계산이 훨씬 간단해진다. 기관 투자자들이 훨씬 더 큰 투자를 하기 때문에, 그들은 종종 그들의 자금이 대출과 자본의 혼합 형태로 취급되기를 원한다. 우선 수익은 사실상 보장되고, 만약 지급되지 않으면 이자 금리처럼 쌓여 다음 해 복리로 계산된다. 또한 기관들은 수익배분 비율을 결정하기 위해 자본에 대한 단순한 연간 수익률보다는 누적 수익률 지표를 사용할 수 있다. 이것은 재무모델에서 처리되는 회계 업무의 복잡성을 증가시킨다.

초적인 것들을 살펴볼 수 있도록 부록 C를 첨부했으니 참고하길 바란다. 하지만 이 책의 재무모델 부분에서 워터폴 논리에 대해 필요한 모든 것을 배울 수 있을 것이다. 일단 다음 페이지의 내용을 참고하길 바란다. 용어가 매우 다양하지만 이 내용에서 감을 얻을 수 있을 것이다.

간단한 분배 워터폴				
이익은 모든 사람이 다음 수익률을 충족할 때까지 (투자 금액 기준에 따라) 분배된다.	8%	연간 수익		
연간 수익률 8%와 다음 수익률 사이의 이익	12%	(투자자의 수익률 기준)		
이익 분배:		70%	투자자	30%	디벨로퍼
투자자가 연간 수익률 12.00%를 달성할 경우 이익은 다음 기준으로 분배된다.		50%	투자자	50%	디벨로퍼
매각 차익 분배:		70%	투자자	30%	디벨로퍼

투자자들은 자기자본 대부분의 지분을 투자한 것에 대해 보상받기 위해 일정 수준에 도달할 때까지 발생된 수익의 대부분을 가져간다. 이것을 우선 수익 Preferred Return이라고 한다. 예를 들어 투자자들이 자기자본 중 90%를 투자했다면 8%의 우선 수익률에 도달할 때까지 수익의 90%를 받는다. 하지만 나중에 그 규칙은 바뀐다. 디벨로퍼의 경우 본인이 대부분의 일을 수행한 것에 대한 보상으로 본인의 자본금 비율보다 더 많은 수익을 받는다. 이를 성과 보수 Promoted Interest=Carried Interest라고 한다. 그리고 투자자가 아닌 디벨로퍼들에게 이것은 그들이 투자한 자본의 양에 비해 더 많은 보상받을 수 있는 경제적 기회이다. 자기자본의 10%만 투자하고 30%의 수익을 가져갈 수 있다면 아마 그 일을 잘 해낼 것이다. 자세한 내용은 부록 C를 참조한다.

플랜 B

성인이 된 후 경제적으로 어려운 적이 몇 번 있었다. 내 잘못으로 인해 그렇게 된 적이 있었고, 그저 운이 좋지 않았던 적도 있었다. 하지만 그런 고난의 순간, 나는 비밀 무기를 가지고 있었다. 그 비밀 무기는 가족과 친구들이었다. 중산층 부모님, 조부모님, 그리고 친구들은 사회적 안전망이었고, 내가 필요한 경우 언제나 그들의 도움을 받을 수 있었다. 나는 이 비밀 무기에 몇 번이나 의지해야 하는 순간이 있었다.

나에게만 안전망이 있는 게 아니다. 부동산 업계에 있는 대부분의 내 동료들 역시 그것을 가지고 있다고 믿는다. 그리고 우리가 의식적으로 생각하는 것은 아니지만 그것은 강력한 잠재적 효과가 있다. 우리는 사실 집이 없다는 사실이나 배고픔에 대해 두려움을 느끼지 않는다. 우리는 두 번째, 세 번째 기회가 있다는 것을 알고 있다. 대부분의 경우 상황이 어려워지면 친구들과 가족들이 우리를 도와줄 것이다.

나는 몇 년 사이 이것이 일반적이지 않다는 것을 깨달았다. 또한 나의 안전망이 제공하는 중재 효과가 없었다면 내가 처한 상황이 훨씬 너 절망적이었을 수도 있다는 것을 알았다. 그런 안전망이 없는 사람들은 훨씬 어려운 상황을 맞이할 것이다. 그리고 이런 사람들을 고려하여 주정부는 낙후된 지역에 주택을 짓거나 일하는 디벨로퍼를 위해 다양한 자금조달 메커니즘을 만들었다. 이런 메커니즘은 내가 그동안 누려왔던 안전망이 없거나 낙후된 지역에서 경제 활동을 시작하는 사람들을 돕기 위한 것이다.

이번에는 그 메커니즘에 대해 논의해 보고자 한다. 그러나 여기서 먼저 알아야 할 것은 가장 큰 보조금에 대해서는 이야기하지 않을 것이라는 점이다. 가장 큰 주택 보조금은 주택담보 이자공제mortgage interest deduction이다. 주택 소유자들은 주택담보대출로 내는 이자를 세금에서 공제받을 수 있다. 그리고 물론, 집이 더 비쌀수록 더 많은 공제를 받을 수 있다. 나는 이것에 대한 찬성과 반대 의견을 예상할 수 있다. 이 이야기를 하는 이유는 여기서 설명하려는 보조금에 대해 누군가가 불만을 가질텐데, 주택담보대출 이자 공제를 통해 부유층에게 지급되는 상당한 보조금을 간과하지 않도록 하기 위해서이다.

저소득 주택 세금 크레딧

1930년대 초, 루스벨트의 뉴딜 정책의 일환으로 연방정부는 부동산 디벨로퍼 역할을 하게 되었다. 연방정부는 뉴딜 정책에 따라 저소득층 가정을 대상으로 공공주택을 건설하기 시작했다. 공공주택은 매우 흥미롭고 복잡한 역사를 가지고 있다. 하지만 1980년대 초, 공공주택 중 많은 건물은 낡고 위험했다.

그에, 1986년 의회의 양당은 주정부의 지원 하에 저소득층을 위한 새

---

1) 사람들이 주택을 소유하고 그곳에 뿌리를 내리면 자신들이 거주하는 곳에 보다 더 안정적으로 투자하게 된다는 것이 요점이다. 이것은 적극적인 정치적 참여와 건강한 민주주의로 이어진다. 나는 그 논쟁의 힘을 부정하지 않는다. 그러나 세금감면의 범위가 그것에 의해 완전히 정당화될 수 있을지는 명확하지 않다.

로운 주택 개발 방안을 제안했다. 공공 주택 모델을 사용하여 개발에 필요한 자금을 지원하는 대신, 저소득주택 세금크레딧(LIHTC, "lie-tech"로 발음)이라고 불리는 새로운 메커니즘을 만들어냈다. 이것은 저소득층 주택에 대한 책임을 민간 디벨로퍼들에게 전가하지만 사업을 재정적으로 가능하게 만들기 위해 그들에게 지원금을 제공한다. 메커니즘은 다음과 같다.

- 미국 국세청은 각 주의 인구를 기준으로 매년 일정 양의 "세금 크레딧 tax credits" 카드를 부여한다.
- 그럼, 각 주는 대회를 개최하는데, 이때 디벨로퍼들은 새로운 프로젝트에 대한 아이디어를 제출해야 한다. 각 주는 제안서를 평가하기 위한 점수 배분 계획Qualified Allocation Plan: QAP이라는 자체 포인트 시스템을 만든다.
- 디벨로퍼가 충분한 점수를 얻으면 디벨로퍼가 요청한 만큼의 세금 크레딧을 받는다. 여기서 공제 금액은 대개 개발 비용의 약 60~65%를 차지한다.
- 중요한 점은 디벨로퍼들이 실제로 이 모든 공제 금액이 필요하지 않다는 것이다. 1,000만 달러의 세금 크레딧을 받을 수 있더라도 세금이 1,000만 달러나 부과되는 일은 거의 없다. 하지만 대기업들의 경우 많은 세금을 내고 있고, 그들은 항상 그것을 낮출 방법을 모색한다.
- 그래서 공제 금액을 획득한 디벨로퍼는 1달러당 0.90달러 비율로 대기업에 세금 크레딧을 판매한다. 이 비율은 상황에 따라 다르다.
- 디벨로퍼는 세금 크레딧을 팔 때 요율이나 상환 요건 없이 거의 모든 세

금 크레딧을 현금으로 받는다.
- 그 대가로, 임대료를 정부가 정한 시장가격 수준 이하로 유지할 수 있게 된다. 이는 현금흐름이 너무 높아지는 것을 방지한다.

이것이 어떻게 주택 가격을 낮추는지 생각해 보자. 1장에서도 보았던 아래 표는 시장금리자본스택market rate capital stack을 보여준다.

주택시장금리 | 최소 가중평균현금흐름			
구분	자본 비율	최소 연간 수익률	연간 지급해야 하는 금액의 비율
대주	75%	× 7%(원금 포함)	= 5.25%
투자자	22.5%	× 6%	= 1.35%
디벨로퍼	2.5%	× 6%	= 0.15%
합계	100%		6.75%

이와 대조적으로, 세금 크레딧을 적용 받은 개발 사업은 다음과 같다.

저렴한 주택 | 최소 가중평균현금흐름			
구분	자본 비율	최소 수익률	연간 지급해야 하는 금액의 비율
세금 크레딧	70%	× 0%	= 0%
보조금	15%	× 0%	= 0%
대출	15%	× 7%(원금 포함)	= 1.05%
합계	100%		1.05%

1,000만 달러 프로젝트라고 가정할 때 시장금리 프로젝트는 연간 순영업이익 67만 5천 달러(1,000만 x 6.75%)를 창출해야 한다. 동일한 건물에 세금 크레딧을 받을 경우 연간 순영업이익으로 10만 5천 달러($1,000,000 x 1.05%)만 생기면 된다. 이미 눈치챘겠지만 디벨로퍼는 그 딜에 자기자본으로 0달러를 투자한다.[2] 그런 프로젝트를 장려하기 위해 디벨로퍼는 그들의 일에 대해 많은 수수료를 받아간다.[3] 물론 세금 크레딧을 받는 것은 매우 치열한 과정이며, 당신이 받는 세금 크레딧이 매달 높은 현금흐름을 창출할 만큼 많은 경우는 거의 없다.[4] 자세한 내용은 인터넷에 '제42조 주택'을 검색해 보길 바란다.[5]

증세 자금조달

증세 자금조달Tax Increment Financing: TIF은 원래 지역 정부가 낙후 지역의 개발을 장려하기 위한 목적으로 사용되었다. 하지만 이제 모든 것에

---

2) 자기자본 투자자는 세금 크레딧을 매입하는 외부 기업이다. 예를 들어 한 지역 은행이 최근 나에게 말하길, 그들은 연간 8천만 달러의 조세 채무가 있다고 했다. 그들은 세금 크레딧을 이용하여 그 채무의 약 3분의 1을 상쇄한다. 그들이 지불하는 금액을 기준으로, 그들은 거래에서 4~6%의 수익을 얻는다. 그리고 동시에 그들이 매입하는 세금 크레딧이 적용된 프로젝트의 대주가 되기를 원한다. 이렇게 되면 대출을 통해 추가 수익도 얻을 수 있다.

3) 주 금융기관은 디벨로퍼에게 그들의 현금흐름이 담보대출 원리금을 지급할 수 있을 정도로 세금 크레딧을 제공할 것이다. 다른 시장 디벨로퍼들처럼, 그 디벨로퍼에게 매달 많은 현금흐름이 발생하는 경우는 드물다. 그렇기 때문에, 디벨로퍼의 선불 수수료는 그 딜에서 돈을 버는 중요한 수단이다.

4) 4% 크레딧이라는 상대적으로 경쟁이 낮은 세금 크레딧도 있는데, 이것은 보통 신청만 하면 받을 수 있다. 그것은 비용의 25~35%를 상쇄시킬 수 있다. 하지만 임대료를 낮게 유지해야 하기 때문에 이런 딜은 남은 금액을 메우기 위해 지방자치단체로부터 상당한 소프트 머니soft money를 필요로 한다. 4%의 세금 크레딧은 비과세 채권을 사용해야 하는데 채권 발행 비용과 복잡성을 고려했을 때 대형 프로젝트에서만 사용이 가능하다.

5) 이것은 '내부수익법 제42조'를 참조한다.

적용된다. 이것이 어떻게 적용되는지 알아보자.

- 황폐한 지역에 토지가 사용되지 않고 있을 경우 도시의 재산세 수입이 그만큼 늘지 않는다.
- 디벨로퍼가 그 부지에 무언가 개발하고자 하더라도, 프로젝트의 위치나 환경 문제를 해결하기 위한 비용을 고려했을 때 경제적인 측면에서 그것을 실현시키기는 어렵다.
- 우선, 개발이 일어나면 지자체는 연간 얼마나 더 많은 세금이 징수될지 계산한다. 이렇게 증가된 세금을 증세라고 한다. 우리 사례의 경우 증세가 50만 달러라고 해 보자. 이 금액은 그 프로젝트가 성공하면 매년 거둘 수 있는 돈이었다.
- 프로젝트에 대한 보조금으로, 시는 다른 자본 프로젝트에 자금을 빌려주기 위해 발행하는 GO$_{general\ obligation}$ 채권에 그 금액을 더해 디벨로퍼에게, 예를 들어 10년간, 증세의 몇 배를 빌려준다. 이것은 곧 디벨로퍼에게 $5,000,000를 추가적으로 제공하게 되는데, 이런 새로운 방식을 통해 프로젝트를 재무적으로 가능하게 만들 수 있다.
- 그리고 10년 동안 매년 디벨로퍼가 세금을 납부하다 보면, 디벨로퍼는 결국 시가 제공한 대출금을 상환하게 되는 것이다. 그 대출에는 이자가 붙지 않는다. 매년 세금만 납부하면 된다.
- 10년이 지난 후, 시는 그 토지가 비어 있을 때보다 훨씬 더 많은 세수를 걷어들일 수 있다.

최근 몇 년 동안 시들은 매우 적극적으로 증세 자금조달 전략을 사용하기 시작했다. 사실, 그들은 이 방법을 너무 많은 곳에 사용하여 그것에 대한 조사를 실시하게 되었다. 그들이 디벨로퍼를 돕기 위해 발행하는 추가적인 대출은 시의 대차대조표에서 주요 부채가 되었다. 이에 대해 시는 새로운 "디벨로퍼 자금 지원" 또는 페이고 원칙Pay-as-You-Go을 통해 디벨로퍼에게 더 많은 위험을 전가하려고 하고 있다. 개인적인 경험상, 페이고 원칙은 여러 경제적 장점보다 단점이 더 크다. 그러나 그것이 클래식한 형태로 만들어지면 GO 채권의 일부로써, 증세 자금조달 효과는 매우 강력할 수 있다. 자금 지원을 받는 프로젝트를 애초에 잘 분석하면 페이고 원칙이 필요한 대차대조표 문제를 최소화할 수 있을 것이다.

기회 특구 펀드

새로 만들어진 것 중 기회 특구 펀드Opportunity Zone Funds라는 것이 있다. 내가 알고 있기로, 이 개념은 원래 런던에서 마거릿 대처Margaret Thatcher 정부에 의해 고안되었다. 매우 핫한 도시인 런던 시내와 가까운 몇몇 지역들은 경제적 변두리에 있었다. 그들은 약간의 자금 지원을 필요로 했다. 이때 투자자들에 의해 딜이 생겨났다. 만약 그들이 다른 사업을 통해 발생한 소득을 이러한 "기업 구역"에 투자한다면 그들은 그 소득에 대한 세금 납부를 연기할 수 있었다. 그러자 이 지역들에 그동안 없었던 개발에 대한 관심이 높아졌다. 여기서 중요한 점은, 이 "변두리 지역"은 세

---

6) 고전적인 증세 자금조달 방법으로, 시는 돈을 빌리고 디벨로퍼가 돈을 지급한다. 페이고 원칙에서는 디벨로퍼가 돈을 빌리고 시가 지급한다. 2018년 세제 개혁 이후, 시가 당신에게 지급하는 페이고 증세 자금조달 방법은 그 자체로 과세대상이 되는데, 이것은 디벨로퍼들이 이 약정을 싫어하는 또 다른 이유이다.

계에서 가장 부유한 도시 중 한 곳의 중심부에서 1마일도 채 떨어지지 않은 곳이었고, 그곳은 오래된 공업지대의 황폐한 교외 지역도 아니었다는 것이다.

　이 아이디어는 이전에 미국에서 사용되었고 현재 제2의 전성기를 누리고 있다. 그것이 어떻게 작용할지 말하기는 이르지만 아마도 매우 핫한 시장에서 성공할 것이다. 그러나 임대료의 최대치를 특정 금액에 고정시키는 저소득 주택 세금 크레딧과는 달리, 기회 특구의 임대료는 시장이 허용하는 만큼 높아질 수 있다. 이러한 사업에 세금 감면을 제공하는 것이 현명한지는 기회 구역 프로젝트에서 발생한 수익이 소유자가 아닌 다른 사람에게 얼마나 돌아갈 수 있다고 생각하는 정도에 따라 달라진다.

　지금까지 시의 인허가, 설계, 자금조달에 대하여 알아보았고, 이제서야 건물에 대해 이야기해 볼 것이다. 먼저 공사에 대한 내용부터 시작해 보자.

7단계
공사

새로운 언어

대학에 갈 때쯤, 신학 공부를 하기로 결심했다. 보통, 신학을 공부하려면 대학원 수준이 요구된다. 그래서 학부 과정 동안 독일어 공부에 집중했다. 독일어가 종교개혁 당시 신학의 주요 언어였기 때문이다. 신학교에서 2년간 그리스어와 히브리어를 공부했는데, 신학의 고급 과정은 종종 고대 문헌을 원어로 읽어야 했기 때문이다. 이렇게 언어 학습 과정을 여러 번 반복하는 것이 일반적인 공부에 많은 도움이 되었다.

예를 들어 어휘는 언어 학습의 한 부분일 뿐이지만 이것이 어렵게 느껴질 수 있다. 어떻게 새로운 단어를 배울 수 있을까? 나의 비밀 무기 중 하나는 사용 빈도 사전frequency dictionary이었다. 이 사전은 사용되는 빈도에 따라 단어를 분류한다. 더 이상 사용되지 않는 언어의 경우 여러 문서를 분석해야 하기 때문에 확실히 이런 접근 방식이 적합하다. 심지어 현대어들도 이런 방법으로 연구될 수 있다. 가장 많이 사용되는 단어의 순위를 매기면 어떤 단어를 우선 순위에 두어야 할지 예상할 수 있다.

부동산 개발로 커리어를 전향한 후 새로운 언어를 배우는 것처럼 건설에 대해 배우려고 노력했다. 그리고 빈도 사전처럼 마스터 포맷Master Format을 사용했다. 마스터 포맷은 모든 건축물을 콘크리트, 전기, 배관 같은 주요 그룹으로 나눈다. 일반 시공사가 그들이 수행할 업무가 포함된 제안서를 제출할 때 마스터 포맷을 기준으로 상세히 설명되어 있는 경우가 많다.[1] 마스터 포맷의 항목들은 수백 페이지나 된다. 하지만 여기서 상위 카테고리를 고려해 보는 것이 좋다.

카테고리의 처음 두 가지 항목(계약 및 일반 요구사항)은 추상적이다. 그것들은 그 프로젝트가 처리되는 방식에 대해 질문을 던진다. 하지만 그 포맷은 건물과 관련된 모든 물리적인 것만 나열한다. 이번에는 그런 카테고리와 "건물과 관련된 모든 물리적인 것"에 대해 간단히 소개할 것이다.

계약 및 자재 조달

처음 몇 장은 초보자에게 유용하다.

- 시공사들에게 그들이 어떤 입찰에 참여하는지 알 수 있도록 하기 위해 도면에 무슨 시트sheet와 자재 일람표가 있어야 하는가?
- 수행할 업무 범위가 어디까지인가? 그리고 언제까지 완료해야 하는가?
- 어떤 보험에 가입해야 하는가?
- 부지는 현재 어떠하며, 입찰 시 유의해야 할 특별한 프로젝트나 계약 사항이 있는가?
- 입찰자는 선정되기 위해 제안서를 어떻게 구성해야 하는가?
- 마지막으로, 어떤 계약 조건이 적용될 것인가? 최대 금액이 정해져 있어서 시공사가 지정된 금액을 초과하지 않도록 하고, 그 금액을 초과할 경

---

1) 마스터 포맷에는 여러 버전이 있다. 휴대폰 소프트웨어처럼 모든 사람이 같은 버전을 사용하는 것은 아니다.

우 시공사가 책임지게 할 것인가? 또는 시공사가 실제 사용한 비용에 이윤을 추가하는 비용 플러스 계약cost-plus contract인가? 아니면 리스크를 대비하는 건설관리 같은 하이브리드 계약인가?

일반 요건

일반 요건은 작업 현장이 순탄하게 돌아가도록 하는 데 필요한 "조건"이다. 이 조건들 중 하나는 물리적인 것이다. 그 토지를 사람들이 작업할 수 있는 곳으로 전환하기 위해서는 작업 트레일러, 크레인, 침식 방지, 안전 펜스, 임시 유틸리티, 그리고 수십 가지의 다른 것들이 필요하다. 다른 조건은 관리 방법이다. 작업 부지를 관리하고, 작업 부지가 유동적으로 돌아가도록 하기 위해서는 규칙과 프로세스를 정해야 한다. 일부 계약은 일반 요건에 상세 내용을 포함하지만, 그 외 계약들은 간략하게만 언급한다. 다음은 고려되어야 할 몇 가지 주요 관리 항목이다.

- 언제 회의를 진행할 것인가?
- 관계자들의 보수는 어떻게 지급되는가?
- 입구 중 어디를 통해 트럭이 현장에 진입할 수 있는가?
- 크레인이나 지게차 등을 포함하여 무슨 장비를 사용할 수 있는가?
- 폐기물은 어떻게 처리해야 하는가?
- 임시 전력과 쓰레기는 어떻게 처리해야 하는가?
- 이동식 화장실은 어디에 있는가?

시공사들은 이 내용에 대해 잘 알고 있지만, 여러분이 보기에 비효율적인 것이 없는지 확인해 볼 필요가 있다. 기본 장비가 부족하거나 화장실과 거리가 너무 먼 경우 같이, 간단한 불편 사항들로 인해 공사에서 많은 시간이 낭비될 수 있다.

부지와 인프라

마스터 포맷은 부지와 인프라 장에서 시작하여 물리적 환경으로 이어진다. 토지 표면 작업과 수도관, 가스관, 전기 등을 추가할 경우 공사비가 올라갈 수 있다.

구분	항목	예시
02	기존 상태	토양 신고, 교통 신고, 유해물질, 철거 대상 항목
31[*]	토목공사	토지 정리 및 파내기, 굴착, 땅 고르기, 침식방지, 토질 안정, 해충 방제, 물 침투
32	외부환경 개선	포장, 보도, 차도, 연석 및 홈통, 울타리, 출입구, 옹벽, 야외용 가구, 비주얼 스크린, 방음벽, 볼라드 조명, 조경
33	유틸리티	파이프 및 와이어 크기, 도로에서 건물로 인입되는 유틸리티 종류

[*] 토목공사는 공사 초반에 진행되지만 어떤 이유에서 이 항목들은 마스터 포맷의 끝 부분에 나열된다.

설비 공사

설비 공사는 기계, 전기, 배관 시스템과 같은 것들을 제외한 건물의 나머지 부분이다. 다음은 각 항목의 구분과 예시이다.

구분	항목	예시
03	콘크리트	종류와 강도
04	석조	벽돌 종류, 스타일, 모르타르
05	금속	난간, 하드웨어
06	목재, 플라스틱, 복합재	목재, 목공 작업
07	단열 및 방수	단열재, 방습벽, 방음재
08	개구부	문, 창문
09	마감	바닥재, 페인트
10	특수 장비	보관함
11	장비, 기구	운동기구
12	가구	로비 가구, 미술품, 쓰레기통
13	특수 공사	수영장, 저온 창고
14	이동 장비	엘리베이터, 에스컬레이터
15~20, 24, 29, 30을 공란으로 남겨둠으로써 공사가 진행됨에 따라 향후 마스터 포맷이 확장될 수 있도록 했다.		

시설 서비스

오랜 기간에 걸쳐 건물 품질 중 가장 크게 발전한 것은 시설 서비스이다. 시설 서비스는 수도, 전기, 배관 같은 것으로, 수천 년 동안 인간의 주거공간에 존재하지 않았던 것들이다. 그것들은 건물에 활기를 불어넣음과 동시에, 안전성과 편의성을 더한다. 다음은 서비스에 포함되는 마스터 포맷의 주요 항목들이다.

구분	항목	예시
21	화재 진압	스프링클러, 소방서 연결
22	배관	파이프, 배수구, 설비(변기, 수도꼭지, 욕조 등)
23	HVAC(난방, 환기, 공조)	덕트 공사, 보일러, 냉각탑, 열 복사 시스템
25	통합 자동화	스마트 빌딩 기능
26	전기	조명, 콘센트, 발전기, 태양열
27	통신	케이블, 위성, 데이터
28	진입 통제	FOB시스템[2], 원격 접속

결론

이 분류를 빈도 사전처럼 사용해 왔다. 이는 공사뿐 아니라, 다른 어려운 주제를 공부하는 데 훌륭한 가이드 역할을 한다. 이는 건물이 어떻게 구성되고 여러분이 무엇을 이해하지 못하는지 알 수 있도록 도와준다.

건물에 무엇이 들어가는지 알았으니, 어떤 순서로 건물이 지어지는지에 대해 살펴보자.

---

2) FOB시스템은 모바일 기기, 컴퓨터 시스템, 네트워크 서비스 및 데이터에 대한 액세스를 제어하고 보호하는 데 사용되는 인증이 내장된 소형 보안 하드웨어 장치이다.

새로 인한 스케줄 지연

제비가 5월에는 둥지를 틀지 않는다고 알고 있었다. 하지만 이 모호한 사실은 2017년이 되자 중요해졌다. 과거, 목재소였던 부지에 대규모 복합시설 프로젝트의 사전 건설 단계를 지원하고 있었다. 이때 새들이 헛간 서까래에 둥지를 틀기 시작했다. 그 헛간을 철거하기 직전에 야생동물관리국이 와서 제비 개체 수를 조사했다. 각 개발 단계를 보여준 우리의 일정표에는 그 3일을 "새로 인한 스케줄 지연"이라고 표시했다. 조사 결과, 제비의 알이 없는 것으로 확인되어 헛간을 철거할 수 있었다. 그러나 그 결과가 나오기까지 그 조사는 중대한 문제였다. 그것은 다른 것들이 진행되기 전에 처리되어야 했다.

이번에는 프로젝트 일정에 대해 이야기하고자 한다. 특히 어떤 순서와 논리로 사건들이 전개되는지는 논의할 만한 주제이다. 먼저, 스케줄링 이론에 대해 조금 배울 필요가 있다. 그런 다음에 실제 물리적 과정에 대해 알아볼 것이다. 일정을 잘 짜면 공사를 시작하는 시기와 각 공사별로 관련된 수십 개의 하도급업체를 관리하는 방법에 대한 전략을 세울 수 있다. 또한 이것은 추후 발생할 수 있는 문제를 예측하는 데 도움이 된다.

임계 경로

프로젝트 일정표를 일반적으로 갠트 차트gantt chart라고 부른다. 갠트 Gantt라는 사람이 처음 그 아이디어를 생각했거나 이름을 지었을 것이다. 어쨌든 갠트 차트의 특이한 점은 단순 목록과 달리 항목 간의 상호 관계이다. 어떤 것들은 다른 것들을 따라야 한다. 예를 들어 건물에 전기를 공급하기 전에 날씨로부터 건물 내부를 보호해야 한다. 지정된 시점에 다른 공정을 강제로 대기하도록 하는 가장 중요한 공정을 임계 경로Critical Path라고 한다.

재무모델링과 마찬가지로, 일정을 짤 때 프로세스의 양쪽 끝에서 시작할 수 있다. 즉, 현재부터 일정을 짜기 시작하여 각 단계마다 소요될 것으로 생각되는 시간을 더하면 된다. 아니면, 더 흥미로운 방법으로, 준공 시점부터 시작해서 현재까지 거슬러 올라올 수도 있다. 후자의 접근 방식은 어느 정도의 시간을 사용할 경우 일정에 맞출 수 있는지 확인하기 위해 고안되었다. 때로는 현실적으로 주어진 시간 안에 공사를 완료할 수 없는 경우도 있다.

일반적으로 일반 시공사들은 무엇을 해야 하는지, 어떤 순서로 해야 하는지에 대해 더 좋은 방법을 알고 있다. 그들은 가이드로 사용할 수 있는 수백 개의 프로젝트 기록을 가지고 있을 것이다. 그리고 수십 개의 하도급업체가 동시에 작업하도록 하려면 이러한 해결 방법이 필요하다. 그들이 적합하다고 생각하는 방식으로 구성할 수 있는 자유를 주는 것이 현명한 선택이다. 그리고 프로젝트가 지연될 것으로 예상되면 해당 프로젝트가 끝날 때까지 기다리지 않을 것이다. 이런 이유로 관계자들은 보통 일정에 마일스톤milestone을 추가한다. 이 기한은 일정이 일부 변경될 경우 일일이 트집을 잡지 않고 결과적인 지연에 대해 논의할 수 있도록 하는 작은 마감일이다.

공사 단계

임계 경로와 마일스톤의 역할을 이해했으니, 건설 프로젝트의 실제 공사 과정에 대해 알아보자.

입찰

앞 내용으로 돌아가서, 시공사는 디벨로퍼와 계약을 체결하기 전 입찰서를 작성해야 한다. 그 금액은 입찰을 따낼 수 있을 만큼 낮아야 하지만 이익을 얻지 못할 정도로 낮으면 안 된다. 그러기 위해서는 내부적으로 모든 하도급업체로부터 입찰을 받을 시간이 필요하다. 15~20개 업체와 하도급 계약을 맺고, 작업별로 3개씩 입찰을 진행하려면, 사실상 40~60개 입찰을 받아야 한다. 그런 다음에 가장 적당한 업체를 선정하여 공사비를 합산한다. 이 입찰 가격에는 시공사의 이익뿐 아니라 현장에 상주하지 않는 회사 직원의 인건비 같은 간접비와 펜스 및 트레일러와 같은 일반 조건에 포함되는 비용이 추가된다.

기존 환경

누군가가 부지에 손을 대기 전, 시공사는 기존 환경에 대한 보고서를 작성할 것이다. 그것은 부지와 주변 부지에 있는 건물 상태를 나타낼 것이다. 그렇게 하면, 이웃들이 건축물 공사로 인해 그들의 건물 기초에 금이 갔다고 주장할 경우 그들의 건물이 애초에 어떤 상태였는지 보여줄 수 있을 것이다. 이것은 건물 간 기초가 불과 몇 피트 떨어져 있는 대규모 도시 프로젝트에서 특히 중요하다. 마지막으로, 기존 유틸리티를 확인하고 그것의 위치를 식별해야 한다. 혹시라도 가스관을 건드리면 폭발이 일어날 수 있다.

인허가

디벨로퍼가 용도와 같은 소유권 항목을 관리하는 반면, 기초 인허가, 일반 인허가, 배관 및 전기 관련 인허가는 시공사와 하도급업체가 담당한다. 계획에서 일부 세부사항을 조율해야 하거나, 시가 바쁘거나, 시의 인력이 부족할 경우 착공 시점이 몇 개월 지연될 수 있다.

해체와 제거

부지에 이미 건물이 있는 경우 그것은 아마 오래된 건물일 것이다. 오래된 건물에는 종종 납, 석면, 수은 같은 위험한 물질들이 있다. 부지에서 무슨 일이 발생하기 전에, 보호복을 입은 특수 팀은 그 건물에 들어가 조심스럽게 그 물질들을 제거해야 한다. 이것을 해체·제거라고 한다.

철거

위험 물질이 제거되면 해체 작업자가 나머지 구조물을 철거한다. 구조물 중 재사용할 자재나 요소가 있는 경우 활용 여부가 이 단계에서 정해진다. 요즘 자재를 재사용하는 것이 유행하고 있다. 다만 시간이 많이 걸리고 비용이 많이 드는 과정이라는 점을 알려주고 싶다. 자재를 조심스럽게 분해해 외부로 반출한 뒤, 보관 장소를 찾아야 하고, 마지막으로 현장에 가져가서 재조립하는 작업이 필요하다.

지하 복원

낡은 건물을 철거했으니, 이제 토양을 생각해 보아야 한다. 토양의 구멍이나, 기타 조사 중 지하에 유해 물질을 발견한 경우 그것을 보수해야 한다. 이때 유해 물질을 현장에서 제거하고 그 빈 공간을 깨끗한 흙으로 메꾸는 방법이 적절하다. 또는 막으로 땅을 덮어야 할 수도 있다. 상황에 따라, 환경 관련 부처가 개입해서 각 단계마다 작업 상황을 검사할 것이다.

---

1) 일반적으로, 건물 지상층에서 이루어지는 환경 개선 작업을 해체·제거abatement라고 한다. 지하 또는 흙 속에서 행해지는 환경 개선 작업을 복원remediation이라고 한다.

굴착 및 기초공사

깨끗한 흙으로 채워진 빈 부지가 준비됐다면 이제 굴착과 기초공사를 시작할 수 있다. 큰 구멍을 팔 경우 크로스 브레이싱cross-bracing 또는 지하연속벽slurry wall 으로 구멍의 측면을 보강해야 하는 경우가 많다. 흙벽은 무너질 위험이 있고, 굴착은 주변 건물의 기초 벽을 약화시킬 수 있다. 일단 구멍이 보강되면 건물의 기초공사를 시작할 수 있다. 땅을 파고, 기초를 세우고, 지상으로 올라오는 이 과정은 건설 프로젝트에서 위험도가 가장 높다. 지하 작업은 내부에 건식 벽이나 바닥재를 설치하는 것보다 훨씬 예측하기 어렵다.

유틸리티

도시의 거리 아래에는 상수, 하수, 전기 같은 유틸리티가 지나간다. 새 건물이 지어지면, 시는 건물을 주요 인프라와 연결하기 위해 전문 건설업체를 고용한다. 업체는 건물에서 거리의 연결부로 이어지는 측면을 통해 인프라와 연결한다. 일부 유틸리티 회사는 중력을 고려해야 한다. 당연한 이유로, 하수관은 아래 방향으로 내려가게 해야 한다. 외부와 연결되는 유틸리티 파이프는 슬리브sleeve라고 하는 기초 벽의 절연 구멍을 통해 건

---

2) 역주: 구조물에 안정성과 강성을 더하기 위한 대각선 교차 구조체이다.
3) 역주: 오염된 지하수가 수원으로 흘러드는 것을 차단하기 위해 지하에 수직으로 설치한 벽이다.
4) 큰 건물이나 토양이 좋지 않은 곳에서는 흙을 파서 파일이나 케이슨caisson(토목 공사에서 물 속 건설 작업용으로 이용되는 콘크리트로 만든 상자형 구조물)을 설치해야 한다. 이것들은 추가적인 구조 역할을 한다.

물로 인입될 수 있다. 그 기초 벽은 시공사가 콘크리트를 주입하기 전에 설치하는 벽이다. 아니면 시공사는 콘크리트가 주입될 때까지 기다렸다가 유틸리티를 삽입하기 위해 그 벽에 구멍을 뚫는 것을 선호할 수도 있다.

건물의 형태 만들기

위험한 물질을 제거하고, 이전 건물을 철거하고, 토양을 복원하고, 기초를 설치하고, 유틸리티를 인입했다면, 이제 가장 큰 위험이 남아 있을 수 있다. 여기서부터 건물 구조를 올리는 가시적인 작업이 시작된다. 건물이 나무로 만들어지면 공사팀은 벽에 틀을 짜기 시작할 것이다. 건물이 콘크리트나 강철로 만들어진다면 층마다 뼈대가 만들어지며 형태를 갖추기 시작할 것이다. 그런 다음에 건물 내 공간을 나누기 위하여 내벽을 세울 것이다.

둘러싸기

건물의 내부가 외벽으로 둘러싸일 때까지 건식 벽이나 바닥 마감재 같이 날씨에 민감한 자재는 설치할 수 없다. 이것들이 설치되려면 적어도 지붕과 창문이 필요하다. 건물이 전체 높이에 도달하면 "날씨에 영향을 받지 않는 건물"을 짓기 위해 서두르게 될 것이다.

MEP 인입

MEP는 기계, 전기, 배관을 의미한다. 이것들은 건물 설비의 일부이다. 건물이 날씨에 영향을 받지 않는 상태가 되면 이러한 설비 담당자들은 건물 전체에 덕트, 배선, 배관을 설치하기 시작한다. 이 단계를 MEP 인입 작업이라고 한다. 이 작업이 완료되면 건물 검사관들은 모든 것이 올바르게 설치되었는지 확인한다.

건식 벽

검사관들이 건물의 설비가 제대로 설치되었는지 확인하고 나면 건식벽이나 클래딩cladding을 사용하여 벽 마무리 공사를 할 수 있다. 건식벽은 공간을 나누는 스터드stud에 고정된다. 건식 벽의 "머드mud"와 "테이프tape"는 시트 사이의 이음매를 없애는 데 사용된다. 그런 다음, 벽의 표면을 매끄럽게 다듬고, 페인트를 칠한다. 이것은 미적인 목적으로 보이지만, 건식 벽은 건물의 내구성을 강하게 만드는 데 중요한 역할을 한다. 그것은 소방관이 현장에 도착해 불을 끌 수 있을 만큼 오랫동안 인화성 물질을 보호한다.

마감

벽이 설치되면, 그 건물은 드디어 건물처럼 보이기 시작할 것이다. 이때, 문, 조명, 바닥, 변기, 수도꼭지 같은 설비, 그리고 캐비닛 등이 설치될 수 있다. 상업적 측면에서, 이것은 때때로 트리밍 아웃trimming out이라고 한다.

기계 시운전

어느 시점이 되면 시공팀은 긴물에 있는 시스템을 작동시킬 것이다. 예를 들어 수압이 균일하고 냉난방 시스템이 건물의 모든 위치에서 균일하게 작동하는지 확인하는 것이다. 일단 화재 진압 시스템을 온라인으로 전환하면 건물은 화재로부터 보호될 수 있다.

조경 및 포장

중장비가 현장에서 나가고 주변 환경이 안전해지면, 조경 전문가들은 식물을 심기 시작한다. 포장 전문가들은 최종 포장 층을 덮기 시작한다. 이 작업을 너무 일찍 실행하면 건설 장비로 인해 손상을 입을 수 있다.

펀치 리스트 및 청소

각 공사 단계에서, 특히 마감재가 적용될 때, 일부 항목이 누락되고 아이템들이 손상될 수도 있다. 공사를 마무리 짓기 위해 건축가는 이러한 문제에 대한 목록을 만드는데, 이것을 펀치 리스트punch list라고 한다. 시공사가 펀치 리스트 항목을 정하면 소유자는 건물을 돌아다니며 별도의 펀치 리스트를 만들 것이다. 이 과정은 종종 오랜 시간이 걸리곤 한다. 건물의 하자를 고쳐야 할 사람들은 이미 다른 곳에서 새로운 프로젝트를 수행하고 있을지도 모른다. 이미 공사대금을 지불했다면 그 돈을 다시 돌려받기가 어려울 수 있다. 그런 이유로, 지불 유보금이 고안되었는데, 이것은 적은 비율로 공사대금을 지급하며 마지막에 인센티브를 주어 공사가 마무리되도록 장려하는 방법이다.

공사를 할 때 건물 내부에 무엇이 어떤 순서로 들어가는지 알았으니, 이제 누군가와 공사 계약을 해야 한다. 이어서 공사 도급 계약에 대해 논의한다.

일어날 수 있는 상황

이런 상황을 상상해 보자. 당신은 5천만 달러를 빌렸다. 고도의 기술 작업을 시키기 위해 그 돈을 누군가에게 주어야 한다. 이때 무엇이 잘못될 수 있는지 생각해 본다. 각 상황마다 어떤 일이 일어나야 하는지 계획해 본다. 예상치 못한 다수의 상황이 발생한다면 당신과 그 기술자, 둘 중 한 명은 파산할 수도 있다는 것을 알고 있다. 그리고 당신 스스로가 전문가라고 자신하는 순간, 그 프로젝트는 둘 중 하나 또는 심지어 둘 다를 망칠 수 있다.

건설 프로젝트에는 이 모든 할리우드 요소가 있다. 그리고 이야기가 그리스 비극처럼 끝나지 않도록 하려면 계약에 주의해야 한다. 계약서는 해야 할 일에 대한 여러 세부사항을 포함하지만 이의 가장 큰 역할은 문제가 발생했을 때 그 문제를 해결할 수 있게 하는 것이다. 최악의 경우 건설 프로젝트만큼 참담하게 끝날 수 있는 사업은 그리 많지 않다.

이번에는 공사 계약의 구성 요소를 살펴본다. 먼저 실제 작업과 관련된 항목에 대해 논의한 후 금융 문제로부터 당신을 보호하기 위해 설계된 구성 요소로 넘어갈 것이다. 숙련된 변호사가 그 과정을 이끌어 가길 원하겠지만, 그것을 온전히 변호사에게 맡기는 것은 옳지 않다. 어떤 의미에서 여러분은 폭주하는 열차에 자신을 묶은 상태다. 그 열차에 조종 장치가 어디 있는지 아는 것은 매우 중요하다.

작업 완료

"계약을 체결하러 가면" 시공사는 다음과 같은 질문을 할 것이다.

- 이것이 최종 도면인가?
- 우리가 그 일의 어떤 부분을 수행하기를 원하는가?
- 프로젝트가 언제 끝날 것으로 예상하는가?
- 공사 금액에서 어느 정도 위험을 감수할 수 있는가?
- 앞으로 발생하는 변경 사항을 어떻게 처리할 것인가?

이 질문들에 어떻게 대답해야 할까? 첫째, 설계는 결코 끝나지 않는다.[1] 매우 간단한 도면으로 진행할 수 있지만, 이 경우 정확한 공사비를 산정할 수 없다. 반면, 설계에 너무 많은 시간을 소비할 경우 시장에서 기회를 놓칠 수 있다. 어느 쪽이든, 디벨로퍼는 프로젝트를 추진하는 사람이다. 계약서에 첨부하는 도면(공사 문서)은 확실한 공사비를 산정하는 데 영향을 미친다.

팀이 수행하기를 원하는 작업을 간략하게 설명하기 위해 계약서에는 작업 범위가 포함된다. 시공사의 입찰 제안서에는 그들이 어떤 일을 할지,

---

1) 건축가가 완벽한 도면을 만들려면 작업 시간이 기하급수적으로 늘어나지만, 그렇다고 건축가의 수입이 기하급수적으로 늘어나지는 않는다. 건축가의 파이프라인에는 여러 프로젝트가 있기 때문에 완벽을 기하는 것은 경제적이지 않다.

그리고 책임지지 않는 것은 무엇인지가 반영되어 있다. 아무도 자신이 의도하지 않은 일을 위해 지휘봉을 잡고 싶어하지 않는다. 시공사의 업무 범위에는 현장에서 발견할 것으로 예상되는 조건도 기술되어 있다. 그러한 조건들이 예상한 것과 다를 경우, 즉 부지 아래에 제2차 세계대전 벙커가 있다면 계약 금액은 변경될 것이다. 이 상황에 대한 계약서의 조항을 '다른 현장 조건different site condition: DSC'이라고 한다.

프로젝트의 품질 수준을 지정하기 위해 설계자는 스펙specification을 작성한다. 스펙은 건물 전체적으로 어떤 종류의 조명 기구, 카펫, 페인트, 그리고 기타 아이템들을 설치할 것인지를 정확하게 보여준다. 이러한 세부 정보 는 시공사가 보다 정확한 입찰 제안서를 제시하도록 하기 때문에 중요하다. 프로세스가 시작되면 관련 하도급업체는 카탈로그에서 제품을 선택하여 설계자의 최종 승인을 위해 제품 목록을 제출한다. 승인을 받으면 하도급업체는 해당 제품을 주문하고 설치한다.

앞에서 이야기한 바와 같이, 프로젝트 일정을 보여주는 데 갠트 차트가 사용된다. 계약서에 전체 일정을 첨부할 수 있다. 하지만 중요한 마일스톤을 간단하게 나열하는 것이 더 일반적이다. 예를 들어 외벽 공사가 완료된 날과 다른 예로, 입주자들이 입주할 수 있도록 점유 허가서를 취득하는 날이 될 수 있다. 마일스톤의 수는 협상 가능하다.

마지막으로, 공사 금액과 지불 방법을 정해야 한다. 금액에 확신이 있다면 비용 플러스 시스템cost-plus system을 사용할 수 있다. 이 계약에서 시

---

2) 때때로 업무 범위에 포함되지 않는 것들이 있는데 이것을 스콥 갭scope gap이라고 한다. 어떤 사례가 있지 않는 한, 디벨로퍼가 대개 그 비용을 부담해야 하는데, 그렇기 때문에 디벨로퍼는 애초에 스콥 갭을 없애고 싶어한다.

3) 스펙은 수백 페이지일 수 있으며 이것은 마스터 포맷을 통해 구성된다.

공사는 단순히 공사비를 청구하고 거기에 그들의 비용(간접비, 일반 조건 비용 및 이익)을 추가한다. 가격이 걱정되어 공사비를 고정시키고 싶다면 최대 확정 금액 방법을 사용할 수 있다. 이 경우 시공사는 디벨로퍼가 지불할(이론상) 최대 가격을 설정하고 초과 비용이 발생하면 시공사의 이익을 상쇄한다. 두 가격 시스템 모두 일종의 리스크 헤지다. 누가 공사비를 잘못 판단하느냐에 대한 당신과 시공사 사이의 내기인 셈이다. 위험대비 건설관리construction management at-risk[4] 같은 하이브리드 방법은 두 가지 옵션의 부족한 점을 보완하고자 만들어졌다.

잘못될 수 있는 것

계약서를 통한 보호 방법을 알아보기 전에, 당신에게 필요한 보호가 무엇인지에 대해 간략히 살펴보자. 업무 범위, 스펙, 일정 및 공사 금액과 관련된 사고 외에도 프로젝트에서 겪을 수 있는 다양한 어려움이 있다.

- 부지 상태(예: 지하 벙커가 있을 경우)
- 건물 결함(예: 침몰, 기울어짐 또는 누수가 있을 경우)
- 인접 재산 피해(예: 이웃에게 영향을 주는 경우)
- 신체 부상(예: 누군가 부상 또는 사망할 경우)
- 파산(예: 시공사 또는 하도급업체 중 하나가 파산하여 작업을 완료할 수 없는 경우)

---

4) 역주. 설계 단계가 완료되기 전에 프로젝트의 클라이언트가 CM을 선택할 수 있도록 하는 프로세스이다.

이러한 시공사 문제 외에도, 디벨로퍼들은 종종 예산을 초과할 수 있는 계약상의 전략인 수당도 사용하게 된다. 수당은 어떻게 작용할까? 어떤 품목에 대해 예산을 얼마나 책정해야 할지 확실하지 않으면 정액 계약을 해도 된다. 이것은 설계 프로세스의 속도를 높일 수 있다. 하지만 추측 능력이 부족하고, 너무 많은 수당을 사용하면 예산은 통제할 수 없는 상태가 될 수 있다. 이 경우 모든 책임은 디벨로퍼가 지게 된다.

대차대조표 보호

　도면, 업무 범위, 스펙, 일정 및 공사 금액 시스템에 충분한 시간을 할애했더라도 여전히 예상치 못한 상황으로부터 스스로를 보호해야 한다. 어떻게 해야 할까? 계약 내용에 의사 결정 트리decision tree를 만들어 누가 어떤 경우에 자신의 보험으로 배상해야 하는지 표시한다. 그런 다음, 각 시나리오에 맞게 배상 조건을 추가한다. 배상책임은 어떤 당사자가 지불할 책임이 있는 반면, 다른 당사자는 지불할 책임이 없다는 것을 말해 준다. 이것은 해당 비용이 전적으로 배상책임 있는 당사자에 의해 자금이 조달되어야 함을 의미한다. 극단적인 예를 생각해 보자. 건물이 기울어져 있다. 이것은 다음 당사자의 과실일 수 있으며, 따라서 그에 대한 책임이 있다.

- 터파기 공사 회사
- 토양을 연구한 지질공학 엔지니어
- 기초를 설계한 구조 기술자

- 콘크리트 토대를 만든 하도급업체
- 콘크리트를 어디에 부어야 하는지 알려준 측량사

누군가는 책임이 있을 것이고 일단 그것이 결정되면 다른 당사자들은 계약 내용을 통해 그것을 고쳐야 할 의무에서 벗어나게 된다. 보험 목적으로, 양 당사자는 예산에 예비금contingency 항목을 포함시킬 것이다. 이것은 그들이 책임져야 할 모든 문제를 처리하기 위해 편성된 자금이다.

결론

TV쇼에는 극적인 순간을 연출하기 위해 종종 누군가가 상대방에게 "변호사"를 불러올 것이라고 말하는 장면들을 보여준다. 그런 다음에 그들은 상대방이 "믿을 수 없는 법적 싸움을 준비해야 할 것"이라고 덧붙인다. 그 쇼에서 이런 장면은 강한 인상을 남긴다. 그러나 실제로 소송은 변호사의 수백 시간과 그에 따른 천문학적인 수수료를 수반한다. 그리고 소송을 하는 동안 건물은 완료되지 않은 채로 남게 된다. 이것은 임대료 손실과 함께 당신이 예상했던 것보다 훨씬 많은 건설 이자가 발생된다는 것을 의미한다. 설령 소송에서 승소한다고 해도 소송 비용으로 인해 많은 손해를 볼 수 있다.

건물을 가능한 저렴하게 짓는 것은 쉽지 않지만, 그렇다고 당신이 존중하지 않는 사람들과 일하는 것은 현명하지 않다. 존중하는 사람들과 각종 현안을 해결해 나가야 한다. 우리가 논의한 문서들이 최대한 확실하게 준비됐을 때 다음 과정으로 넘어가야 한다. 그렇지 않으면 곧 과거의 디벨로퍼가 될 수 있다.

이어서, 매달 프로젝트 비용이 어떻게 지급되는지 살펴보자.

스스로의 힘으로

나는 우리 아이들을 사랑한다. 그들이 앞으로 한동안 우리와 함께 살 것이라는 사실이 기쁘다. 그럼에도 불구하고, 그들이 독립해서 그들 스스로를 책임지는 날이 오기를 기대한다. 그들이 빠른 시일 내에 경제적으로 독립할 수 있을 것이라 생각하지 않으며, 그 과정에서 예상치 못한 일들이 발생할 것이란 걸 알고 있다. 그래도 언젠가는 내가 그들의 생활비를 책임지지 않아도 되는 날이 올 것이다.

부모처럼, 디벨로퍼는 프로젝트가 준비되는 동안 모든 비용을 부담한다. 디벨로퍼의 운영 사업체는 측량, 토양 굴착, 프로젝트 법인 설립 등에 필요한 비용을 지불한다. 하지만 건설 대출이 실행되는 날을 기준으로, 모든 것이 달라진다. 말하자면, 그 건물은 디벨로퍼로부터 "독립하는 것 moves out"이다. 디벨로퍼의 운영 법인은 새로운 프로젝트의 법인에 그들이 그동안 제공한 서비스에 대한 수수료를 청구한다. 그리고 (이상적으로) 프로젝트 법인이 대주와 자기자본 투자자들의 자본을 받아 처음 지급하는 비용은 개발 회사의 수수료이다.

이번에는 새로운 프로젝트가 회계적으로 자립하기까지의 과정에 대해 간략히 논의할 것이다. 먼저, 대출을 실행하기 전, 그것이 어떻게 준비되었는지 알아볼 것이다. 그런 다음 몇 개월간의 공사 과정과 대주, 시공사 및 프로젝트 법인 간의 관계를 살펴볼 것이다.

대출금 인출 일정

건설 대출이 실행되기 훨씬 전에 새로운 법인의 처음 몇 년간 재무상태를 예측해 볼 것이다. 이것은 대출금 인출 일정으로 시작된다. 그 일정은 각각의 비용이 어느 시점에 발생할지 보여준다. 은행에서는 대출금 전액을 선불로 주지 않는다는 것을 기억해야 한다. 특정 공정이 끝날 때마다 대출금을 인출한다. 그리고 그들은 그 기간 대출 이자를 납부할 수 있을 만큼 충분한 예산을 책정했는지 확인하기 위해 각 인출금이 얼마인지 알고 싶어할 것이다.

대출금 인출 과정에서 대부분의 비용 항목은 프로젝트의 시작과 끝에 발생한다. 예를 들어 감정 평가와 대출 관련 수수료는 모두 시작 부분에 발생하고, 가구와 테넌트 빌드 아웃 tenant build-out¹ 이 마지막 단계에 발생한다. 그럼에도 불구하고, 일반적으로 프로젝트 전체 비용의 60~70%를 차지하는 공사비는 시공사에 균등하게 지급되지 않는다. 공사 과정 중, 시작과 끝은 느린 반면, 중간쯤일 때 가장 빠르게 돌아간다. 건설 기간 중 발생하는 이자를 더 정확하게 예측하기 위해 곡선을 그려 보는 것이 도움이 될 수 있다.²

---

1) 역주. build out은 임차인 요청에 따라 그들이 사용할 수 있도록 상업용 건물 공간을 공사해 주는 것이다. 이러한 측면에서, 이것은 tenant improvement로 간주될 수 있다.

2) 아폴로 프로젝트가 한창이던 당시, 나사에서는 수십억 달러가 사용되었고, 이때 나사는 정확한 예산 산출을 위해 "베타 곡선"을 만들었다. 나는 이 곡선들을 스프레드시트에 저장해 두었다. 이 자료는 스카이라인 포럼The Skyline Forum 웹사이트에서 다운로드할 수 있으니 참고하기 바란다.

기성 청구서

시공사는 보통 각기 다른 공사 업체들과 하도급계약을 맺는다. 그 업체들은 매월 말 시공사에게 기성금을 청구한다. 시공사는 그 청구서들을 검토하고, 기성 청구서application for payment라는 하나의 통합 청구서를 만든다. 가장 일반적인 청구서 양식은 미국 건축가 협회에서 만든 G702/703 양식이다.

통합 청구서에서 주의 깊게 봐야 할 항목은 크게 두 가지다. 첫째, 업체에서 계약금의 30%를 지급하라고 요구할 경우 그들은 실제로 그 30%에 대한 업무를 수행했는가? 건축가와 사내 공사 담당자는 이것을 확인할 수 있을 것이다. 하지만 현실에서, 업체는 그들이 실제로 수행한 것보다 더 많은 금액을 요구하는 경우가 많다. 둘째, 그 달에 실제 인출할 대출금액이 당신이 예상한 금액과 얼마나 일치하는가? 차이가 많을 경우 은행에 그 이유를 설명해야 할 수 있다.

줌 아웃

건물이 운영되고 안정화되면, 손익계산서는 사업 성과를 측정하기에 가장 적절한 방법이다. 손익계산서는 긴 기간에 걸쳐 수입과 비용을 관리하며, 이때 청구금이 지급되는 달에서 정확한 날짜를 알 필요는 없다. 그러나 개발 과정에서 타이밍은 매우 중요하다. 이런 이유로 인해, 때로 인출 기간의 범위를 더 넓게 설정해 놓는 것이 유리하다. 일반적이진 않지만, 3~4년간의 프로젝트 개발 기간에 대한 개략적인 현금흐름을 예측할 수 있다.

- 개발 준비기간 1년
- 공사기간 1~2년
- 초기 리스업 1년

그 기간 현금흐름을 예측할 수 없으므로 모든 자금이 소진되지 않도록 주의해야 한다. 이 단계까지 도달할 수 있다면 운영 중이면서 현금흐름이 발생하는 건물을 손에 쥐게 된다. 그리고 공식적으로 그 건물이 "탄생했다"라고 말할 수 있다.

건물 프로젝트의 막바지에 도달하고 있다. 하지만 그것은 그 건물이 만들어낼 새로운 사업의 시작을 알리는 신호이다. 그러면 그 사업은 어떻게 진행되고, 어떤 방식을 통해 전환되는지 잠시 알아보자.

8단계
오프닝

이제 겨우 시작

　나는 눈이 오는 날 테네시 주에서 태어났다. 내가 태어나고 몇 분 후, 간호사 몇 명이 나를 옆방으로 데려가 초기 진단을 하고 목욕을 시켰다. 아빠는 의사와 엄마를 방에 남겨두고, 간호사와 나를 따라 나왔다. 의사가 손을 씻으려고 그 방에서 나오자, 엄마는 안도의 한숨을 내쉬었다. 그녀는 "다행이야, 드디어 끝났어"라고 말했다. 의사가 손을 닦고 문 쪽으로 걸어왔다. 그리고 그는 고개를 저으며 웃기 시작했다. "아뇨, 스티븐스 부인. 이제 시작입니다. 이제 겨우 시작입니다."

　펀치 리스트가 준비되어 있고, 시공사가 공사를 완료한 후 떠나면 프로젝트가 끝났다고 생각할 수 있다. 하지만 모든 탄생과 마찬가지로, 이것은 시작에 불과하다. 책을 마무리하기 전, 중개업, 자산관리, 자산운용업을 포함해서 프로세스의 마지막 단계에 대해 간략하게 소개하고자 한다. 이 분야의 전문가들은 당신이 만들어 낸 개발 사업을 이어받아, 현금흐름을 만들어 내는 사업으로 재탄생시킬 것이다. 그들은 아마 이전 단계에서 좋은 상품을 만드는 방법에 대한 조언을 하며 사업에 관여했을 것이다. 건물이 완공되었으니, 이제 그들이 맡아 사업을 진행할 것이다.

점유 허가

건물 운영을 위해 임차인을 확보하면 그들은 건물이 언제쯤 점유 허가를 취득하게 될지 물을 것이다. 여러분은 거의 완공된 건물을 돌아다닐 수 있다. 건물 조사관이 건물을 점유할 권리를 부여하기 전에 임차인에게 건물을 사용하게 하는 것은 불법이다. 그렇기 때문에 점유 허가를 취득하는 시점은 건물을 관리할 사람들에게 매우 중요하다. 건물이 호텔이나 아파트 건물이고 잘못된 시기에 문을 연다면 그 후 몇 개월간 재앙을 경험할 수 있다. 그리고 특정 날짜로 임대차 계약을 했는데 그 날짜를 맞추지 못한다면 임차인들에게 그 기간동안 묵을 호텔 숙박비, 창고 사용료, 임대차 계약 연장 비용 등 엄청난 금액의 손해배상을 해야 할 것이다. 그럼 이 건물의 임대 활동과 원활한 운영을 도와주는 주체들은 누구일까?

중개인

임대는 개발 중인 건물의 가치를 좌우한다. 임대에 관한 규칙이 하나 있다. 임대가 길수록 더 구체적인 요구사항들이 수반된다. 나는 어제 주차장을 두 시간 이용했다. 여기에는 어떠한 서류 작업도 필요하지 않았다. 카드를 긁고 나오면 됐다. 내가 필요로 한 모든 조건들은 주차장 입구의 작은 표지판에 나와 있었다. 반면, 제조업체가 50만 제곱피트의 창고에 10년짜리 임대차 계약을 체결할 경우 100페이지 이상의 계약 조건이 수반될 것이다.

임대기간이 길어질 경우 임차인 확보에 더 많은 노력이 필요하다. 그리고 그런 경우엔 보통 상업 중개인이 관여한다. 상업 중개인들은 그들의 시간을 투자하여 해당 지역의 모든 면적(일반적으로, 리테일, 오피스, 산업시설)을 조사한다. 그런 다음에 적당한 임차인과 임대인을 연결시키려고 노력한다. 어떤 경우 임대인은 사내 중개인을 두기도 한다. 그러나 대개는 임차인이 고용한 중개인을 통해 연결된다. 그 중개인은 임대인이 아닌 임차인을 대리한다. 그리고 임대차 계약이 체결되면 중개인들은 수수료를 받고 사라진다. 이때 자산관리사가 등장한다.

자산관리사

임차인이 자주 바뀌는 아파트 같은 자산 클래스를 운영하고 있다면, 누군가 현장에 상주하며 관리하는 것이 바람직하다. 그러나 특정 건물을 위해 직원을 고용하려면 많은 비용이 든다. 이것이 아파트 단지들이 점점 더 커지고 있는 이유 중 하나이다. 100세대 이상이 아니면 현장 관리 직원을 고용하기 어렵다.

현장 관리 직원은 보통 자산관리사 Property Manager로 알려져 있다. 자산관리사는 두 가지 주요 역할을 수행한다. 첫째, 임대 사무소에 직원을 배치하여 현재 및 잠재적 임차인이 대화할 수 있는 창구를 만든다. 둘째, 현장에서 발생한 문제에 대한 수리 및 유지보수를 책임진다. 건물이 점점 커지고 시스템이 복잡해지면 전문 건물 관리 직원을 고용할 것이다. 이런 작업을 수행하는 인력을 시설관리사 facility manager라고 부른다. 그들은 건물을 효율적으로 운영하고, 운영비를 절약하는 데 핵심적인 역할을 한다.

자산운용사

자산관리사는 건물을 관리하고, 시설관리사는 건물을 원활하게 운영하지만, 이 둘은 모두 순영업이익 라인 상위 항목인 수입과 비용에 집중되어 있다.¹⁾ 임대 활동은 임대 수입을 극대화하는 것을 목표로 한다. 그리고 유지보수에서는 운영 비용을 최소화하는 것을 목표로 한다. 그럼, 누가 건물을 전체적으로 검토하고 포트폴리오 상의 다른 건물과 비교하는 일을 할까? 그런 일을 하는 사람들을 자산운용사Asset Manager라고 부른다.

자산운용사는 포트폴리오 상의 여러 자산을 관리한다. 예상한 예산과 실제 집행된 예산에 어떤 차이가 있는지 검토한다. 또한 자본적 지출(예: 지붕 교체)과 대출 스케줄 같이 순영업이익 라인 아래에 있는 항목들도 관리한다. 대출 만기가 도래해 곧 리파이낸싱을 받아야 한다면 건물의 임대율을 높여서 그 건물이 좋은 평가를 받을 수 있도록 할 것이다. 중개인과 자산관리사와 함께 자산운용사는 건물이 제대로 운영되도록 관리한다. 그 결과, 당신은 새로운 개발 사업에 집중할 수 있다.

---

1) 역주. 현금흐름표 상, 순영업이익 라인 위에 있는 항목들은 대개 영업 활동과 관련된 수입과 비용이고, 아래 항목들은 비영업 활동에서 발생되는 수입과 비용이다.

에필로그

마치는 글

몇 주 전, 어떤 건물 준공식 행사에 참석했다. 그 건물은 힙한 동네에 있었고 디자인도 훌륭했다. 파티가 진행되는 동안, 기자, 사진작가, 정장 차림의 사람들이 감명을 받은 표정으로 돌아다녔다. 갓 태어난 아기처럼, 한번도 사용된 적 없는 새로운 건물을 보는 것은 흔한 일이 아니다. 한 손님이 주위를 둘러보면서 하는 말을 우연히 들었다. "이런, 내가 잘못된 사업을 하고 있군."

그 행사에서 모든 것이 끔찍한 아이디어라고 생각한 사람이 네 명 있었는데, 나 역시 그중 한 명이었다. 건물의 위치나 디자인이 형편 없었다는 뜻이 아니다. 외부에서 보면 모든 것이 멋져 보인다. 그러나 수익 측면에서 봤을 때 그 프로젝트의 디벨로퍼는 실패할 게 분명했다. 건물이 모두 임대되더라도 발생되는 수입과 비용을 고려할 때 투자자들에게는 아주 적은 수익이 돌아갈 것이다. 아마 해당 사업의 관계자들은 다른 것에 투자하는 것이 더 나았을 것이다.

나는 이 책을 통해 부동산의 탄생을 아이의 탄생과 비교했다. 둘 사

---

1) 건물이 압류되거나 손실을 입고 매각된다면 누군가는 저렴한 가격에 그 건물을 매입할 수 있을 것이다. 이런 식으로 수입 대 비용의 비율을 잘 활용하면 매수인은 처음 그 건물을 지은 디벨로퍼보다 훨씬 더 나은 수익을 얻을 것이다. "건물의 두 번째 주인은 많은 돈을 벌 것이다"라는 유명한 농담이 있다.

이에 공통점은 많다. 하지만 나는 여기서 그 둘의 차이점에 주목하고자 한다. 내 아들의 인생은 태어날 때부터 정해져 있지 않았다. 얼마나 잘 또는 형편없이 펼쳐질지 모르며, 다른 사람들 역시 그럴 것이다. 그러나 놀랍게도 개발 프로젝트는 그와 정반대이다. 수입과 개발 비용의 비율에 의해 결정되는 경제적 가치는 어떤 의미에서 볼 때 건물이 태어날 때 이미 정해져 있다. 너무 많은 비용을 사용했거나 임대료를 너무 높게 가정했다면 당신은 그 사실을 매우 빨리 알아차릴 수 있을 것이다. 그리고 둘 중 어느 것도 해결할 수 없을 것이다. 은행은 담보 대출을 줄여주지 않을 것이고, 임차인들 역시 갑자기 더 많은 임대료를 주지 않을 것이다.

스타트업

앞서 시장조사에서 이야기한 내용을 다시 생각해 보자. 모든 새로운 개발 프로젝트는 스타트업 기업이다. 스타트업에서 모든 위험을 조정하는 것은 불가능하다. 일부 기술 창업자들은 성공적으로 첫 제품을 출시하지만 이후 벤처에서는 실패한다. 마찬가지로, 많은 성공한 부동산 디벨로퍼들은 더 많은 투자를 하지만, 하나의 나쁜 딜로 인해 모든 것을 잃는다. 그것은 명석하고 노련한 전문가들에게도 일어날 수 있다. 그리고 그동안 논의한 프로젝트 단계별 위험을 과소평가한 신규 디벨로퍼들의 리스크는 더욱 커진다.

그런 위험을 완화하는 가장 좋은 방법은 기본에 대한 건전한 호기심을 키우는 것이다. 이 책의 내용을 잘 이해하고 관련 분야에 연관되어 있다면 당신의 지식을 어떻게 발전시킬 수 있을지 고민하게 될 것이다.

파트 1에서 부동산 개발 과정과 경제 이슈를, 파트 2에서는 부동산 개발 프로젝트를 단계별로 알아보았다. 그런 다음, 내가 가장 이해하지 못하는 것이 무엇인지 생각해 보았다. 내가 잘 모르는 것이 무엇이며, 내가 궁금한 부분에 대해 가장 많은 정보를 얻을 수 있는 사람은 누구인가? 이 책이 당신에게 그런 궁금증을 해소하는 데 도움이 되었기를 바라며, 이 책이 추후 생길 수 있는 질문들에 대한 전반적인 기반이 될 수 있기를 바란다.

감사의 글

아내 레베카Rebecca는 오랜 기간 힘든 시간을 보냈다. 그럼에도 불구하고, 내가 글쓰기 프로젝트를 진행하는 것에 반대하지 않았다. 뿐만 아니라, 그 과정 내내 나에게 너무나도 소중한 제안들을 해 주었다. 그녀의 인내심과 격려가 없었다면 이 책을 써낼 수 없었을 것이다.

프로젝트 시작과 동시에, 라이언 프리치Ryan Fritsch라는 훌륭한 첫 독자를 얻게 되었다. 라이언은 위스콘신매디슨대학교University of Wisconsin-Madison에서 공부하던 중 여름 기간 인턴으로 함께 일했다. 실제로 나의 원고를 처음부터 끝까지 다 읽은 사람은 그가 처음이었다. 한 학생이자 독자로서, 그의 통찰력은 내가 학생들을 위해 책을 써내는 데 큰 도움을 주었고, 그는 책의 초안을 어떻게 다듬을지에 대한 수십 가지의 좋은 아이디어를 제공해 주었다.

나의 좋은 친구 레이조 와흘린Reijo Wahlin은 훌륭한 변호사로, 저술 작업을 계속하는 데 있어 지지자 역할을 해주었다. 나는 주의가 산만한 경향이 있는데, 그는 굉장한 법적 조언을 제공하는 것 외에도 내가 늘 집중할 수 있도록 도와주었다.

프로젝트가 완성되어 가는 와중에 여러 분야의 사람들로부터 전문적인 조언을 받았고, 그들의 지식은 이 프로젝트에 상당한 변화를 이끌어냈다. 다음은 큰 도움을 준 이들이다.

- 재능 있는 부동산 변호사: 로렌 로프턴Lauren Lofton
- 3명의 일류 건축가들: 앨런 바커Alan Barker, 필 후오타리Phil Huotari, 코너 맥과이어Conor McGuire
- 계획적인 구조 엔지니어: 프레스턴 베이커Preston Baker
- 누구도 따라할 수 없는 도시 계획가: 제시카 본Jessica Vaughan
- 2명의 숙련된 시공 전문가들: 플로렌트 일라지Florent Ilazi, 조단 슐츠 Jordan Schulz
- 지칠 줄 모르는 금융 분석가: 사이먼 볼러Simon Bowler
- 3명의 재능 있는 부동산 디벨로퍼들: 제드 번Jed Byrne, 커크 앨빈슨Kirk Albinson, 루크 패튼Luke Patton
- 자본시장의 베테랑: 마이크 맥거번Mike McGovern
- 필요한 대출을 해 준 은행가: 조 마이너Joe Minor

달리 언급되지 않는 한, 이 책 속의 좋은 아이디어는 모두 그들의 것이고, 의심스러운 아이디어는 나의 것이라고 생각해 주길 바란다. 마지막으로, 오타를 찾기 위해 원고를 읽어 주신 부모님께 큰 감사를 드린다.

부록

부록 A 위원장의 사임

이 사직서는 캘리포니아 팔로 알토의 전 도시계획위원회 위원이었던 케이트 다우닝Kate Downing이 medium.com에 올린 것이다. 이 내용은 앞서 인허가 단계에서 언급했었다. 이것은 개발 과정 중, 나와는 다른 입장에서 주택 공급에 대한 훌륭한 견해를 보여준다. 다음은 미리 허락을 받고 게재한 것이다.

시의원과 팔로 알토 주민 여러분께

저는 이 편지를 통해 도시계획교통위원회에서 공식적으로 사퇴하고자 합니다. 팔로 알토에서 여러 해 동안 노력했지만, 제 남편과 저는 이곳에 머물면서 가족을 부양할 방법을 찾을 수가 없었습니다. 저희는 현재 살고 있는 집에 월 6,200달러의 월세를 다른 커플과 함께 나누어 내고 살고 있습니다. 저희가 이것과 같은 집을 매입해서 룸메이트 없이 아이들과 함께 살려면, 총 270만 달러가 들 것입니다. 그렇게 되면 저희는 담보 대출, 세금, 보험으로 매달 12,177달러를 지불해야 됩니다. 이것을 연간으로 계산하면 146,127달러입니다. 이 금액은 전문 직업을 가진 사람의 세금을 공제하기 전 소득과 맞먹습니다. 아마 변호사와 소프트웨어 엔지니어조차 감당할 수 없을 것입니다.

저 같은 전문가들이 여기서 가정을 꾸릴 수 없다면 교사들, 응급 구조대원들, 서비스직 종사자들 모두 심각한 문제에 처해 있다는 것은 분명한 일입니다. 우리는 이미 경찰관직에서 공석이 늘어나고, 점차 수많은 교사들이 계약 연장을 하지 않는다는 것을 알고 있습니다. 그 이유는 주거비가 천문학적으로 높기 때문입니다. 팔로 알토 뿐 아니라 주변 지역도 마찬가지입니다. 저는 팔로 알토의 주택 공급을 확대하기 위해 의회에 거듭 제안했습니다. 저는 이미 주거를 늘리고 있는 이웃 도시들과 함께 일자리-주거 불균형을 개선하기 위해 그것을 제안했습니다. 이러한 불균형은 베이 에어리어Bay Area 전체의 주택 가격을 통제 불능 상태로 만들어 버립니다.

저는 수십 명의 사람들이 위원회 회의와 지방자치단체 회의에 와서 주택 공급을 최우선 과제로 삼아 달라고 의회에 요청하는 것을 보았습니다. 시의회는 같은 내용으로 팔로 알토 주민 1,000명 이상의 서명을 받았습니다. 주택 공급 문제는 팔로 알토에서 매년 실시되는 조사에서 주민들이 가장 많이 꼽는 이슈입니다. 하지만 시의회는 이러한 주민들의 요청을 대부분 무시해 왔습니다. 대신 그들은 향후 15년 계획을 보여줬습니다. 하지만 그럼에도 불구하고, 지역사회는 앞으로도 계속해서 일자리-주택 불균형을 겪게 될 것입니다.

저는 지난 5년간 수십 명의 친구들이 팔로 알토를 떠나고, 때로는 베이 에어리어를 완전히 떠나는 것을 보았습니다. 그리고 다른 주에 사는 친구들이 이곳의 일자리 제안을 받고 나서 집값을 보고 그 제안을 거절하는 것을 본 적도 있습니다. 젊은 가족들이 이곳에 뿌리를 내릴 희망이 전혀 보이지 않는 상황에서 팔로 알토가 앞으로 어떻게 될지, 또 그것이 무엇을 의미하는지 생각하면 마음이 아픕니다.

상황이 이대로 지속된다면 팔로 알토의 거리는 몇십 년 전과 똑같아질 것입니다. 그리고 이곳의 주민들, 정신, 공동체 의식은 찾아볼 수 없을 것입니다. 한때 번성했던 도시는 텅빈 박물관으로 변할 것입니다. 우리는 팔로 알토가 주민들의 업적으로 인해 세계적으로 유명해졌다는 것을 기억해야 할 것입니다. 하지만 그 사람들이 그 일을 오늘 시작했다면, 어느 누구도 지금 팔로 알토에서 살 수 없었을 것입니다.

케이트 다우닝 드림

부록 B 기회의 구조

　부동산 개발, 건축, 도시계획 관련 산업에서 할 수 있는 일이 얼마나 남았을까? 대부분의 도시들은 이미 충분한 오피스 건물과 주거시설을 갖추고 있는 것으로 보인다. 이것은 커리어를 전향한지 얼마 안 된 나에게 큰 걱정거리로 다가왔다. 여러분은 새로운 일을 시작하기 위해 어떤 방식으로 기회를 찾아내는가?

　이 질문에 대해, 지난 몇 년 동안 배운 것을 간략하게 소개하고자 한다. 이 책은 앞에서 부동산 개발 산업이 아닌 개별 부동산에 초점을 맞춰왔다. 하지만 여기서는 부동산 산업에서 발견할 수 있는 '기회의 구조'에 대해 이야기하고자 한다. 여기서 기억해야 할 두 가지 기본적인 아이디어가 있다.

첫 번째 아이디어

　물리적 공간을 만드는 사업에는 항상 새로운 기회가 있다. 그것에 대한 몇 가지 이유를 알아보자.

물리적 세상

- 건물은 빠르게 노후화된다. 이 세상에 있는 건물 대부분은 75년 안에 교체될 가능성이 높다.
- 사람들의 취향은 빠르게 변하고, 많은 사람들은 그들의 공간에 최신 디자인과 기술이 반영되길 원한다.
- 매년 자연재해로 인해 건물이 파괴된다.
- 새로운 인프라는 교통 패턴을 바꾸고 새로운 지역을 필요로 한다.

사회적 역사

- 인구가 증가함에 따라 사람들은 추가적인 공간을 필요로 한다.
- 기업들이 새로운 지역으로 이전하면 그 지역에는 수천 명의 사람들이 유입될 수 있다. 그들에게는 업무 및 주거 공간이 필요할 것이다.
- 시는 특정 낙후지역 개발을 위해 조세담보금융제도 및 기회특구자금지원 같은 추가 보조금을 지원함으로써 새로운 지역에 개발이 일어나도록 한다.

어떤 회사든 이런 기회를 얻을 수 있다. 하지만 신규 또는 소규모 회사에만 적용되는 좋은 기회들도 있다.

규모

- 소규모 회사의 경우 단독주택, 2세대 주택single duplex, 4세대 주택single fourplex 또는 작은 상업 공간을 개발하는 것이 항상 가능하다. 큰 회사는 이런 작은 프로젝트에 시간을 쏟지 않을 것이다.
- 회사들이 성장하고 더 큰 기회가 생기면 더 이상 작은 프로젝트를 하지 않게 된다. 그 결과, 여러분이 참여할 수 있는 기회가 생긴다.

진화

- 주요 대도시를 제외하고 다른 도시에는 "아직 완성되지 않은" 시장이 있는데, 보통 큰 회사들은 여기에 집중하지 않는다. 잘 선택한다면 그곳에 경쟁이 치열해지기 전에 자리를 잡을 수 있을 것이다.
- 시대와 상황에 따라 새로운 자산 클래스가 생겨나야 하지만 큰 회사는 대개 그런 방향으로 가려고 하지 않는다. 최근 크게 성공한 사례로 셀프 스토리지, 생활 지원 시설, 고급 학생주택이 있다.
- 지원 서비스 산업이 발전하면서 풀타임 직원을 채용하기 어려웠던 스타트업 기업들은 외부 업체에 그들의 업무를 맡길 수 있게 됐다. 어느 정도의 비용이 발생하긴 하겠지만, 그것은 그들이 큰 회사와 경쟁할 수 있게 해 준다.

독창성

- 여러 개의 작은 필지들을 모아 하나로 "합필"하는 것은 새로운 가능성을 만들어 내지만 큰 회사들은 대개 그렇게 하는 데 시간을 들이고 싶어하지 않는다. 여러분이 그것을 잘한다면 본인만의 이점을 갖게 되는 것이다.
- 여러분은 자신만의 네트워크와 인간관계를 가지고 있다. 큰 회사에는 없는 오프마켓 기회 또는 비공개 정보를 알 수 있다. 이것은 성공적인 프로젝트의 열쇠가 될 수 있다.

간단히 말해서, 디벨로퍼들이 활용할 수 있는 기회는 고유하다. 그 기회는 어딘가에 내재되어 있다. 산업 자체의 특성 때문에 이런 현상은 결코 중단되지 않을 것이다. 그리고 그 사실은 건축 환경에 긍정적인 영향을 줌으로써 생계를 유지하고자 하는 사람들에게 안심이 될 것이다. 하지만 여기에는 함정이 있다.

두 번째 아이디어

나는 뉴스를 잘 보지 않는다. 하지만 내가 뉴스를 볼 때면 헤드라인에 똑같은 비즈니스 기사가 여러 번 오르는 것 같다. 그것은 소수의 회사들이 어떻게 전 세계를 장악하게 되었는지에 대한 내용이다. 그런 몇몇 회사들은 그들의 제품을 많이 사용할수록 그들에게 유리한 생태계를 만들어 놓았다. 다른 회사들은 이런 생태계에 맞는 제품을 제작하도록 되어 있다. 그리고 그들은 그것을 통해 발생한 수익을 공유해야 한다. 그 뉴스 기사들은 언제나 그 추세는 멈출 수 없고 큰 기업들은 더 많은 지배력을 행사하고 있다는 결론을 내린다.

그 뉴스는 당신이 어떤 입장인지에 따라 다르게 받아들여진다. 소비자라면 그 부분을 신경쓰지 않을 수 있다. 통합된 시장을 더 좋아할 수도 있다. 왜냐하면 그로 인해 몇 개의 공급업체만 상대하면 되기 때문이다. 반면, 사업가라면 그 사실은 실망스러울 수 있다. 어떤 앱을 만들었다고 가정해 보자. 애플은 앱 스토어에 여러분의 앱을 추가하는 것만으로 매달 발생하는 수익 중 30%를 요구한다. 여러분이 간신히 사업을 이어가는 동안 그들은 그들의 주머니를 채울 것이다.

이 이야기가 사실인지 아닌지, 그리고 만약 그것이 사실이라면 당신이 어떻게 생각하든, 그것은 부동산 개발 업계와는 관련이 없는 내용이다. 부동산 개발 분야에는 구글이나 페이스북이 없고, 앞으로도 없을 것이다. 이런 주장은 부동산 비즈니스가 어떻게 발전하고 있는지에 대한 보편적인 관점에 직면하며 제기된다. 이에 대한 몇 가지 실제 사례를 살펴보자.

- 2018년, 미국 최대 아파트 개발 회사의 아파트 건설 세대수는 미국 전체의 1.32%에 불과했다.[1]
- 상위 25개 개발 회사의 건설 세대수의 합계는 전체의 17.8%였다.
- 시장 점유율 50.1%를 확보하려면 2018년 한 해에만 214,129세대의 아파트를 개발해야 하는데, 이것은 그해 텍사스, 캘리포니아, 플로리다, 뉴

---

1) 미국 통계국, 건축 인허가 조사(2019년 5월 업데이트).

욕, 콜로라도, 일리노이에서 건설된 아파트 세대수를 합친 것보다 더 많은 수치이다.

오피스 시설의 경우 이런 수치를 얻기는 더 어려운데, 최근 시카고에서 공사 중인 40개 오피스 프로젝트에 대한 기사를 읽은 적이 있다. 그 기사에서는 두 개 이상의 프로젝트를 진행하는 회사가 몇 개밖에 되지 않는다고 적혀 있었는데, 그것은 그리 놀라운 사실이 아니었다. 그중 세 개 이상을 진행하는 회사는 한 곳도 없었다. 만약 그런 회사들이 있다 하더라도, 그들은 작은 프로젝트들을 기반으로 하고 있기 때문에 높은 시장 점유율을 가지고 있지 않을 것이다. 그리고 그것 역시 그리 놀라운 사실이 아니다.

수억 명의 사용자가 있고, 그것에 수반되는 비용이 거의 없는 앱이 만들어 내는 규모의 경제를 고려했을 때 부동산 개발과 같은 물리적 산업에서는 그것이 절대 불가능하다. 이 프로세스는 여러 번 수행해도 기하급수적으로 저렴해지거나 쉬워지거나 빨라지지 않는다. 그리고 로스엔젤레스 내 신규 오피스의 절반이나 되는 공간을 개발할 시간이나 자본이 있는 곳은 어디에도 없다. 충분한 인력이 없는 것은 물론이고, 그런 사업은 수십억 달러의 자본을 필요로 한다. 그리고 단일 시장에서 발생하는 경기 침체 위험은 상당히 높을 것이다.

시사점

사람들은 그들 삶의 87%를 실내에서 보내고, 그 수치는 아마도 계속해서 증가하고 있을 것이다. 앞에서 언급한 내용을 근거로, 시장에는 새로운 발전을 도모할 혁신의 기회가 항상 있을 것이라고 믿는다. 그러나 그와 동시에 이런 큰 기회를 만드는 요인들은 누구도 그 기회를 완전히 지배할 수 없게 한다. 물론 유명한 회사들이 있고 그들의 규모는 클 수 있다. 하지만 그들은 보통 어떤 지역이나 특정 자산 클래스에 한해 지배적이다. 규모에 상관 없이 그들은 전문가이다. 그리고 시장에는 언제나 한 명의 새로운 전문가를 위한 자리가 존재한다.

---

2) Neil E. Klepeis and William Nelson, "The National Human Activity Pattern Survey: A Resource for Assessing Exposure to Environmental Pollutants," (University of California at Berkeley): https://indoor.lbl.gov/sites/all/files/lbnl-47713.pdf.

부록 C 배당 워터폴 계산

앞에서 논의했듯, 부동산 개발에 필요한 자금의 대부분은 투자자들이 투자한다. 하지만 그 후, 그들은 옆에서 지켜볼 뿐 직접적인 일은 하지 않는다. 이와 대조적으로, 디벨로퍼들은 상대적으로 적은 자금을 투자하지만, 개발과 관련된 거의 모든 일을 수행한다. 그럼 개발 과정에서 전혀 다른 역할을 하는 사람들 사이에서 어떻게 수익을 공평하게 나눠줄 수 있을까?

먼저, 자본 투자 비율을 기준으로 수익을 분배해야 한다고 생각할 수 있다. 하지만 투자자처럼 아무 일도 하지 않으면서 훨씬 많은 수익을 가져간다면 누가 디벨로퍼가 되고 싶어 할까? 이런 딜레마를 두고, 디벨로퍼는 물론이고 투자은행 같이 이 산업에 종사하는 사람들도 배당금 워터폴 방법을 사용한다. 워터폴은 수학적으로 계산하기 어렵다고 알려져 있지만, 차근차근 살펴보면 원리는 간단하다. 여기서는 그 계산 방법에 대해 간략히 알아볼 것이다.

한 가지 알아야 할 것이 있다. 나는 오랫동안 "워터폴 구조화 방법"을 배우고 싶어 했다. 그 당시 나의 가정 조건은 딜의 유형 및 규모와 상관없이 동일했다. 그것은 잘못된 방법이었다. 모든 프로젝트마다, 사람들은 테이블 앞에 앉아 각자의 위험 수준을 기준으로 수익을 어떻게 분배할지 협의한다. 두 당사자가 합의한 내용을 스프레드시트에 공식으로 풀어낼 수 있다. 그들이 하는 거래는 중요하게 작용한다. 워터폴은 협의 결과에 따라 달라진다. 비록 일반적인 방법이 있다고 해도 그것을 그대로 따라가는 경우는 없다.

보통, 일반 투자자가 적을수록 계산은 간단하다. 투자자들의 투자금이 크면 클수록, 그들은 더 많은 위험에 노출됐다고 느낀다. 이 경우 투자금이 대출과 자본 사이에서 취급되길 요구한다. 또한 1년간 발생한 수익이 아닌 수년간 누적된 수익을 기준으로 수익 분배를 요구할 수도 있다. 두 가지 경우 모두 모델상에서 상당히 많은 회계 업무를 필요로 한다. 학습 목적을 위해 소규모 투자자와 사업을 진행한다고 가정해 보자.

자기자본금

워터폴에서 첫 번째로 계산해야 할 것은, 각자 그 딜에 얼마나 투자하고 있는가이다. 프로젝트 총 사업비가 1,000만 달러이고, 대주가 LTV 70%로 대출한다고 가정해 보자. 이 경우 그 프로젝트는 대출금 700만 달러를 받게 되고, 자기자본금 300만 달러가 필요하다. 누가 그 300만 달러를 투자할까? 나는 내 모델에 다음과 같은 가정 값을 적용했다. 그 비율은 딜마다 다르다.

- 자본금에 대한 투자자의 투자 비율: 90%
- 디벨로퍼 투자 비율: 10%

이 경우 다음과 같이 계산된다.

자기자본		
구분	투자자	디벨로퍼
자기자본에 대한 투자 비율	90%	10%
× 전체 필요 자기자본	× $3,000,000	× $3,000,000
= 당사자별 자기자본	= $2,700,000	= $300,000

우선 수익

투자자들이 자금의 90%를 투자한다는 것은 그들이 디벨로퍼보다 잃을 것이 더 많다는 것을 의미한다. 이런 위험을 보상하기 위해, 워터폴은 매년 대부분의 현금흐름(비용 및 담보대출 이자 차감 후)을 그들에게 분배한다. 만약 자기자본의 90%를 투자했다면 수익의 90%를 받게 될 것이다. 이것을 우선 수익이라 하며, 수익자는 그 금액이 충족될 때까지 분배받게 된다. 이때, 우선 수익률을 8%라고 가정해 보자.

첫 번째 계산식에서, 특정 연도에 현금흐름을 나누는 목적은 각자의 우선 수익을 알기 위해서이다.

---

1) 디벨로퍼도 우선 수익을 받긴 하지만, 그들은 겨우 자기자본의 5~10%만 투자한다. 결과적으로, 디벨로퍼에게 지급되는 우선 수익은 그들의 작업 분량에 비해 충분하지 않다.
2) 진정한 우선 수익은 투자자에게 수익의 100%를 제공하고, 나머지 금액을 디벨로퍼와 나누는 것이다. 이것은 일종의 비례식 하이브리드 방식이다. 디벨로퍼는 (소액) 투자로 우선 수익을 얻는다.

우선 수익 상한 금액 계산			
당사자	투자자	디벨로퍼	합계
금액	$2,700,000	$300,000	100%
× 우선 수익률 %	× 8%	× 8%	
= 우선 수익 $	= $216,000	= $24,000	= $240,000

    양 당사자 모두 우선 수익을 받으려면 비용 및 대출 관련 비용을 차감한 후 현금흐름이 240,000달러 이상이어야 한다. 현금흐름이 그보다 작을 경우 해당 금액에서 투자 비율만큼 분배금을 받게 된다. 실현되지 않은, 즉 미지급된 우선 수익을 처리하는 방법에 대해서는 아래 각주 3)과 각주 4)를 참조하길 바란다.[3)4)] 우선 수익을 지급한 후에도 남는 돈이 있다면, 디벨로퍼가 더 많은 수익을 가져가게 된다. 그것을 어떻게 계산하는지 알아보자.

---

3) 미지급 우선 수익을 처리할 수 있는 방법은 세 가지가 있다. 첫째, 각 해를 기준으로 계산한다. 특정 연도의 현금흐름이 우선 수익보다 작을 경우 해당 연도의 모자란 현금흐름을 받지 못한다. 둘째, 우선 수익이 발생하고, 향후 몇 년에 걸쳐 지급된다. 하지만 각 현금흐름은 복리로 계산되지 않는다. 셋째, 미실현 우선 수익이 누적되고 복리로 계산된다. 즉, 수익이 발생한 다음 해에 투자자의 최초 투자금액과 미실현 우선 수익을 더한 금액을 우선 수익 금액 산정 기준으로 한다.

4) 워터폴에는 아이러니한 점이 있다. 워터폴에서 미실현 우선 수익은 누적되고 복리로 계산된다. 모델에 상당한 복잡성이 더해지는데, 일반 투자자들은 이런 이해하기 어려운 수익 분배 방식을 좋아하지 않는다. 아이러니하게도 이런 복잡성은 거의 대부분의 투자자에게 유리하다. 따라서 이러한 복잡성을 없앰으로써, 디벨로퍼는 더 나은 거래를 할 수 있고, 투자자에게 설명하기도 더 쉬워진다. 놀랄 것도 없는 것이, 이런 조건들은 대규모 기관 투자자들과 일할 때 흔하게 사용된다. 이때, 한 명 또는 소수의 주요 투자자가 프로젝트의 투자금 대부분을 제공하고, 그들은 더 유리한 조건을 요구한다. 내 관점에서, 누적되고 복리로 계산되는 우선 수익은 더 이상 자기자본이 아니다. 자기자본의 정의는 위험이라고 할 수 있다. 투자자들이 원하는 것은 높은 이자율 상승일 것이다. 내가 당신에게 5천만 달러를 빌려준다면 나 역시 아마도 동일한 요구를 할 것이다.

성과 보수

투자자들은 우선 수익으로 그들의 투자금을 보상받는다. 이제 워터폴은 대부분의 일을 수행한 디벨로퍼에게 보상해야 한다. 이를 위해 디벨로퍼에게는 성과 보수promoted interest=carried interest가 지급된다. 그것이 무엇이라고 불리든, 여기서 중요한 점은 디벨로퍼는 그들이 투자한 지분보다 더 많은 이익을 얻을 수 있다는 것이다. 예를 들어 자본의 10%를 투자했지만 우선 수익보다 많은 30%의 이익을 얻을 수 있다. 그리고 거래가 성공적이었다면 투자자와 합의된 수익률을 충족시킨 후, 훨씬 더 많은 이익을 가져갈 수 있다.

이런 방식을 요약해서, 내 모델에는 다음과 같은 내용이 들어간다. 앞서 언급한 바와 같이, 이러한 수치는 협의에 따라 달라질 수 있고, 프로젝트마다 다르다. 나는 이 아이디어를 설명하기 위해 공격적인 숫자를 사용했지만 이것이 불가능한 것은 아니다.

성과 보수 조건	
성과 보수 1단계	투자자의 연간 수익률이 8~12%인 경우, 이익 분배율: 투자자 50%, 디벨로퍼 50%
성과 보수 2단계	투자자의 연간 수익률 12%를 달성할 경우, 이익 분배율: 투자자 30%, 디벨로퍼 70%

이것은 우리에게 중요한 사실을 말해준다. 디벨로퍼는 단순히 그들의 투자금에 한하여 "수익을 얻는 것"이 아니다. 다른 사람들에게 투자 기회, 즉 수익을 제공한다. 투자자들은 그들의 목표 수익이 충족될 경우 디벨로

퍼가 얼마를 가져가든 상관없다. 이것은 워터폴의 다음 단계 에서 어떻게 계산될까?

성과 보수 1단계 계산

특정 해에 두 당사자 모두에게 우선 수익 8%를 지급했다면 남은 수익을 양 당사자 간 합의된 비율인 50:50으로 분배한다. 이것을 성과 보수 1단계라고 한다. 투자자가 언급한 12%의 연간 수익률을 달성할 때까지 이러한 방식으로 수익을 계속 분배한다. 수익률 12%가 모두 충족되면 성과 보수 2단계로 전환하는데, 이때 나머지 수익은 디벨로퍼에게 유리한 30:70 비율로 분배된다.

이런 방법으로 수익을 나누기 위해서는 투자자의 수익률 8~12%에 해당하는 금액이 얼마나 되는지 알아야 한다. 그 금액을 알아야 성과 보수 1단계에서 수익을 어떤 방식으로 분배할지, 그리고 어느 시점에 성과 보수 2단계로 전환해야 하는지 알 수 있다. 놀랍게도 이 금액을 계산하는 것은 모든 과정을 통틀어 가장 까다로운 부분에 속한다. 그렇다면, 그것은 어떻게 적용될까?

---

5) 워터폴의 단계를 보통 허들Hurdle이라고 부른다. 어떤 사람들은 우선 수익을 허들 1이라고 하고, 다른 사람들은 우선 수익과 분리하여 워터폴의 두 번째 단계를 허들 1이라고로 한다. 어쩔 수 없이 선택해야 한다면, 우선 수익은 매우 다르게 계산되기 때문에 나는 후자를 선호한다. 하지만 개인적으로 "허들"이라는 것으로 돈을 버는 것에 대해 이야기하는 것을 좋아하지 않는다. 장애물을 뛰어넘는다는 운동적인 비유는 이해하지만 그 단어가 일반 투자자들에게 '장벽'을 생각나게 만드는 것 같다. 투자자가 워터폴 구조가 너무 복잡하다고 느끼거나, 돈을 지급받는 것에 장벽이 생기는 것을 원하지 않는다. 그리고 나는 우리 모두가 이 점에 동의하기를 바란다. 그런 이유로 나는 우선 수익 이후의 단계를 성과 보수 1단계, 성과 보수 2단계 등으로 나타낸다. 나는 그렇게 나누는 것이 잠재적 투자자들과 이야기할 때 워터폴 아이디어를 더 쉽게 전달하고 합리화할 수 있다고 생각한다.

여기서 보여준 바와 같이, 성과 보수 1단계에서 성과 보수 2단계로 전환하기 위해, 그 해에 우선 수익률 12%가 먼저 달성되어야 한다. 즉, 이미 우선 수익률 8%를 확보했을 것이기 때문에 4%의 추가 수익이 필요하다. 그럼, 투자자의 수익률 4%에 해당하는 금액은 얼마일까?

투자자의 성과 보수 1단계	
투자자의 투자금액	$2,700,000
× 최대 1단계 성과 보수	× 12%
= 12% 수익률에 해당하는 금액	= $324,000
− 이미 지급된 우선 수익	− $216,000
= 투자자에게 지급되는 8~12% 사이의 금액	= $108,000

여기서 계산된 108,000달러를 성과 보수 1단계에 지정한 비율인 50:50으로 나누려고 할 수 있다. 하지만 그 계산 방법은 맞지 않다. 투자자는 수익률 12%를 달성하기까지 겨우 108,000달러의 50%만 받고자 하지 않는다. 그들은 108,000달러 전부가 필요하다. 즉, 108,000달러는 성과 보수 1단계의 전체 금액이 아니다. 그것은 그 금액의 50%이다. 전체 금액을 알아내기 위해 다음과 같은 방식으로 계산해야 한다.

총 성과 보수 1단계	
투자자의 성과 보수 1단계	$108,000
투자자의 성과 보수 1단계 비율	÷ 50%
= 총 성과 보수 1단계	= $216,000
× 디벨로퍼의 성과 보수 1단계 비율	× 50%
= 디벨로퍼의 성과 보수 1단계	= $108,000

이 경우 두 당사자의 성과 보수 1단계 금액은 동일하지만, 보통은 그렇지 않다. 분배 비율이 60:40이면 총 성과 보수는 $180,000(=$108,000 ÷ 60%)이 될 것이고, 그중 디벨로퍼의 보수는 $72,000이 될 것이다.

여기서 주의할 점은 우선 수익 초과 현금흐름이 108,000달러일 경우 성과 보수 2단계로 전환하지 않는다는 것이다. 총 현금흐름이 우선 수익 + 성과 보수 1단계의 합계와 같으면 성과 보수 2단계로 전환해야 하는데, 이 경우는 456,000달러이다.

우선 수익 + 성과 보수 1단계			
구분	투자자	디벨로퍼	합계
투자 금액	$2,700,000	$300,000	
우선 수익 (미리 계산한 수치임)	$216,000	$24,000	$240,000
성과 보수 1단계의 최대 수익	$108,000	$108,000	$216,000
현금흐름이 해당 금액과 같을 때 성과 보수 2단계로 전환	$324,000	$132,000	$456,000

특정 연도의 현금흐름이 우선 수익보다 크지만 성과 보수 1단계 수익보다 작을 경우 그 금액을 50:50으로 나눈다. 수익이 $456,000(우선 수익에 성과 보수 1단계를 더한 금액) 이상일 경우 여러분에게 유리한 수익 분배와 함께 성과 보수 2단계로 전환하게 된다.

성과 보수 2단계 계산

최종 단계의 성과 보수 계산은 간단하다. 456,000달러 이상의 현금흐름을 30:70으로 나눈다. 왜 다른 단계가 필요할까? 새로운 단계는 어느 시점이 되면 투자자의 수익이 안정화되고, 디벨로퍼가 이 거래를 통해 얼마나 많은 수익을 얻는지 보여준다. 부동산 개발에 소극적인 투자자들은 디벨로퍼 수준의 수익을 기대하지 않으며, 최종 성과 보수 2단계의 계산은 그들이 그 정도의 수익을 취득하지 않는다는 것을 보여준다. 2단계는 최종 단계이기 때문에(적어도 나의 가정을 기준으로 할 경우) 상한선이 없다. 하지만 디벨로퍼와 투자자가 원할 경우 자유롭게 더 많은 단계를 추가할 수 있다.

매각 및 룩백 조항

이전 내용은 취득한 연간 수익을 어떻게 처리하는지 보여준다. 그러나 워터폴은 그와 동시에 매각에서 발생한 수익을 어떻게 분배할 것인지도 보여주어야 한다. 위 내용과 같이, 분배 조건은 협상 가능하다. 그것은 투자금액에 비례할 수도 있고, 성과 보수를 포함할 수도 있다. 수익을 분배하기 전, 대출금을 먼저 상환한 다음, 모든 사람이 투자한 자금을 돌려준다. 다음은 모델에 필요한 내용이다.

매각에서 발생한 수익은 투자자에게 70%, 디벨로퍼에게 30%로 분배된다.

수학적으로 이것이 마지막 단계일지 모른다. 매각에서 발생한 수익에 그 비율들을 곱해 분배한다. 그러나 때때로 투자자는 룩백lookback 조항을 포함할 것이다. 룩백 조항은 투자자가 특정 수익률을 달성하지 못한 경우 부족한 부분을 보완하기 위해 매각 시 추가적인 수익을 가져가는 것이다. 또한 투자자는 연도별로 발생되는 부족액을 복리 이자와 같이 그들이 투자한 자금에 합산되도록 요구할 수도 있다. 어느 경우든, 자산 매각 시 얼마큼의 추가 이익을 받아야 하는지 계산하려면 우선 수익의 복리 이자를 이용하여 각 연도별 부족분을 구하고, 그 복리 이자율을 사용하여 자산의 가치를 환산한다(시간에 따른 가치 차이 반영). 그들에게 지급되는 매각 수익은 부족액의 미래 가치만큼 증가한다.

결론

개인적으로 워터폴이라는 주제에 대해 두려움을 가지고 있었다. 그것을 모델링하는 것은 굉장히 어려워 보였다. 하지만 나중에 알게 된 것처럼, 워터폴은 내가 못하는 수학이 아니었다. 더하기, 빼기, 곱하기, 나누기를 할 수 있다면 누구든 계산할 수 있다. 방금 논의한 내용의 이해를 돕기 위해 다음 그림을 참조하길 바란다. 이 그림을 먼저 보여줄 수 있었지만 이것에 대해 설명하기 전에 보여줬다면 도움이 되기보다는 오히려 혼란을 가져왔을 것이다. 앞서 이야기한 바와 같이, 사람마다 이것을 다르게 설정할 수 있으며, 나는 그 점을 설명하기 위해 약간 공격적인 숫자를 사용했다.

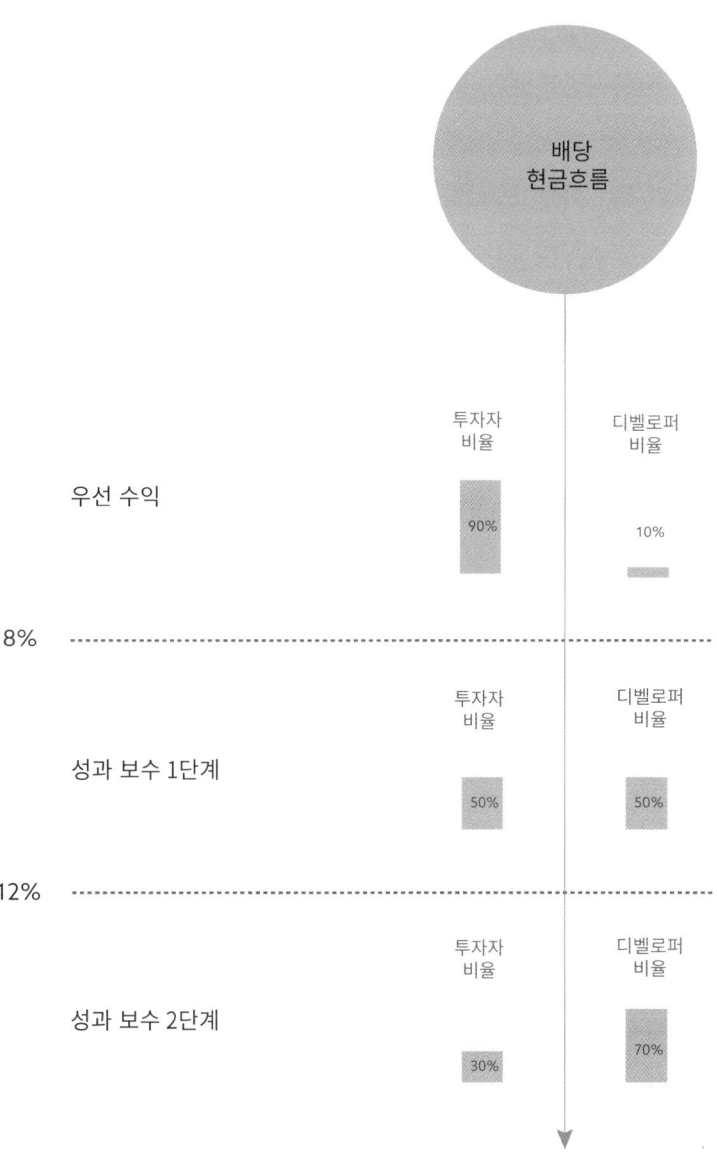

부록 D 밀도

지금까지 도시의 밀도를 높이고 가격을 낮추기 위해 무엇을 해야 하는지에 대해 이야기했다. 그렇게 하기 위해서 무엇이 필요한지 몇 가지 말해주고자 한다. 나에게는 그 계획을 실행할 권한이 없지만 여러분들 중 누군가는 그럴 수도 있다. 내가 간략히 설명하고자 하는 것은 원형 도시 계획urban planning circle이라는 형태 기반의 법규와 비슷하다.

저밀도

지난 해, 미니애폴리스 시는 합리적이면서도 혁명적인 일을 해냈다. 그들은 단독주택 구역제를 폐지했다. 당신은 여전히 단독주택에 살 수 있고, 직접 단독주택을 지을 수 있다. 그리고 디벨로퍼들 역시 단독주택을 개발해서 큰 수익을 얻을 수 있다. 하지만 앞으로는 한 필지 위에 한 채 이상의 단독주택을 지어도 된다. 현재 전체 주거시장에서 가장 적은 비율로 최대 밀도를 갖춘 주거 형태는 최대 3세대가 살 수 있는 3층짜리 건물이다. 이것을 쓰리 플렉스three-plex라고 부른다. 유럽에서는 그것을 다세대주택multi-family이라고 부른다.

그들이 이런 결정을 내린 데는 몇 가지 이유가 있었다. 첫째, 시는 경제적 측면에서 사람들이 집을 사는 데 문제가 있다고 느꼈다. 둘째, 이미 모두에게 잘 알려져 있듯, 단독주택 구역제와 이와 관련된 방법들은 주변 이웃들을 인종적 그리고 경제적으로 분리시키기 위해 사용되었다. 이 해결책은 이전 방식을 개선함으로써 앞으로 더 나은 결과를 만들어낼 수 있다. 그리고 이 방법을 적용한 것은 미니애폴리스뿐만이 아니다. 시애틀은 단독주택지의 6%를 재조정하기 위해 비슷한 방안을 모색하고 있다.

다른 여러 도시들과 마찬가지로, 미니애폴리스의 토지 면적 절반 이상이 현재 단독주택으로 사용되고 있다. 그 도시는 간단한 정책 변경만으로 주택 공급량을 세 배로 늘릴 수 있을 것이다. 그렇게 급격한 변화는 일어나지 않겠지만, 이 정책으로 인해 10~15%의 세대가 추가로 시장에 공급될 수 있다. 그리고 과거의 경험을 비추어 봤을 때 그것은 주택 가격을 크게 떨어뜨릴 수 있다.

나는 한 필지의 최대 법적 밀도를 한 세대로 제한하는 것이 합리적이지 않다고 생각한다. 따라서, 첫 번째 밀도 지역인 "저밀도" 지역에, 한 필지 당 최대 4세대가 거주해도 무방하다고 생각한다.

중밀도

파리와 베를린 같은 도시들은 매년 미국인 관광객들로 넘쳐난다. 그 도시들은 훌륭한 보행 접근성, 많은 액티비티, 매혹적인 가로 경관을 제공한다. 그 도시들과 다른 도시들의 공통점은 보통 평균 건물 높이가 5층에서 6층 사이라는 것이다. 이 정도 높이의 건물이면 거리에 햇빛이 비칠 수 있다. 하지만 어떤 이유에선지, 사람들은 주거시설로써 이 스타일을 선호하지 않는다. 당신이 만약 이 지역에 4층이나 5층짜리 주거시설을 짓게 되면, 사람들이 탄식하는 소리를 듣게 될 것이다. 그들은 그 건물들이 그들의 지역 구조를 망쳐버릴 것이라고 생각할 것이다.

그들은 그리니치 빌리지Greenwich Village를 구하려고 했던 것처럼, 역사 전반에 걸쳐 진행된 민주주의 활동을 그들의 청사진으로 여길 것이다. 즉 그것은 시민들의 통제하에 도시를 설계하는 것이다. 역사적으로 아이러니한 점은 저밀도로 계획된 곳 중 하나인 그리니치 빌리지는 4~6층짜리 건물들로 채워진 지역이라는 것이다. 참고로, 그리니치 빌리지는 도시계획에 있어 갈등의 발화점이었다. 지역 주민 단체는 맨해튼의 고층 빌딩과 대비하여, 그 지역을 "낮은 밀도"로 유지하기 위해 로비를 벌였다. 여기서 놀라운 점은, 대부분의 미국인에게 그리니치 빌리지는 밀도가 높아 보인다는 점이다. 그곳은 크라이슬러 빌딩Chrysler Building에 비하면 밀도가 낮지만, 캔자스 농장의 마을과는 비교가 안 되게 밀도가 높다.

파리, 베를린, 그리니치 빌리지 같은 지역의 규모는 훌륭한 중밀도 지역을 만들어 낸다. 아이러니하게도, 도시들이 그들의 기준보다 높은 밀도 수준을 받아들인다면, 그리니치 빌리지 같은 곳이 더 많아질 것이다. 중밀도 도시가 많아지면 다운타운 고층 빌딩의 초고밀도 지역은 거의 필요하지 않을 것이다. 파리의 밀도가 뉴욕보다 높다는 사실을 기억하길 바란다. 그 이유는 파리의 건물 높이는 대부분 비슷하기 때문이다. 그렇기 때문에 다운타운에 50층이나 되는 건물을 지을 필요가 없다.

고밀도

몇몇 도시에는 당신이 원하는 만큼 높게 지을 수 있는 고밀도 지역이 있다. 노스캐롤라이나 주의 더럼Durham에서는 건축 제한이 거의 없기 때문에 건물을 300피트 높이까지 올릴 수 있다. 그 결과, 그 정도로 높은 건물 몇 개가 만들어졌다. 하지만 앞서 언급했듯, 다운타운에 중간 밀도의 지역이 생겨날 경우 그 정도의 고밀도 건물은 필요하지 않을 것이다. 저밀도 지역에 필지당 최대 4세대를 짓고, 나머지 면적에 최대 6층까지 지을 수 있다면 그 도시에 많은 사람들과 사업체들을 수용할 수 있을 것이다. 이렇게 혼합된 밀도는 걷기에 적합하면서 부담스럽지 않은 가로 경관을 만든다.

예를 들어 땅의 30%를 낮은 밀도로 하고, 50%는 중간 밀도로, 그리고 나머지 20%는 높은 밀도로 구성한다고 가정해 보자. 도시가 이렇게 구성될 경우 도시의 디벨로퍼들은 모든 토지를 지속적으로 재평가하거나 모든 이웃과 협의할 필요 없이, 새로운 수요를 충족시킬 수 있을 것이다.

부연

마지막으로, 밀도를 최대로 효율화시키는 주요 방법 중 하나를 싱글룸 어큐펀시single-room occupancy라고 한다. 이것은 아파트 전체가 아닌 1개의 방을 임대하는 것이다. 역사적으로, 가난한 이민자들이 미국에 도착했을 때 그들은 아파트를 빌리지 않았다. 대신 방을 빌렸다. 이를 통해 많은 사람들이 주거문제를 해결할 수 있었다. 이 건물들은 보통 형편없이 설계되었기 때문에 (예를 들어 창문이 거의 없거나, 방 6개에 화장실은 하나밖에 없는 경우) 그런 건물들이 위치하던 동네는 보통 낙후되어 있었다. 그 후, 불법 단체들이 그 건물들을 점거하기 시작했고, 그 지역은 끔찍한 악명을 얻게 되었다.

관리도 되지 않고 설계조차 불량한 건물은 모두 위험한 장소가 될 수 있다. 단독주택은 노후화되고 마약을 제조하는 곳이 될 수 있다. 상점은 조직적인 범죄를 은폐하는 장소가 될 수 있고, 창고는 모든 불법 활동 현장이 될 수 있다. 그러나 이런 활동은 부동산의 형태 때문에 만들어진 것이 아니다. 그것들은 그 부동산의 부적절한 설계와 유지보수로 만들어진 결과이다. 싱글 룸 어큐펀시도 멋진 방법으로 사용될 수 있다. 그것은 우리 도시에서 주거 기회를 제공하기 때문에 다시 활성화되야 할 것이다. 그렇게 하기 위해 지역제는 바뀌어야 할 것이다.

부록 E 마스터 플래닝

매우 넓은 면적의 토지를 확보할 수 있다면 마스터 플랜 개발을 하고 싶을 것이다. 이런 개발은 다양한 종류의 자산이 포함된 가상의 도시가 될 수 있다. 석사과정을 하는 동안 그런 지역을 어떤 식으로 설계할 것인가에 대해 많은 관심을 갖게 되었다. 연구를 통해 한 가지 결론을 내리게 되었다. 바로 거리 계획과 마스터 플랜은 거의 같다는 것이다. 마스터 플랜 개발에서 거리를 설계할 경우 다음과 같은 주요 조건을 고려해야 한다.

그 지역을 어떻게 돌아다닐 것인가?
- 걸어서 이동하기 편리한가?
- 자전거를 타고 이동이 편리한가?
- 대중교통을 타고 이동이 편리한가?
- 자동차를 타고 이동이 편리한가?

그 지역의 속도는 얼마나 되는가?
- 좁고, 양방향 도로는 속도를 느리게 한다.
- 다차선의 일방통행 길은 속도를 빠르게 한다.
- 속도는 사람들이 그 토지를 어떻게 사용할지에 영향을 준다.

얼마나 편리한가?
- 보행자 전용 도로가 있는가?
- 보도의 너비는 얼마인가?
- 가운데, 옆쪽, 양쪽 모두에 나무가 있는가? 아니면, 그 거리는 단순히 어떤 장소들 사이의 길인가?

스케일이 어느 정도인가?
- 도로는 사실상 부지의 크기를 결정한다.
- 안드레스 듀아니Andres Duany는 「Smart Growth」에서 한 블록의 둘레로 1,000~2,000피트 정도가 적당하다고 말한다. 이것은 블록의 한 면이 250~500피트 사이라는 것을 의미한다.
- 포틀랜드의 다운타운 블록은 250피트 x 250피트이다.
- 맨해튼의 블록은 약 230피트 x 470피트이다.
- 바르셀로나의 블록은 400피트 x 400피트이다.

각 필지는 서로 어떻게 연관되어 있는가?
- 도로가 완벽한 격자 모양인가, 아니면 다른 모양인가?
- 도로가 곡선과 막다른 골목을 만드는가?
- 다른 곳에 교통 혼잡을 가중시키는 막다른 도로가 있는가?
- 교차로가 단순 직각 형태인가, 아니면 더 복잡한 형태인가?
- 지름길과 골목이 있는가?

도로는 건물들이 어디에 배치되고, 어떤 형태로 만들어질지 영향을 미친다. 도시는 건물이 도로를 기준으로 일부 후퇴setback하도록 규정한다. 결국 도로가 건물이 세워지는 위치를 결정하는 셈이다. 그런 다음에 거리에서 접근하는 차량들을 처리해야 한다. 건물의 주차장은 전체 블록을 차지하는가? 아니면 주차장이 창문 모양의 벽faux windows 또는 리테일 뒤편에 숨겨져 있는가? 도로 주차가 제한되는가 아니면 허용되는가? 무료인가 아니면 유료인가? 평행 주차인가 아니면 각도 주차인가? 1,000명의 직원이 일하고 있는 건물에 자전거 보관대가 있는가? 만약 있다면 그것들을 어디에 설치할 것인가? 다세대 주택에서, 그 집들은 앞쪽에 차고가 있는가 아니면 뒤에 숨겨져 있는가?

도로는 디벨로퍼가 소유한 토지에서 많은 비중을 차지한다. 햄스테드Hampstead 개발 같은 역사적인 실험 사례들이 있는데, 그 당시 디벨로퍼들은 건물을 짓는 데 보유하고 있던 토지를 최대로 활용하기 위해 길을 매우 좁게 만들었다. 나는 어렸을 때, 사촌이 일하고 있던 런던에 놀러간 적이 있었는데, 그때 우연히 햄프스테드를 방문하게 되었다. 그 당시 엄청나게 빠른 스포츠카와 부딪힐 뻔했던 순간을 생생하게 기억한다. 그 차는 도로로 막혀 있는 좁은 인도에서 우리를 겨우 몇 피트 차이로 비껴갔다. 디벨로퍼들이 도로를 너무 좁게 만든 바람에 그곳에서 편안함을 느낄 수 없었다.

도로에 대한 완전한 컨셉이 세워지면, 디자인에서 고려해야 할 것이 두 가지 있다. 그것들에 대해 간단히 알아보자.

공공 공간

베를린과 바르셀로나 같은 밀집된 두 도시를 예로 들어보자. 두 도시의 도로 그리드grid와 토지의 크기는 매우 비슷하다. 그러나 녹지와 공공 공간의 비율 때문에 완전히 다르게 느껴진다. 그래서 마스터 플랜을 세울 때 중요하게 고려되어야 할 점은 개발 면적의 몇 퍼센트가 공적으로 사용되고, 몇 퍼센트가 사적으로 사용될 것인가이다. 많은 사람들이 알고 있듯이, 뉴욕은 처음 마스터 플랜을 계획할 때 이러한 사항을 고려하지 않았다. 그로 인하여 사실상 오랫동안 뉴욕에는 공공을 위한 녹색 공간이 없었다. 그리고 그리드는 끝없는 건물들로 채워졌다.

공공 공간이 정원이든 광장 스타일의 공간이든, 대중을 위한 공간의 크기는 개발에 상당한 결과를 미친다. 예를 들어 사바나는 일정한 간격으로 지역의 중앙부 역할을 하는 공공 광장이 있는 것으로 매우 유명하다. 어떤 연구원들은 주변 지역까지 걸어서 최대 5분이 걸린다고 말한다. 또한 조사에 따르면, 사람들은 별도의 교통수단을 이용하지 않는 한, 집에서 400야드 이상을 걷는 일이 거의 없다고 한다. 공공 공간을 활용하여 지역을 형성하는 것은 매우 효과적이다.

보통 공공 공간과 높은 투자 수익률 중 하나를 선택할 필요가 없다. 공공 공간이 주변 부동산 가격을 크게 상승시킬 수 있기 때문이다. 접근성이 좋고 가치가 있는 공공 공간은 기업, 주민 및 소매업자들이 찾는 최고의 편의시설 중 하나로 여겨진다. 마스터 플랜을 통해 도로와 공용 공간 계획이 결정되면 마스터 플랜에 부합하는 건물이 어떤 모습일지 최종적으로 결정할 수 있다.

동일성

한 부지에 5개 이상의 건물을 동시에 짓는 것은 역사적으로 흔치 않은 일이다. 시들은 보통 한 번에 하나의 건물을 짓게 한다. 그렇게 함으로써, 그 지역이 변화하고, 우리의 취향도 변화하고, 인기 있는 자재도 바뀐다. 어떤 건물을 설계한 사람들은 대부분 바로 길 건너편에 있는 건물을 설계하지 않는다. 이것은 그 거리에 일종의 자연적이고 역사적인 다양성을 제공한다.

마스터 플랜 개발은 한 번에 지어지기 때문에 보통 인위적으로 보인다. 10개 이상의 건물을 동시에 지을 경우 거리가 매우 단조로워 보일 수 있다. 그것들은 그 도시 내 다른 지역과 비슷해 보이지만, 지역의 다양성이 결여되어 있어 시간이 멈춘 것 같이 이상한 모습을 갖게 된다. 시간이 흘러 그 지역에서 살거나 일하고 싶어하는 사람들은 줄어들 것이고, 결과적으로 임대료 역시 내려갈 것이다.

이 문제를 제대로 극복한 디벨로퍼나 건축가는 많지 않다. 나는 베를린에 사는 동안 동독 사람들이 진행한 마르잔Marsahn 개발 사업을 보고 소름이 끼쳤다. 그 개발 계획에 따라, 수십 개의 똑같은 아파트 건물 안에 수천 개의 똑같은 세대가 지어졌다. 이것은 극단적인 예지만, 같은 함정에 빠진 디자이너들이 설계한 고급 개발 프로젝트들을 보았다. 그들의 건물 구성은 다를 수 있지만 결국 모두 같은 방식이었다. 그것들은 모두 가짜처럼 느껴진다.

개발 과정에서 규모의 경제와 효율성을 고려할 때 한 명의 설계자를 고용하고 한정된 종류의 자재와 디자인을 사용하는 것이 유리하다. 그러나 소유하는 방법(예를 들어 보유할지 또는 매각할지)에 따라 그 부정적 영향은 그 한 명의 건축가를 고용함으로써 창출되는 장점보다 더 많은 영향을 줄 수 있다. 나는 추구하는 것과 취향이 다른 여러 명의 건축가를 고용하는 것만이 그 문제를 해결할 수 있는 유일한 방법이라고 생각한다. 이것만이 진정으로 세상의 다양성을 재현할 수 있는 방법이다. 이 접근 방식은 위험과 비용이 발생하지만 정형화되고 지루한 개발을 피하기 위해 꼭 필요한 과정이다.

결론

적절한 가로 경관을 구상하고, 자연이 담긴 공간을 지정하고, 여러 건축가에게 작업을 요청하였다면 이제 나머지는 마무리 작업이다. 예를 들어 어떤 곳에 거리를 없애고 특별한 용도를 강조하기 위해 고도가 높은 장소를 이용할 수 있다. 보기 좋지 않지만 필요한 루루스LULUS: Locally Undesirable Land Uses[1] 의 배치 방법에 대해 전략적으로 생각해 보아야 한다. 개발의 핵심과 그 외 사항을 정의하기 위해 모든 작업을 수행한다. 이런 세부적인 내용은 훨씬 많다. 그러나 여기서 핵심은 다음 세 가지 세부 사항에 얼마나 주의를 기울였는지에 따라 (긍정적이든 부정적이든) 민간 마스터 플랜 개발의 기능성과 만족도가 결정될 것이다.

- 가로 경관 및 그에 따른 토지 설계

---

1) 역주. 교도소나 쓰레기 처리장 같이 지역에서 선호되지 않는 토지를 의미한다.

- 공공 공간과 민간 공간의 비율
- 다양성을 위해 재무적으로 허용되는 한 여러 건축가와 디자이너 고용

참고 문헌

금융과 경제

- Ferguson, Niall. The Ascent of Money: a Financial History of the World. Penguin Books, 2019.
- Moretti, Enrico. The New Geography of Jobs. Mariner Books/Houghton Mifflin Harcourt, 2013.
- McKay, Adam. The Big Short. Film. Los Angeles: Paramount, 2015.
- Bruce, Jim. Money for Nothing: Inside the Federal Reserve. Documentary. Culver City, CA: Liberty Street Films, 2013.

설계와 공사

- Pollan, Michael. A Place of My Own: the Architecture of Daydreams. Random House, 2008.
- Addis, William. Building: 3000 Years of Design Engineering and Construction. Phaidon Press, Inc., 2015.

- Frederick, Matthew. 101 Things I Learned in Architecture School. The MIT Press, 2007.
- Rybczynski, Witold. How Architecture Works: a Humanist's Toolkit. Farrar, Straus and Giroux, 2014.
- Ascher, Kate, and Rob Vroman. The Heights: Anatomy of a Skyscraper. Penguin Books, 2013.
- Russell, Sage. The Architecture of Light. Conceptnine, 2012.
- Schoenauer, Norbert. 6,000 Years of Housing. W. Ross MacDonald School Resource Services Library, 2008.
- Burns, Ken. American Lives: Frank Lloyd Wright. Documentary. Walpole, NH: Florentine Films, 1997.

도시계획과 도시설계

- Duany, Andres, et al. The Smart Growth Manual. McGraw-Hill, 2010.
- Alexander, Christopher. A Pattern Language: Towns, Buildings, Construction. Oxford Univ. Press, 2013.
- Hall, Peter. Cities of Tomorrow: An Intellectual History of Urban Planning and Design in the Twentieth Century. John Wiley & Sons Inc, 2014.

개발과 부동산

- McNellis, John. Making It in Real Estate: Starting Out as a Developer. Urban Land Institute, 2016.
- Baum, Andrew, and David Hartzell. Global Property Investment: Strategies, Structures, Decisions. Wiley-Blackwell, 2012.
- Rybczynski, Witold. Last Harvest: Real Estate Development in America from George Washington to the Builders of the Twenty-First Century. Scribner, 2008.
- Bagli, Charles V. Other People's Money: Inside the Housing Crisis and the Demise of the Greatest Real Estate Deal Ever Made. Penguin, 2013.

찾아보기

ㄱ

가격 산정 34
가중치 48
가중평균자본비용 48
가중평균현금흐름 50
가치 창출 20
감가상각 30
감정평가 228
감정평가사 39
강철 167
개발 44
개발검토위원회 182
갠트 차트 256
건물 거래 31
건물 노후화 30, 297
건물 안정화 93
건물 인허가 185
건물 프로그램 152
건물 형태 154
건식 벽 262
건축가 151, 158
건축법규 176
건축 한계선 171
건폐율 175
계약서 123

계약 해지 130
계획 개발 175
계획설계 159
고밀도 316
공간 140
공공 공간 322
공공주택 239
공급 과잉 24
공사 247
공사 금액 267
교통 체증 195
교통 패턴 297
구조 162
국가 경제 187
국제빌딩코드 176
굴착 260
권리대행업체 133, 230
금리 187
기계 시운전 263
기관 투자자 233, 306
기대수익 40
기대수익률 44
기반시설 134
기본설계 159
기성 청구서 274

기존 환경 258
기초공사 260
기회 특구 펀드 244

ㄴ

나선형 108
낙수효과 190
내벽 261
내부수익률 61
노인 주거시설 87
녹지 195
높이 제한 175
뉴딜 정책 239
뉴어바니즘 195
니얼 퍼거슨 201

ㄷ

다른 현장 조건 267
다세대 주택 86, 314
다운타운 재설계 195
단독주택 86, 197
단독주택용지 86
단형후퇴 174
담보대출 56
대비 수익률 47
대주 212, 226

대출 34
대출금 212
대출금 인출 273
대출 승인 229
대출 위원회 228
대출형 투자 28
도로 320
도시 187
도시계획 173, 194
도시계획과 182
도시계획위원회 183, 293
도시공학과 182
도시 규제 189
도시설계과 182
도시의 탄생 195
디벨로퍼 29
디벨로퍼-투자자 파트너십 235
디폴트 215

ㄹ

라이언 그라블 196
레버리지 30
루루스 324
룩백 311
리스업 93, 100

리테일 86

[ㅁ]

마감 262
마르잔 323
마스터 포맷 249
마스터 플래닝 319
마스터 플랜 개발 87, 319
마이크로 유닛 87
마일스톤 257
매각 311
매매 44
매매 일정 128
매수 옵션 130
매스 157
메모리 케어 87
목재 166
물리실사 134
미지급 우선 수익 306
민감도 분석 106
밀도 192, 314

[ㅂ]

바닥 마감재 261
배당 워터폴 105, 303
배상책임 269

법률실사 133
법인 설립 199
베타 곡선 273
벤딩 164
벽 165
변동금리형 담보대출 221
보수 비용 104
보증인 212
보증 철회 217
보험 증권 134
복원 259
복합시설 86
볼트 136
부동산 개발 프로젝트 67
부동산 매매 계약 127
부동산 상품 86
부동산 투자 30
부동산 프로젝트 37
부지 118, 152, 252
부지내 지역권 134
부지 접근성 119
부채상환계수 220
분배 워터폴 236
브리지 론 222
블로우 테스트 136

비과세 채권 242
비용 100
비용 플러스 계약 251
비용 플러스 시스템 267
비트루비우스 140

ㅅ

사모투자제안서 234
사이클 23, 33
산업 86
상각 221
상호 담보 213
생활권 계획 173
샵 드로잉 159
선불금 219
설계 137
설계 타임라인 160
설비 공사 252
성과 보수 237, 307
세금 크레딧 240
섹션 42 주택 87
셀프 스토리지 89
소방과 182
소유권 207
소유권 약정 134

소프트 머니 242
소프트 비용 114
손익계산서 274
수익 35, 104
수익 가중치 46
수익률 26, 305
수익환원법 45
수입 99
순영업이익 43, 242
순현재가치 61
스터드 262
스펙 267
슬리브 260
시공사 151, 267, 274
시설관리사 281
시설 서비스 253
시의회 184
시장금리자본스택 241
시장조사 150, 227
신용 분석가 227
실시설계 159
싱글 룸 어큐펀시 317
쓰리 플렉스 314

ㅇ

아파트 86
알랭 드 보통 140
알타 측량 134
앙드레 듀아니 195
액시오메트릭스 88
얀 겔 195
양적완화 188
어셈블리지 179
어시스티드 리빙 87
에버니저 하워드 195
연관시설 120
연기금 33
연방기금 금리 223
연방준비은행 223
예비금 270
예산 101, 1126예측 71
오프닝 277
오피스 86
용도지역 174
우대 금리 224
우선 수익 237, 305
워터폴 236, 303
워터폴 구조 313
원금 222

원형 도시 계획 314
위험대비 건설관리 268
유동화 30
유치권 133
유틸리티 160, 260
은행 212
의료 86
의사 결정 트리 269
이익 19, 54
이자 222
이자율 스왑 223
익스포져 228
인구 증가 297
인디펜던트 리빙 87
인종 문제 196
인프라 252
인플레이션 헤지 30
인허가 169, 258, 293
인허가 프로세스 178
임계 경로 256
임대 280
임대료 30, 190
임대 수요 118
임대인 281
임대조건 39

임차인 189, 281
입면도 157
입찰 257
입찰 제안서 267

ㅈ

자금조달 103, 209
자기자본 28, 306
자기자본금 304
자기자본 워터폴 105
자기자본 투자 28
자기자본 투자자 242
자본금 27, 219
자본적 지출 92, 104
자본환원율 44
자산관리사 281
자산운용사 282
자산 조사 129
자산 클래스 86
자산 평가 127
자연재해 297
자재 166
장기대출 222
재무모델 91
재무제표 43

저밀도 314
저소득 주택 세금 크레딧 239
점수 배분 계획 240
점유 허가 280
점유 허가서 267
정원 도시 195
제42조 주택 242
제임스 오글소프 195
조경 263
조세법 30
주거비 문제 196
주식 30
주차 86
주택담보대출 239
주택담보 이자공제 239
중개인 280
중밀도 315
증권거래위원회 234
증세 자금조달 242
지역 개발 297
지역 경제 190
지역권 133
지역 투자자 233
지역협의회 180
지자체 118, 177

지질 보고서 129
지하 복원 259
지하연속벽 260
집중 위험 228

ㅊ

창문 모양의 벽 321
채권 30
채무 불이행 215
철거 135, 259
철근콘크리트 167
청소 263
최대 확정 금액 방법 268
최소 가중평균현금흐름 241
축방향 하중 165

ㅋ

캐피탈 스택 33
캔틸레버 162
캘퍼스 32
캡 레이트 44
커튼 월 165
케이슨 260
켄 번즈 143
코리빙 87
코스타 88

콘도 86
콘크리트 166
크레딧 익스팬션 35
크로스 라미네이트 팀버 166
크로스 브레이싱 260
클래딩 262

ㅌ

탈리신 147
테넌트 빌드 아웃 273
토목 엔지니어 157
토지 111
토지 매입 113
토지 비축 126
투자자 26, 232, 309
투 플랫 147
트로피 자산 55
트리밍 아웃 263

ㅍ

파산 268
팔라디오 140
펀치 리스트 263
페이고 원칙 244
평면도 157
폐기물 135

포장 263
포트폴리오 30, 282
프랭크 로이드 라이트 143
프로젝트 스폰서 29
프리플라이트 228

ㅎ

하드 비용 114
하중 163
학생 아파트 87
합작 투자 82
합필 299
항소 185
해체와 제거 258
허들 308
현금 가치 58
현금흐름 274, 306
호텔 86
호황기 25
환경 개선 259
환경 보고서 129
환경 오염 136
횡방향 하중 164
후퇴 321

A

abatement 259
Alain de Botton 140
ALTA 134
American Land Title
　　　Association 134
amortization 221
Andres Duany 195
application for payment 274
assemblage 179
Asset Class 86
Asset Manager 282
assisted living 87
Axiometrics 88

B

balloon payment 56
bending 164
blow test 136
bridge loan 222
Budget 101
build out 273

C

caisson 260

CalPERS 32
Cantilever 162
capex expenditures 104
Capitalization Rate 44
capital stack 29
Cap Rate 44
Carried Interest 237, 307
CD 159
cladding 262
co-living 87
Condos 86
Construction Document 159
construction management
　　at-risk 268
contingency 270
Co-Star 88
cost-plus contract 251
cost-plus system 267
credit expansion 35
Critical Path 256
cross-bracing 260
cross-collateralize 213
cross-laminated timber 166
curtain wall 165

D

DD 159
decision tree 269
Design Development 159
different site condition 267
Direct Cap 45
Distribution Waterfall 105, 236
DSC 267
DSCR 220

E

easement 134
Ebenezer Howard 195
equity 28
equity waterfall 105
Expenses 100

F

facility manager 281
FAR 175
faux windows 321
Federal Funds Rate 223
Financing 103
floor area ratio 175
Frank Lloyd Wright 143

G

gantt chart 256
general obligation 243
GO 채권 243

H

Hurdle 308

I

IBC 176
independent living 87
inflation hedge 30
Interest-Only loan 219
Internal Rate of Return 62
International Building Code 176
IPO 234
IRR 62

J

James Oglethorpe 195
Jan Gehl 195
joint venture 82

K

Ken Burns 143

L

land banking 126
Lease-up 100
leverage 30
LIBOR 금리 223
lien 133
LIHTC 240
Loan to Value 220
Locally Undesirable Land Uses 324
lookback 312
LTC 220
LTV 219
LULUS 324

M

market rate capital stack 241
Marsahn 323
Master Format 249
master-planned development 87
memory care 87
MEP 262
milestone 257
mini-permanent 219

money judgements 133
mortgage interest deduction 239
multi-family 314

N

neighborhood plan 173
Neil Ferguson 201
Net Operating Income 43
Net Present Value 61
new urbanism 195
NOI 43

O

Opportunity Zone Funds 244

P

Palladio 140
Pay-as-You-Go 244
PD 175
Planned Development 175
PPM 234
Preferred Return 237
Preflight 228
prime rate 224

Private Placement
   Memorandum 234
Promoted Interest 237, 307
Property Manager 281
punch list 263

Q

QAP 240
Qualified Allocation Plan 240

R

remediation 259
Return on Cost 47
Returns 104
Revenue 99
Ryan Gravel 196

S

Schematic Design 159
SD 159
self-storage 89
setback 321
Shop Drawing 159
Single-family Homes 86
Single-family Lots 86
single-room occupancy 317

sleeve 260

slurry wall 260

soft cost 114

soft money 242

specification 267

STAR 보고서 88

Stepback 174

stud 262

T

Taliesin 147

tax credits 240

Tax Increment Financing 242

tenant build-out 273

three-plex 314

TIF 242

title commitment 134

title company 133, 230

trickle down 190

trimming out 263

trophy asset 55

two-flat 147

U

urban planning circle 314

V

vault 136

Vitruvius 140

W

WACC 48

Weighted Cashflow Obligation 50

Y

Yield on Cost 47

부동산의 탄생

디벨로퍼 관점에서 쓴 부동산 개발 프로젝트 이야기

지은이 벤 스티븐스(Ben Stevens)
옮긴이 김민정
디자인 장중하, 최용호

펴낸곳 차밍시티
등록번호 제2022-000136호
전화 02-857-4875 **팩스** 02-6442-4871 **전자우편** cheolmincho@gmail.com
홈페이지 https://www.facebook.com/making.charmingcity/
초판1쇄 발행 2024년 07월 22일

값 24,000원
차밍시티 ISBN 979-11-979966-5-8 (93300)

차밍시티 도서의 순수익 10%는 도시의 문제 해결을 위해 기부됩니다.

한국어판 출판권 ©차밍시티, 2024

The Birth of a Building: From Conception to Delivery
Copyright © 2019 by Ben Stevens
Korean Translation Copyright © 2024 by CharmingCity
Korean edition is published by arrangement with Ben Stevens through Duran Kim Agency.

이 책의 한국어판 저작권은 듀란킴 에이전시를 통한 Ben Stevens와의 독점 계약으로 차밍시티에 있습니다. 저작권법에 의해 한국 내에서 보호를 받는 저작물이므로 무단 전재와 복제를 금합니다.